高级经济地理学系列教材

演化经济地理学

Evolutionary Economic Geography

贺灿飞　张玮　李诗韵　著

商务印书馆
创于1897　The Commercial Press

图书在版编目（CIP）数据

演化经济地理学/贺灿飞，张玮，李诗韵著.
北京：商务印书馆，2025. --（高级经济地理学系列教
材）. --ISBN 978-7-100-24220-2

Ⅰ. F119.9

中国国家版本馆 CIP 数据核字第 2024FT5694 号

高级经济地理学系列教材

演化经济地理学

贺灿飞　张玮　李诗韵　著

商 务 印 书 馆 出 版
（北京王府井大街 36 号邮政编码 100710）
商 务 印 书 馆 发 行
北京市白帆印务有限公司印刷
ISBN 978－7－100－24220－2

2025 年 4 月第 1 版　　　　开本 787×1092　1/16
2025 年 4 月北京第 1 次印刷　　印张 14³⁄₄

定价：58.00 元

高级经济地理学系列教材
丛 书 序

从 2004 年春季学期起，我一直在北京大学为硕士生和博士生开设"经济地理学进展"课程，旨在系统性地介绍经济地理学的发展历史与前沿进展。与大多数进展类课程教学方式不同，我独立负责讲授这门课，同时要求学生参与文献阅读和课堂讨论。这种参与式研究生课程在欧美大学非常普遍，需要教师和学生阅读大量经典文献，追踪最新进展，才能就理论问题和热点问题开展讨论与交流，做到真正的"教学相长"。

过去几十年，世界政治经济形势跌宕起伏，新自由主义兴起，信息技术革命，新兴经济体崛起，经济全球化；随后，全球金融危机、贸易保护主义、新冠疫情、俄乌冲突接踵而至，显著地重塑着世界经济地理格局。世界政治经济的剧烈变动为经济地理学创造了众多新议题，催生了诸多新的理论视角和研究范式。在此过程中，经济地理学不断经历思潮转向，从科学转向到政治经济学转向，从区域主义到新区域主义，从制度转向到文化转向、关系转向和演化转向。自改革开放以来，中国渐进式推动体制机制改革，积极融入经济全球化，建立社会主义市场经济模式，调动各级政府、社会力量和企业以经济建设为中心，推动城市化、工业化和信息化，促使社会经济快速发展，人民生活水平显著提升，直至实现小康。近年来，中国经济从快速增长轨道转向高质量发展模式。改革开放培育了市场力量，引入了全球力量，激活了地方力量，多重力量共同重塑中国当代经济地理格局。中国经济地理学者发扬学科传统，投身如火如荼的社会经济建设，以"经世"而"致知"，推动学科不断发展，贡献了中国知识，从而确立了经济地理学在中国地理学的独特地位。

经过十多年课程教学，我积累了大量经济地理学文献素材，了解学科发展历史脉络，熟悉学科的理论方法、范式演变。2017 年初，我萌生了撰写一本供研究生阅读的经济地理学教材的想法，目的就是以系统的学科知识进步来展示当代经济地理学的发展演变，为人文地理学、城市和区域经济学、城市与区域管理学等学科的研究生及科研人员展示经济地理学科前沿，提供文献参考。随后，《高级经济地理学》于 2021 年 4 月在商务印书馆出版。本书在系统展示经济地理学的发展历程和方法论演变基础上，基于经典文献充分展示两种"新经济地理学"，即经济地理学的社会转向和经济学的新经济地理学，进而系统梳理当代经济地理学三个主要流派，即演化经济地理学、政治经济地理学和全球生产网络。随后基于国内外文献，按照经济地理学主要研究领域逐一展开，最后收束于中国经济地理学的讨论。

第一模块为第一至四章，系统梳理了经济地理学的总体演化脉络。

第二模块为第五至七章，综合分析了当代经济地理学的三个主要学术流派，即演化经济地理学、政治经济地理学与全球生产网络。

第三模块为第八至十四章，重点介绍了当代经济地理学的主要研究领域。

第四模块为第十五至十七章，重点介绍了全球化与跨国公司的最新研究进展。第十七章介绍了国际贸易理论及其最新进展，梳理了贸易与地理的关系以及贸易地理研究。

第五模块为第十八至二十章，重点介绍了区域经济发展与空间治理。

《高级经济地理学》是中国地理学界为数不多的研究生教材，特色鲜明，着意创新。

第一，学术前沿性。该书把握了当代经济地理学学科发展的最新动向，系统梳理了近 40 年来经济地理学的最新理论与实证成果。经济地理学近 40 年来最新发展的核心是经济地理学的制度、文化、关系与演化转向以及新经济地理学。该书不仅用前七章系统阐述了经济地理学在研究方法、研究范式和社会转向趋势的最新发展，还在后文的主题介绍中将制度、文化与社会这些"软"的因素始终贯穿其中。与此同时，经济地理学还结合时间和空间来探讨经济地理格局演变。在实证成果的综述中，采取博采古今、重在当代的处理方式，重点展示当代经济地理研究实证成果。该书大量引用国内外经济地理学的前沿研究成果。全书共计引用中外文献 3 543 篇，平均每章约 180 篇，为读者提供了最新文献以供其扩展阅读。

第二，知识系统性。该书将投入与产出、微观与宏观、企业与区域、地方与全球、传统内容与新兴领域等内容充分贯穿于各章节中。例如在全球生产网络章节中，从跨国公司这一微观主体的地方视角出发，介绍其在全球范围内组织研发、设计、生产、贸易与销售行为特征，从而形成了全球视角下宏观层面的全球生产网络组织模式。在关注产业集群等传统领域的同时，也关注到全球技术人才与精英阶层不断向全球顶级城市集中，一些国家与地区消费迅速增长，一些国家与地区工业化和城市化快速推进，产生了大量资源与环境问题，随之引出环境经济地理学议题的新兴领域。

第三，内容广泛性。该书突出经济地理学发展历程与研究视角变化。全书共二十章，囊括了当代经济地理学主要研究领域，选题广泛。全书从西方经济地理学发展历程出发，介绍了经济地理学研究方法和理论转向。在此基础上，有针对性地选取了过去 40 年变化最为显著的经济领域，对其空间过程与特征进行深入剖析，详细介绍了在全球化上升期，金融、创新、产业、消费、劳动力、环境等领域的空间演变特征。最后，将重点上升到区域、国家和全球维度。

第四，学科交叉性。该书以经济地理学研究为导向，纳入经济学、管理学、商学、区域科学、社会学等相关学科文献，反映经济地理学学科的开放性和交叉性的同时，从其他学科吸收营养，从而对经济地理现象进行全方位透视。例如，在介绍产业地理学时，基于主流经济学分析产业区位，引入管理学和社会学等分析产业集群与集聚；在分析金融地理现象时则引入主流经济学和政治经济学，强调制度与文化因素作用。这一尝试不仅拓展了经济地理学研究边界，也有助于对经济地理现象进行更深入系统的分析。

第五，中西一体性。介绍西方理论，讲好中国故事。在梳理西方经济地理学进展的同时，大部分章节都讨论了中国经济地理格局的影响机制、演化过程及其内在规律，基于中国视角审视西方理论，批判西方理论。最后一章更是聚焦中国经济地理研究，讨论了中国经济地理的研究特色以及未来发展之路，并进行了中西方经济地理学科对话尝试。随后中国经济发展转向投资驱动和创新驱动，经济结构不断调整与升级。随着中国经济发展进入新常态，转向高质量发展，经济发展机制更为多元，产生了复杂的社会经济环境效应。经济地理学学科的综合性、交叉性、空间性以及重视非经济因素等特性，能够为理解中国经济高质量发展提供更为系统综合的分析框架和研究视角。

　　自《高级经济地理学》一书出版以来，同行朋友和学生反响热烈，毫不吝啬给予好评，远超预期，很多学校将该书选为人文地理学研究生教材或者必读书目，产生了良好的学术影响。该书被评为2024年北京大学优秀教材。虽然全书将近百万字，每一章涵盖经济地理学的一个重要领域，但是鉴于篇幅限制，针对每个领域的介绍其实并不深入和系统。实际上，经济地理学是个博大精深的交叉学科，涵盖广泛，大多数读者不需要精读全部章节，只需要深入系统地了解其中的几个领域。同时，近年来，伴随金融危机、新冠疫情和俄乌冲突，世界经济形势急剧变化，出现很多新的经济现象，经济地理学面临诸多新问题，学者们开始不断调整研究视角，不同理论流派呈现融合趋势，以解释日趋复杂的经济地理现象。鉴于此，有必要充分展示经济地理学中每一个主要领域的知识进步，并追踪和更新最近研究进展。与商务印书馆科技室李娟主任多次讨论后，我决定针对经济地理学主要领域开展深入系统的文献调研，将原书的主要章节分别拓展成15万字左右的高级阅读物，以高级经济地理学系列教材丛书出版。在丛书设计中，我将原书的第八章和第九章整合成产业地理，将第七章和第十五章整合成全球化地理，将第十八章和第十九章整合成区域经济发展。

　　因丛书工作量巨大，我邀请了学术团队全员参与创作，成员包括朱晟君、毛熙彦、李伟、胡绪千、任卓然、李振发、张玮、李诗韵、盛涵天、邢祖哥、张培风、李文滔、徐青文、张一帆、罗业典、何德洁和张慧新等。本丛书试图展示经济地理学主要领域系统化、结构化的知识进步，但是限于作者水平，丛书内容的深度和广度有待进一步深化与拓展，不足之处还望广大读者与学界同仁批评指正！

贺灿飞

2024年3月

目　　录

图 目 录

表 目 录

前　言

区域产业发展为区域经济带来了源源不断的新动力，一直以来是经济地理学者关注的重点。在信息化时代，知识与技术创新在区域产业发展中的作用日益显著。面对金融危机、国际摩擦等冲击，如何掌握核心知识与技术，开启新产业周期，为区域发展注入新的活力，已成为当前区域研究关注的重点，也将成为未来国际竞争的关键所在。而过去经济地理学对区域产业发展的研究缺乏对历史和时间维度的关注，难以解释经济系统随时间的演化过程。20 世纪 90 年代末期，演化经济学相关理论被引入经济地理学研究，其理论主要包括广义达尔文主义、路径依赖理论、复杂性科学理论。总体而言，演化经济地理学将时间维度纳入考虑之中，开展区域产业动态研究。演化经济地理学认为，区域产业发展是一个非线性、不可逆的创新过程，根植于区域生产能力与生产要素，与地方特性息息相关。区域过去的记忆、惯例、选择和能力将深刻影响区域产业发展方向。过去存在的产业和制度结构形成了今天的区域产业环境，而这个环境也是未来产业萌发的土壤。演化经济地理学从历史和地理角度试图探究各区域所特有的因素与经历对区域产业发展的影响。过去设定了可能性，而今天决定了探索哪种可能路径。过去不可更改，今天为当下所建构，而未来取决于今天。之后经过一系列的发展延伸，演化经济地理学被定义为从历史、动态视角来解释企业、网络、城市和区域的经济空间演化的研究。

演化经济学是经济学派的新异端，认为社会经济是动态的、过程的、结构的、包含多元价值的。演化经济学将自然世界的生物演化思想应用于人类社会的经济演化之中，反对原子化、效用最大化和完全信息条件下的理性经济人假设，强调时间维度、历史积累和经济发展过程的不可逆性，并认为经济演化的结果并非最优，而是在有限理性和组织惯例驱动下异质性"满意人"决策的结果。同时，演化经济学强调创新，即新奇（novelty），作为自我转型源动力的重要作用。演化经济地理学将演化经济学的思想与地理学的理论相结合，用于理解区域经济发展过程。早期的演化经济地理学以探索与萌芽为主要特征，少数欧美经济地理学者开始引介演化经济学的概念、理论和方法，强调将其应用于经济地理学研究的可行性、解释力优势和可观前景。20 世纪 90 年代中后期至21 世纪初，伴随着对历史过程、时间因素的关注，随机偶然事件和企业异质性对区域经济演化的影响分析，相关多样化与不相关多样化的讨论，演化经济学的概念、理论、方法的优化有效推动了经济地理学者重新思考集聚经济、产业集群和区域产业转型等经典议题。经济计量等定量研究方法和案例分析等质性研究方法的使用推动了实证研究的快速发展，更加完善的理论和方法论体系得以构建。

经过后续发展，演化经济地理学逐渐形成了自己较为成熟的理论框架与研究范围。演化经济地理学借鉴演化经济学的历史视角，将时间与空间要素联系起来，融合了演化经济学与经济地理学的基本观点，从历史角度研究经济活动空间分布的渐进式演化机制。演化经济地理学从企业进入、增长、衰落和退出及其区位行为入手，解释企业、产业、网络、城市和区域的空间演化，不仅关注演化过程对产业地理的影响，也关注经济系统对演化过程的影响。同时，演化经济地理学主要从知识与技术进步角度研究处于技术前沿的发达国家内生的新旧产业演替。

本书梳理了演化经济地理学的经典理论基础、发展脉络、相关研究和最新进展，为读者全面深入把握演化经济地理学提供了一个较为详尽的视角与透彻的分析，并总结了演化经济地理学最新前沿进展，为相关学者的研究提供可供参考的方向，并对演化经济地理学未来发展进行了一定的思考。

首先在第一章，本书梳理了演化经济学的发展进程，追溯了演化经济学的思想源流，分析了其与凡勃伦老制度经济学、奥地利学派、法国调节学派、熊彼特学派的理论思想关系，总结了其理论基础，并详细解释了路径依赖理论与惯例理论的相关内容及应用。在第二章，本书进一步针对演化经济地理学进行了分析，对广义达尔文主义、路径依赖理论、复杂科学理论和发育系统理论的主要理论观点与应用进行了梳理，并总结了其在演化经济地理学中的应用。

接下来，本书分别从企业网络、路径依赖、路径创造、产业创新、经济韧性、精明专业化等角度，对演化经济地理学理论发展与实证分析进行了梳理总结。本书第三章聚焦企业发展，从企业惯例、产业集群和企业网络的形成与演化三个视角出发，在演化经济地理学背景下讨论了三者的关系及相关研究进展。第四章聚焦区域产业演化，从路径依赖理论出发，梳理了产业关联的概念及其测度方法，并进一步探讨了产业之间的关联性对区域发展的影响。第五章对路径创造的概念发展进行了梳理，并从外部联系、制度环境、多重行为主体等多种因素分析了其削弱产业关联，促进区域创造新的发展路径的机制；同时，本章对新产业路径发展模式进行了细化分析，并对其概念辨析及分析应用进行了总结梳理。

本书第六章建立了区域创新系统和创新网络的概念与演化经济地理学的联系，以理解区域产业创新路径。区域创新系统强调了区域组织厚度、制度结构、正式非正式激励、创新与合作的文化氛围对新奇的创造、吸收和发展。区域创新网络同样在不断变化的环境下进行演化。第七章将区域经济韧性与演化经济地理学相结合，梳理了区域经济韧性的概念与相关研究，从演化视角切入深度剖析了区域经济韧性，并对区域经济韧性进展进行了分析，对未来区域韧性研究进行了展望。第八章聚焦区域政策，利用演化经济地理学相关知识和理论制定相应政策，以促进区域发展；同时，本章聚焦区域政策与精明专业化，阐述演化经济地理学理论在精明专业化中的应用。第九章则梳理了演化经济地理学与其他学派融合的最新进展，包括制度经济地理学、关系经济地理学、地理政治经济学和区域产业韧性，整理了其最新前沿应用进展，并展望了未来演化经济地理学研究。第十章综述了基于中国的演化经济地理研究进展，强调区域产业演化及其发展路径驱动力。

总之，本书从多角度、全方位对演化经济地理学理论脉络、相关研究、最新进展、未来展望进行了梳理与分析，以期读者能够全面深入地掌握演化经济地理学研究思路与内容。但本书也同样存在局限与不足之处，还望广大读者与学界同仁能够批评指正。

贺灿飞

2024 年 1 月 30 日

第一章　演化经济学发展

在经济学领域，尽管新古典主义长期保持了垄断地位，但是在研究方面，对新古典主义经济学的批判与挑战一直存在。除了老制度主义、奥地利学派等传统异端，20 世纪 80 年代后，在自然科学推动下或采取自然科学方法取得进展的经济学流派就是新异端，包括实验经济学、行为经济学、生物经济学以及演化经济学。异端经济学认为社会经济是动态的、过程的、结构的、包含多元价值的（Langlois and Everett, 1994；Lawson, 2006）。随着知识和技术创新在区域经济发展中的作用日益显著，演化经济学思想逐渐获得了学界的关注。演化经济学将自然世界的生物演化思想应用于人类社会的经济演化之中，反对原子化、效用最大化和完全信息条件下的理性经济人假设，强调时间维度、历史积累和经济发展过程的不可逆，并认为经济演化的结果并非最优，而是在有限理性和组织惯例驱动下异质性"满意人"决策的结果（Nelson and Winter, 1982；Nelson, 2008；Dopfer and Nelson, 2018）。同时，演化经济学强调创新，即新奇，作为自我转型源动力的重要作用（Nelson *et al.*, 2018）。

第一节　演化经济学思想源流

演化经济学的主要思想源于凡勃伦老制度经济学、奥地利学派、法国调节学派、熊彼特学派等，他们都将资本主义看作是动态演变的（Witt, 2008）。一方面，在理查德·纳尔逊（Richard Nelson）和悉尼·温特（Sidney Winter）的理论基础上，演化经济学者广泛借鉴组织理论及管理学理论，对微观层面上的企业组织学习与创新行为进行了大量研究，增强了对技术变迁的理解（Hodgson，1999）；另一方面，受调节学派以及国家创新系统等理论的启发，演化经济学者更多地在宏观和历史层面考察技术与制度的相互作用关系，从而在整体上理解经济体系的动态演变以及技术与政治、经济、社会、文化的共同演化（Dopfer，2001）。演化经济学关注对历史起源和过程的解释，包含了知识演进的过程（Boyer，2008）。不同于之前占据压倒式优势的牛顿式经济学，演化经济学采取了达尔文式的经济学，主张采取比较的、历史的和解释学的方法（Witt，1993）。如果一个事件的历史过程在不同的时间段表现出不同的特征，则我们可以进行回溯的、历史的探究和比较，用假说的形式提出一种可考证的理论，并使之在所有的历史阶段得到应验。比较必须和回溯组合起来才有意义，回溯也被称为不明探测法，通过假说的形式进行推断，并用再次的历史比较验证这种回溯的合理性。历史发文、比较和回溯构成了一组有效的研究方法，有效地帮助研究者观察和解释异质性世界的变化过程（Raffaelli，2003；Dopfer and Potts，2004；Dopfer，2005）。

一、老制度经济学

凡勃伦（Thorstein B. Veblen）是老制度主义的鼻祖，也是演化经济学一词的创立者。他在 1899 年出版了《有闲阶级论》一书，对人类的本能、习惯性思维以及由此而形成的制度进行了深度剖析，认为制度是由人们的习惯性思维形成的，而习惯性思维又是由人类本能产生的，所以制度归根结底是受本能支配的。该书试图用达尔文的演化思想来研究现代经济生活，分析经济、政治、文化习惯与制度对经济发展的影响。在著名的"经济学为什么不是一门进化的科学"一文中，凡勃伦首次提出了"演化经济学"这一术语，认为经济学需要借用进化论思想和生物学隐喻来研究经济演变过程，而不是用牛顿力学来机械地认识世界。演化经济学学会（Association for Evolutionary Economics，AFEE）也是在美国制度主义发展的过程中建立的，其首任会长就是凡勃伦的弟子艾尔斯（Clarence E. Ayres）。相比于其他思想来源，凡勃伦的老制度经济学更强调从方法论问题上进行思考，对社会经济历史宏大命题进行诠释（贾根良，1999）。

凡勃伦思想综合了达尔文的进化论、杜威的实用主义哲学、德国历史学派以及马克思的观点和方法（Hodgson，1998，1999）。凡勃伦从本能出发分析社会冲突和社会结构变化，将本能划分为建设性的本能和破坏性的本能。基于本能-习俗，凡勃伦推演出了技术-制度二分法。根植于杜威的实用主义哲学，凡勃伦-艾尔斯希望通过技术-制度二分法揭示在仪式体系支配下的社会将有选择地按照"货币势力"（money power）的需要接受技术进步的结果。从技术-制度二分法出发，艾尔斯对现实中的美国经济体系做出了解释，认为美国经济由价格经济和工业经济组成。价格经济关心货币、销售、契约等金融事务，最终关注的是"货币势力"，即以"仪式行为"为基础的制度混合体，保护由习俗和道德观念所维系的权威与特权。工业经济反对传统的信仰和态度，反对阶级差异和身份差异。工业经济中的技术行为是进步的、发展的，而价格经济中的技术行为是保守的。技术变革侵蚀着价格经济的制度基础，迫使价格经济向工业经济的方向进行调整，但现实却是价格经济支配着技术经济。

凡勃伦制度主义的核心围绕着主体及其能动性和社会结构的关系而展开，并提出累积因果理论。制度作为社会结构的一种特定类型，不仅是一种约束，而且能够潜在地改变行为者的目标或偏好。制度是个体在群体交往中的产物，制度不能离开个体而存在。过去不是我们所能选择的，我们与今天的结构互动并进一步形成明天的结构和主体（Hodgson，1999）。由此可以得出累积因果的两重含义：一切有因；作用与反作用。凡勃伦引入"本能"这一概念并将其置于达尔文进化论的框架之中，发展出了本能-习俗-习惯-制度的分析方法。人具有生物属性，带着本能进入结构，并在本能不足以解决问题时形成习俗以调整行为。习俗又进一步产生了新制度形成的起点，这种新的结构从环境上影响着个体的本能进化，但这种速度远远低于社会演化本身的速度。相比于本能，习惯在适应复杂性、扰动因素和不可测的改变等方面，是相对弹性的。个体带着本能来到世界，但本能只会在特定环境下才能被触发，个体通过学习来适应环境，并通过重复行动来获得习俗允许的具体思考和行为的习惯，这种习惯和制度也随着时间不断演化（Veblen，1899；Hodgson，2002）。理解社会习惯（habits）、习俗（conventions）、规范（norms）、惯例（routines）、风俗（customs）是凡勃伦理解经济和社会的关键。而凡勃伦对达尔文理论和社会经济分析的创造性结合成为当代演化经济学拓展的新方向（Hodgson，1998；Lambooy and Boschma，

2001）。

二、奥地利学派

奥地利学派也被称为维也纳学派（Vienna School）或心理学派（Psychological School），主张市场自由主义和自由意志主义，要求政府减少管制、保护私人财产与个人自由。人的行为有目的性，所以要应用演绎的方法对经济现象进行说明。历史事件是在许多因素共同作用下产生的复合结果，而并不像实证主义那样可以用来检验简单一致的理论，相反，先验的理论应当用于解释和理解历史（Von Mises，1985；Lachmann，1986）。总体而言，尽管在不同时期提出了不同的理论，奥地利学派总体主张方法论上的个人主义和分析上的主观主义，认为人的行为是有目的性的（韩新峰、郭艳茹，2021）。奥地利学派对能动性、异质性、过程性、新奇的研究为现代演化经济学关于这类问题的观点奠定了基础（图 1-1）。

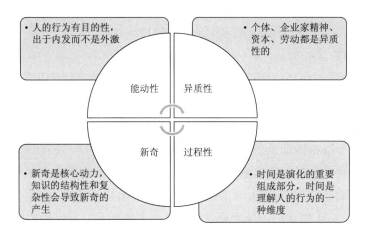

图 1-1　奥地利学派的观点

1. 能动性

奥地利学派强调个人主观动机及其差异性在经济分析中的重要作用，认为经济行为者是对环境的积极行动者，而非新古典经济学的被动反应者。人的行为是有目的的，出于"内发"而非"外激"。只有充分理解个人的知识、信息、感觉和期望，才能理解和解释人们的行为。知识发现和知识创造是出于人的主动出击而非被动受选。这种主观能动性的存在，令奥地利学派放弃了向前理论，开始寻求向后解释。相关学者认为预测是不可能达成的，个人采取的行为绝不可能被总结为量化的历史规律，经济学家预测的统计规律和相关性都是徒劳的（黄春兴，2007）。

2. 异质性

个体具有能动性，也具有异质性。个人的差异不仅包括财富与知识的多寡，也包括在知识、性格、企图心等方面的不同（Constant and Edward，1987）。同时，企业家精神和资本、劳动也是异质性的（Rogers，1985）。奥地利学派对异质性的强调与其知识理论有紧密的关系。知识的利用是经济学最根本的问题。知识是经济成长和文明发展的主要源泉，所有资本，包括实体资本、人力资本、组织资本、制度资本等，都具有内嵌的知识。知识既包括因果关系也涵盖逻辑诠释，极具个人主观性。知识本身就具有结构性，不同结构的互补形成了知识，而互补本身就涉及不同的主体。因此，知识不是同质的，一切知识的载体，人、商品、劳动等，也不是同质的（刘志铭，2021）。

3. 过程性

时间是演化的重要组成部分。奥地利学派对时间的重视远超其他学派，将过程性这一演化特征包含其中。相比于最后确定的价格的结果，奥地利学派更多地关注价格的形成过程。资本货物不仅是凝固的劳动，更是凝固的时间。经济过程的一个核心特征是新知识和新产品的生成，一种在稀缺性诱导下的、在时间中开展的竞争活动的自然特征。行动需要时间，所有的行动都发生在现在并且指向未来要达到的目的。人的存在是时间性的并且指向未来，需要基于人不断筹划的、尚未形成的未来，才能全面理解人的存在。未来本质上是未定的，时间也是理解人的行动的一种维度（Robertson，1993；李黎力、徐宁鸿慎，2021）。

4. 新奇

新奇同样是奥地利学派的核心理念之一，嵌入在能动性、异质性、过程性理念之中。新奇与异质性相互联系又有所区别，前者更加强调涌现的结果。异质性是前提，导致了新奇的出现，两者是必然的伴生关系。在奥地利学者看来，经济行为者的决策并非完全理性的，而是有偏见的，未来充满了风险和不确定性，也是不可预测的。知识的结构性和复杂性会导致新奇的产生，无知和试错才会产生新奇（Dopfer and Potts，2004）。

三、法国调节学派

法国调节学派重视资本主义动态性、历史特定性和资本主义多样性，认为难以对积累体系的走向和绩效做出优劣的判断，而这也与演化经济学的盲点漂移、路径依赖和不确定性等主张相契合。调节学派是西方马克思主义的一支，采取了与主流经济学均衡-静态-无历史-逻辑演绎不同的分析方法，即动态-结构-历史-累积因果阐述。学派以资本累积过程和绩效为核心，以各种制度体系运行的相互关系为分析思路，广泛采取了马克思主义经济学的基本原理，结合资本主义发展的历史和现实，从各种制度结构和功能上就资本积累的过程、动力、障碍因素及绩效进行了分析（Jessop，1990）。

法国调节学派旨在解释资本主义的长期波动，探讨经济危机的症结和出路。一方面，调节学派强调"超经济"（extra-economic）因素，而不是经济因素的作用。在不同国家和不同历史时期，资本主义的基本特征并没有改变，但其运行方式却存在显著差异。调节学派认为经济制度总是在特定历史条件下嵌入社会关系之中的。资本主义生产方式在不同国家和不同历史时期，会表现为不同的积累体制。另一方面，调节学派打通了微观和宏观的视角。新古典经济学侧重微观视角，但是人的经济行为受到其所处的生产方式的约束；马克思经济学侧重宏观，提出了抽象的生产方式和生产力的概念。但经济行为主体的能动性不容忽视，相比于一般性的资本关系，不同社会力量的策略更为重要。对应马克思抽象的生产方式和生产力，调节学派提出了具有现实对应物的、中间层次的、更具体可察的概念。调节学派认为，在新古典经济学的微观层面与马克思经济学的宏观层面之间，还存在着由"制度行动"构成的中观层面，不仅指导着微观经济主体的行动，而且通过"调节方式"和"积累体制"影响"发展模式"，即宏观经济运行的变化（图1-2）。

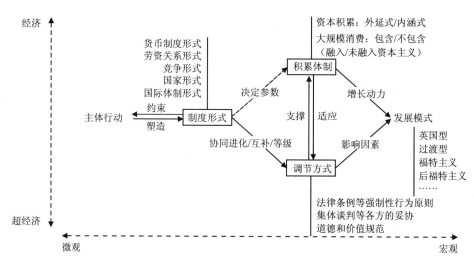

图 1–2　法国调节学派的概念体系

资料来源：刘充、姜力榕（2022）。

积累体制指长期内不断再生产出来的生产和消费互补的型态，指资本主义现存的生产、收入、分配和需求之间的动态协调机制。调节方式指一系列集规范、制度、组织形式、社会化网络和行为模式为一体的集合。制度形式指货币制度、劳资关系、竞争形式、国家干预的性质、国际经济体制或国际体制。发展模式指工业范式、积累体系和调节模式协同并互补所形成的，能够维持资本主义扩张所需的综合体系。调节学派的演化特征体现在其制度的系统论分析方法中，主要包括批判实在论以及能动性与结构。

1. 批判实在论

批判实在论是调节学派的根本基础。批判实在论认为世界由三层不同现实所组成，最根本的是"经验层"，包括经验和印象；第二是"实际层"，包括事件和事态；第三是"真实层"，包括结构、力、机理和趋势。三层现实之间存在异相或不同步的关系。深层次的机理最终表现出的形式受到多种条件的制约。调节学派认为积累体制和调节方式只是通过一种偶然的、自动的方式呈现出来，任何体制总有许多未知的、不可控制的限制条件。因此，调节方式是一种结构性的整体，而不是一种简单的结构（布朗、弗利特伍德，2007）。

2. 能动性与结构

制度结构先于具有能动性的调节主体存在，又因为调节主体能动性的活动而被建构和改变（Metcalfe，1994）。只有资本关系自身产生之后，劳动力和资本的内在属性才得以表现出来。在调节学派的分析中主体的能动性主要通过制度得以表达。劳资关系的维系、复制和渐变始终是一个连贯分析的主要脉络。资本积累遇到困难的时候，这种结构就难以维系，从而引发一场经济和社会危机。而每一次的调适，都是调节主体的能动性产生作用，从而维系和改变这种结构（Foster and Metcalfe，2003）。

四、新熊彼特学派

作为演化经济学发展历史上里程碑式的人物，熊彼特倡导新奇、过程性和不确定性。在 1942 年出版的《资本主义、社会主义与民主》一书中，熊彼特提出资本主义在不断地进行着创造性破坏（熊彼特，2009）。熊彼特的创新思想和企业家理论对后来的学术发展产生了深远的影响，其在演化经济学研究中的地位和影响力在一定程度上超越了老制度经济学。熊彼特利用企业家理论这个主体，从创新这一核心概念出发，推演出经济周期理论，构筑了一个完整的理论大厦（Metcalfe，2002；Fagerberg，2003）。

熊彼特的理论核心是"创新"，而所谓创新就是建立一种新的生产函数，即对生产要素的重新组合，将一种从来没有过的关于生产要素和生产条件的新组合引进到生产体系中（He and Zhu，2019）。这种新组合主要通过五种方式进行：①采用一种新的产品（也就是消费者还不熟悉的产品）或者某种产品的一种新的品质；②采用一种新的生产方法，这种新的方法不需要建立在科学新发现的基础之上，也可以存在于商业上处理一种产品的新方式之中；③开辟一个新的市场，也就是有关国家的某一制造部门以前不曾进入的市场，不管这个市场以前是否存在过；④掠取或控制原材料或半制成品的一种新的供应来源，无论这种来源是已经存在的，还是第一次创造出来的；⑤实现任何一种工业的新的组织。

历史上的重大创新是周期性的创造性破坏的过程，波动性出现并带来巨大的经济增长。自 18 世纪末工业革命以来，我们已经经历了六次技术创新的浪潮，每一次浪潮都代表着一系列重大技术创新及其扩散。这些创造性破坏的过程创造了全新的经济部门、投资机会和增长机会（图 1–3）。而浪潮之间的间隔时间逐渐缩短，表明了创新的潜力越来越大。一个创新周期结束时创新率会迅速下降，需要下一次创新周期的出现破坏掉之前固有的模式，带来全新的动能。

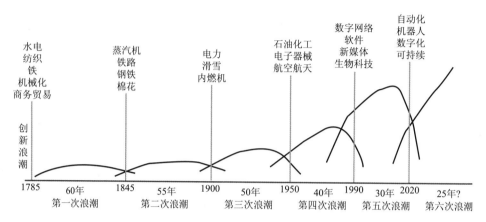

图 1-3 工业革命以来的六次创新浪潮

资料来源：Hargroves and Smith（2005）。

创新是生产过程中内生的，并非外部强加的，且是一种质的变化。创新的主体是企业家。企业家的核心职能不是经营或管理，而是执行"新组合"。企业家是有远见、有信心、有胆量、有组织能力的创新者。而资本主义社会发展就基于创造性破坏的过程。生产技术的革新和生产方法的变革对资本主义经济发展具有全面的、质和量的影响，这种改变社会面貌的经济创新是长期的、痛苦的，将摧毁旧的产业，让新的产业有崛起的空间。学者认为只有生产集中于熊彼特式经济活动时，才能促进高增长的经济活动，提高生产者的工资，创造大规模分工合作。而这也导致了不同经济行为，即马歇尔计划和摩根索计划的不同结果（表 1-1）。

表 1-1 经济行为的区别

马歇尔计划	摩根索计划
生产集中于熊彼特式经济活动	生产集中于马尔萨斯式经济活动
（有利的出口行为）	（没有熊彼特式部门，有害的出口行为）
报酬递增	报酬递减
高增长经济活动	低增长经济活动

续表

马歇尔计划	摩根索计划
稳定的价格	剧烈波动的价格
主要为熟练工人	主要为非熟练工人
创造中产阶级	创造"反帝反封建"的阶级结构
不能反转的工资（工资黏性）	可反转的工资
技术进步导致生产者工资大大提高（"福特工资制度"）	技术进步导致商品价格下降
创造大规模分工协作（联合、集聚）	创造小规模分工协作

资料来源：Reinert（2003）。

后来一系列学者在熊彼特的基础上对其创新理论进行了完善、验证和发展，从而形成了新熊彼特主义（neo-Schumpeterian，NS）。新熊彼特主义可以分为以技术变革和技术推广为对象的技术创新经济学以及以制度变革和制度形成为对象的制度创新经济学。总体而言，新熊彼特主义强调新部门的出现与结构性变化，新奇、知识特征及创新的不确定性，知识协同与互补。

1. 新部门的出现与结构性变化

新熊彼特学派强调新部门的出现与结构性变化，认为经济增长的实质是经济的结构性转变。作为一种演化过程，经济的结构性转变包含三个要素，即三阶段模型：第一个阶段是行为的变异或微观多样性；第二个阶段是将变异转变为经济变迁模式的选择过程；第三个阶段则是产生和再产生行为变异的发展过程。他特别强调，如果没有第三个阶段，即发展过程，演化框架将有严重的缺陷。

2. 新奇、知识特征及创新的不确定性

同时，新熊彼特主义强调普遍性新奇、知识特征及创新的不确定性。单纯的利润导向和价格决定对于解释创新过程是不够的，作为一种利益协调机制，价格竞争的地位被创新竞争所取代。在综合考虑市场与知识关系的基础上，新熊彼特学派突出强调了不确定性、创新和企业家精神。新奇可以在多个层面上产生，在微观层次上应当研究创新和学习行为，在中观层次上则需要研究创新驱动的产业动态，在宏观层次上研究创新决定的增长和国际竞争（金璐璐等，2017；贺灿飞，2018）。

3. 知识协同与互补

新熊彼特主义突出知识协同与互补。创新背后是知识的创造与扩散，因此，知识问题是创新研究的重点。缄默的、局部的、复杂的知识取代了新古典经济学中公共物品的知识。为了分析这种异质性的、新奇知识的产生，代表性个体不再适用，而异质性主体，包括企业、产业、个体等成为主要分析对象。新熊彼特主义区分了创新过程中的技术范式（technological paradigm）和技术轨迹（technological trajectory）。技术范式指对既定技术问题的解决模式，技术轨迹则是一个特定技术范式所决定的沿着技术和经济交易路线而产生的技术活动的过程（Dosi，1982）。

熊彼特学派对创新如何引起经济演化的研究为后期演化经济学的发展做出了突出贡献。学派强调：创新是经济、社会和制度变迁的推动力；在这个过程中资本主义企业处于核心地位；历史的观点。熊彼特强调新奇动力，认为经济系统内部有创新作为动力源泉，打破已经达到的均衡。由创新带来的经济过程的变化及其所有的影响，与经济系统的反应一起被定义为经济演化。同时，熊彼特强调历史性和过程性，坚持整合历史和理论分析（Dopfer and Potts，2004）。

而新熊彼特主义对创新、发明、学习等问题进行了更为深入细致的探究，对创新发生的层次、环境的认识也有了更加复杂的突破（Breschi *et al.*，2003；Hanusch，2008；Malerba and McKelvey，2020）。同时，新熊彼特学派对新奇的动力也进行了更加深入的探究。发展是包含结构性转化的，而新奇与发展之间的这种连接就是企业家，也是新奇的携带者。演化经济学的动态研究需要涵盖的所有总量变化，包括收入、市场份额、生产率的变化，不仅受到企业家创新行为的影响，还受到行为规则，即惯例的出现和扩散、制度变迁和产业动态等因素的影响（贺灿飞等，2016；贺灿飞、朱晟君，2020）。演化经济学认为经济增长不是一个直接被解释的对象，而是经济体系内生转换的涌现特征。新熊彼特主义的学者为演化经济学研究迈出了巨大的探索步伐（Loasby，2001）。

第二节　演化经济学理论基础

虽然这些理论研究奠定了演化经济学的基石，但之后经济学中的演化方法研究基本处于停滞状态，直到纳尔逊和温特于 1982 年出版了经典著作《经济变迁的演化理论》，演化经济学才重新进入人们的视野之中（纳尔逊、温特，1997）。纳尔逊和温特之所以提倡演化经济学，同样是因为对新古典经济学静态均衡分析方法的不满。他们指出经济体系总是处于动态演变过程之中，这一演变过程总会出现各种不确定性，因而演化的结果是无法完全被预测的。在这种情况下，新古典经济学在静态均衡下通过方程式计算出来的、满足收益最大化的决策可能并非最优决策。换句话说，如果将时间断面的最优决策置于历史过程之中，这个决策可能并非最优决策，即时间断面最优不等于过程最优。在纳尔逊和温特看来，有限理性的企业，其决策很大程度上并不依赖于收益最大化，而是依赖于企业惯例。这些惯例是企业在长期发展与实践过程中，通过内部与外部之间不断互动而形成的惯常性行为。纳尔逊和温特将企业惯例比作生物的基因，当新企业从原有企业中生成时，企业惯例就会被复制。但就像生物体的遗传变异一样，企业惯例并不会被一模一样地复制出来，而是会产生变异，这就是新奇的来源。企业惯例在不断复制过程中形成了异质性的企业，并构成企业群体，即产业部门。拥有不同企业惯例的异质性企业具有不同获利能力，从而决定了其能否在市场竞争中胜出。在群体层面，成功的企业惯例不断得到遗传，不能适应外部环境的企业惯例逐步被淘汰，最终随着时间的推移，整个群体企业惯例的量变导致群体的质变（Witt，1993）。

为了解释经济变迁，纳尔逊和温特及其影响下的新熊彼特主义学派建立了适合进行动态分析的方法论、研究框架及基本概念，其大体具有以下特征（Witt，1992）。第一，方法论上坚持通过动态过程原则来解释现象的发生，认为某现象 Y 的出现还可以从时间与过程的维度来解释，是经济体系不断积累从而内生创造出的。第二，研究框架借鉴了进化论中遗传、变异和选择的思想。这些理论框架必然要求与之相适应的、适合于动态分析的概念工具，如有限理性、企业异质性、新奇等。第三，企业是有限理性的，其对所处环境的感知及对未来事物的发展并不能做出与真实情况完全一致的判断。第四，有限理性和企业学习的路径依赖性决定了不同企业主体面对相同环境与机会时，会做出不同感知，因而企业必然是异质性的。第五，企业主体具备不断创造新技术、培育新行为模式和建立新组织形式的能力。不能将企业仅仅看作是在市场上被动接受价格信号的经济主体，而应该将企业看作是可以通过主动的战略选择创造新事物，从而影响原有市场体系与价格信号系统的经济主体。第六，异质性主体承载着不同的技术、惯例和战略等。他们作为一个集体，在市场内和市场外相互作用，并在相互作用过程中产生不同的增长路径。因而宏观经济现象应该被视为异质性主体在共同相互作用这一选择过程中涌现出的结果，而非简单线性加总的结果。

此后的研究更进一步将企业组织打开，以了解企业组织行为以及企业组织行为如何受到制度条件和多种政治、经济、社会关系的影响，而这必然需要借鉴技术史、组织理论、管理学、制度经济学、经济社会学、政治经济学等其他学科的理论（Saviotti and Metcalfe，2018）。随着研究的推进，这种交叉与融合在很大程度上导致了演化经济学的离心化，越来越难以辨识演化经济学的边界（Witt，2006，2014；Hodgson and Lamberg，2018）。尽管演化经济学的外延变得越来越宽泛，但总体而言，纳尔逊和温特及其影响的新熊彼特主义学派理论建构的核心一直都是技术变迁（Dosi and Soete，1988），他们围绕技术变迁展开了三个方面的研究（Andersen，2013；Dopfer，2005，2013；Winter，2014）：

第一，演化经济学者从技术维度研究了技术变迁所具有的特点，大量借鉴了技术及技术经济史研究。演化经济学者引入和提出了一系列概念，如技术创新的不确定性等；区分了缄默知识与编码知识以及创新过程中的产品创新与过程创新；指出了技术累积性与技术演变的路径依赖性，提出了技术轨迹与技术范式等概念（Dosi，1982；Freeman，2008）。

第二，演化经济学者在企业层面上围绕企业的组织学习与创新行为进行了一系列研究，如企业自身的组织特征对企业学习与吸收能力的影响（Cohen and Levinthal，1990）、企业学习与创新中对知识的邻域搜索（Dosi，1988；Dosi et al.，1988）、企业创新的多主体互动（Lundvall，1988）等。对于企业层面上的学习与创新行为研究，演化经济学者主要借鉴了组织理论和管理学理论，尤其是借鉴了以赫伯特·西蒙（Herbert Simon）为代表的卡内基学派的相关理论。除了在微观企业层面上展开企业学习与创新等研究，演化经济学者越来越多地在宏观和历史的层面上考察技术变迁与制度变迁的关系，认为技术追赶是一个进化的过程（Buenstorf，2007；Dosi and Nelson，2018；Nelson et al.，2018）。

第三，演化经济学者研究了技术变迁与制度的关系。他们将技术变迁与创新的基本分析范畴从企业尺度提升到产业、区域和国家尺度，提出了产业、区域和国家创新系统理论（Dosi and Nelson，1994；Moreau，2004）。他们认识到创新是将实验室中的发明成功地进行商业化的过程，而这一过程的顺利进行需要一系列的制度及组织支持（Radzicki and Sterman，1994；Hodgson and Stoelhorst，2014；Pyka and Prettner，2018；Freeman，2019）。

技术变迁不仅受到技术本身演变特征的影响，还受到政治、社会、文化等多种制度和组织因素的影响，并与它们在一个多层级、多主体的系统中进行共同演化（Mokyr，2018）。在研究过程中，非线性系统思想被逐步吸收进演化经济学中，例如经济系统中的一些正反馈或负反馈引起的系统非线性演变。除了新熊彼特主义学派，当前演化经济学中的制度主义方法也在快速发展中。学者们一直在呼吁要将制度经济学与演化经济学融合（Hodgson and Stoelhorst，2014），将演化经济学的动态概念纳入制度经济学中；同时，在演化经济学中更加注重制度分析，尤其是技术与制度的互动作用。在发展过程中，演化经济学逐渐形成了一系列代表性理论，包括路径依赖理论、惯例理论等。

一、路径依赖理论

路径依赖理论突破了传统经济学的收益递减观念，将收益递增、多重均衡、外部偶然冲突等范畴纳入经济分析之中，在技术变迁、企业制度、长期历史制度分析等领域产生了许多理论观点。路径依赖理论认为技术具有一种收益递增的性质，其收益随其应用范围的扩大而提高，帮其锁定了市场优势地位（Arthur，1989，1994，2018）。这种自强化效应主要由四点构成：规模效应、学习效应、协作效应、适应性预期。而技术自增强会产生多重均衡、可能的无效率及路径依赖（罗伊，2003）。在前期存在多种共存的可能选择，但在关键时刻的某些情境下一旦走上了一条路径，它的既定方向会在以后的发展中得到自我强化。可能沿着既定的路径走上良性循环的轨道，也可能顺着错误的路径迅速下滑，并被"锁定"在某种状态之下。一旦进入"锁定"状态，想要脱身而出就变得非常困难（图1-4）。

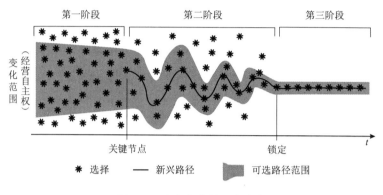

图 1-4　路径依赖的三个阶段

资料来源：Sydow *et al.*（2009）。

　　之后，学者将时间引入路径依赖分析之中，对效率进行动态化处理，提出了三种路径依赖类型：①弱度路径依赖，即一个社会在两种制度之间做出选择，就效率而言，被选中的制度和被舍弃的制度相差无几；②中度路径依赖，即随着环境的变化，更具效率的新制度方案已经出现，但由于旧制度实施已久，重新建立新制度成为不经济的选择；③强度路径依赖，即改变现在的路径选择将获得明显的高效率，但是这种改变却没有发生，其往往是由于公共选择失败和信息表露机制的缺陷所导致的。进化的最大特点就是不可逆，而且进化并不一定是一个前进或者上升的过程，并不存在唯一的最优解（贺灿飞等，2017；贺灿飞，2018）。此后，经济学家进一步通过蚂蚁实验发现了路径依赖的广泛性和复杂性。在经济分析中必须考虑到所有当事人之间的相互作用和最终的宏观效果，任何个体的选择都有三种可能：保持原有的选择、参照别人的行为进行选择和随机选择。绝大多数行为主体会根据其他主体的行为来进行自己的选择，变化一旦在某一个方向上产生，就会迅速递增，而扭转点的出现是完全随机的，我们无法预测下一个递增出现在何处（奥默罗德，2006；王爱君，2006）。

　　路径依赖对传统经济学提出了挑战：揭示了偶然因素的重要性，动摇了传统经济学的收益递减原则，否定了要素始终同质性的假设。路径依赖理论已经在资本市场、国际贸易的比较优势理论、制度分析、网络经济、国家总体经济增长等多个领域获得了广泛的讨论和使用。任何一种形式的路径依赖都包含三个过程：自增强的诱导、自增强的形成和自增强的维持。当一种自增强效应无法维持时，另一个方向上的诱导就会产生新的自增强，从而使系统发生变化（Vernon，1966；Ray，1998）。

二、惯例理论

惯例研究是演化经济学的重要组成部分，企业惯例的特征、功能及其演化机制逐渐成为人们所关注的问题（Nelson and Winter，1982；Levitt and March，1988；贺灿飞、黎明，2016）。惯例的研究主要集中在集体性、情境性和过程性（Becker，2004）：

（1）集体性。惯例是一种对集体性行为的描述，而关于惯例的知识却是分散在个人身上的，在任务执行时，分散在个人的知识通过集体得到连接和表达，从而使惯例得以体现（Vromen，2004，2006）。

（2）情境性。惯例是一种嵌入性的、情境依赖性的、专用性的企业资产，与特定的人群、时间、地点、特定的事件相关。任何惯例都是专有的、本土化的，不可能完全被复制和移植（Hodgson and Knudsen，2004）。

（3）过程性。一是指惯例只有在过程中才能得到体现，二是指惯例是随着过程形成和强化的。惯例可以被分为形成面和执行面，形成互相指导与修正、补充的反馈，使惯例保持一种动态的稳定性。惯例具有协调、储存、"干中学"知识的功能，可以协调控制组织成员，提高经营效率，配置认知资源，储存知识（Casson，1994；Segelod，1997）。

最初，纳尔逊和温特（Nelson and Winter，1982）将惯例视为企业存在的基础，提出"不满意-搜寻-满意"来解释惯例的演化，并试图用基因的类比框架来处理惯例的复制、变异和选择。但后续学者认为此理论并不完善，并从多维度对企业惯例的演化机理进行了分析，主要包括：

（1）认知环境论。惯例演化与认知环境有密切的关系，学者主张在"信息-认知-行动"这一框架中解释惯例的演化过程，认为惯例是一个信息输入-认知模式处理-行动指南-行动的过程（Bogenrieder and Nooteboom，2002）。

（2）任务决定论。惯例具有两个重要特征，即程式化特征和复杂性特征，交织了程式性和复杂性两个过程。惯例演化往往在程式化过程中受到随机因素的干扰，而这种交织是在任务执行过程中发生的，不同的任务决定了程式化和复杂性的交织比例，从而决定了惯例的变化（Sinclair-Desgagné and Soubeyran，2000）。

（3）内部选择论。惯例演化与组织内选择有密切的关系。在利润率低于一定水平时，组织会启动对新惯例的搜寻。同时，惯例的变迁和选择其实是一个过程，基于惯例的知识属性，惯例演化也是一个新知识创造和被选择的过程。比起市场外的选择来说，惯例首先是一个内部选择的问题，受到认知和企业政治双重因素的影响（Lazaric and Raybaut，2005）。

（4）规模相关论。企业内存在多层次的惯例均衡，一个职能部门内部的均衡惯例必须置于整个企业的均衡之中才能获得稳定性，而惯例演化与企业组织的规模、结构之间也存在密切关系。随着企业组织规模的变化，这种共有的、关于行为预期判断的知识重叠越来越困难，组织惯例的演化趋势也从扁平化走向网络化（Vromen，2006）。

惯例的存在与变异会对企业家的观念、意识和行为特别是创新行为产生重要的影响。企业的演化过程符合自然选择，但并非绝对缺乏理性指导。而理性指导下的企业家的认知和计算能力有限，其所做出的创新决策必定具有路径依赖的特点。人格化的企业家在创新刺激发生时，会根据自身经验并按照现有惯例，特别是已经带来成功的现有惯例，做出决策判断。如果现有惯例不能适应环境，企业家就会在不确定的环境中搜寻机会，从而形成新的创新刺激。因此，在惯例的影响下，企业家的创新行为发生了变化，当一个完整的创新过程完成并实现创新目标时，企业家又开始下一轮的创新行为（图1-5）。

惯例是一个多维度的、难以测度的概念，对惯例的性质、特征和演化机理的研究一直在探索之中。在近年来的研究中，有三个趋势非常明显：第一，强调实证研究的支持，从近期的文献看，基本上都是通过案例和调查来分析惯例问题；第二，大量借鉴其他学科的理论工具，如认知心理学、演化生物学、新制度经济学、社会学等，经济学和管理学在惯例分析上的交叉与融合也越来越多；第三，强调惯例的生物学特征（基因）的倾向趋于弱化，之前将惯例类比为基因的做法已经越来越成为一种纯粹的、方便理解的文字类比，而不具备实质性的意义。

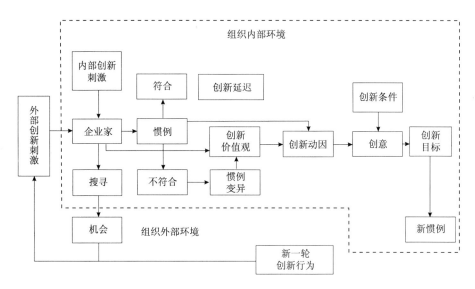

图 1-5 惯例影响下的企业家创新行为过程

资料来源：段晓红、向龙斌（2011）。

小 结

演化经济学经过长期的发展，已经形成了不同于主流经济学的研究理论与方法范式，提出了一种全新的理解经济发展的视角（Faber and Frenken，2009；Dosi and Nelson，2018；Nelson *et al.*，2018）。演化经济学倡导真实、全面地解释经济现象，这对于促进经济发展具有非常积极的作用，其还原真实的过程也是学科融汇的过程（Foster and Metcalfe，2001）。演化经济学将自然世界的生物演化思想应用于人类社会的经济演化之中，反对原子化、效用最大化和完全信息条件下的理性经济人假设。它强调时间维度、历史积累和经济发展过程的不可逆，认为经济演化的结果并非最优，而是在有限理性和组织惯例驱动下异质性"满意人"决策的结果。同时，演化经济学强调创新，即新奇，作为自我转型源动力的重要作用。

技术变迁不仅受到技术本身演变特征的影响，还受到政治、社会、文化等多种制度和组织因素的影响，并与它们在一个多层级、多主体的系统中进行共同演化。在研究过程中，非线性系统思想被逐步吸收进演化经济学中，例如经济系统中一些正反馈或负反馈引起的系统非线性演变。除了新熊彼特主义学派，当前演化经济学中的制度主义方法也在快速发展中。学者们一直在呼吁要将制度经济学与演化经济学融合起来，将演化经济学的动态概念纳入制度经济学中；同时，在演化经济学中更加注重制度分析，尤其是技术与制度的互动作用。在发展过程中，演化经济学逐渐形成了一系列代表性理论，包括路径依赖理论、惯例理论等。

　　总的来说，演化经济学为我们理解经济现象提供了一个全新的视角，它强调历史、制度、文化等多种因素在经济演化中的作用，反对将经济现象简化为单一的、机械化的模型。当前演化经济学的发展同样面临瓶颈制约，包括普遍达尔文主义的适用范围难题、基于权力和习俗分析的定价理论无法进行量化分析的难题、系统层级区分的问题和累积因果分析法的应用范围难题等（Shiozawa，2004；Winter，2014；Hodgson，2019）。当下仍需要对演化经济学进行更加深入地探讨与分析，以期建立起一个完整的范式。

参 考 文 献

[1] Arthur, W. B., 1989. Competing Technologies, Increasing Returns, and Lock-In by Historical Events. *The Economic Journal*, Vol. 99, No. 394, pp. 116-131.

[2] Arthur, W. B., 1994. *Increasing Returns and Path Dependence in the Economy*. University of Michigan Press.

[3] Arthur, W. B., 2018. *Self-Reinforcing Mechanisms in Economics. The Economy as an Evolving Complex System.* CRC Press, pp. 9-31.

[4] Andersen, E. S., 2013. Making Magic Machines. In 10th European Academy of Design Conference.

[5] Becker, M. C., 2004. Organizational Routines: A Review of the Literature. *Industrial and Corporate Change*, Vol. 13, No. 4, pp. 643-678.

[6] Bogenrieder, I., B. Nooteboom, 2002. The Emergence of Learning Communities: A Conceptual Analysis. Third European Conference on Organizational Learning, Knowledge, and Capabilities. Athens April.

[7] Boyer, P., 2008. Evolutionary Economics of Mental Time Travel? *Trends In Cognitive Sciences*, Vol. 12, No. 6, pp. 219-224.

[8] Breschi, S., F. Lissoni, F. Malerba, 2003. Knowledge-Relatedness in Firm Technological Diversification. *Research Policy*, Vol. 32, No. 1, pp. 69-87.

[9] Buenstorf, G., 2007. Creation and Pursuit of Entrepreneurial Opportunities: An Evolutionary Economics Perspective. *Small Business Economics*, Vol. 28, No. 4, pp. 323-337.

[10] Casson, M., 1994. Why Are Firms Hierarchical? *Journal of the Economics of Business*, Vol. 1, No. 1, pp. 47-76.

[11] Cohen, W. M., D. A. Levinthal, 1990. Absorptive Capacity: A New Perspective on Learning and Innovation. *Administrative Science Quarterly*, Vol. 35, No. 1, pp. 128-152.

[12] Constant, E. W., W. Edward, 1987. The Social Locus of Technological Practice: Community, System, or Organization. *The Social Construction of Technological Systems: New Directions in the Sociology and History of Technology*, pp. 223-242.

[13] Dopfer, K., 2001. *Evolutionary Economics: Program and Scope*. Springer Science & Business Media.

[14] Dopfer, K., 2005. Evolutionary Economics: A Theoretical Framework. *The Evolutionary Foundations of Economics*. Cambridge University Press, pp. 3-55.

[15] Dopfer, K., 2013. Evolutionary Economics. Papers on Economics and Evolution, No. 1308, Jena: Max Planck Institute of Economics.

[16] Dopfer, K., R. Nelson, 2018. The Evolution of Evolutionary Economics. *Modern Evolutionary Economics: An Overview*, Vol. 42, No. 4, pp. 208-229.

[17] Dopfer, K., J. Potts, 2004. Evolutionary Realism: A New Ontology for Economics. *Journal of Economic Methodology*, Vol. 11, No. 2, pp. 195-212.

[18] Dosi, G., 1982. Technological Paradigms and Technological Trajectories: A Suggested Interpretation of the Determinants and Directions of Technical Change. *Research Policy*, Vol. 11, No. 3, pp. 147-162.

[19] Dosi, G., 1988. Sources, Procedures, and Microeconomic Effects of Innovation. *Journal of Economic Literature*, Vol. 26, No. 3, pp. 1120-1171.

[20] Dosi, G., C. Freeman, R. Nelson *et al.*, 1988. *Technical Change and Economic Theory*. Pinter London.

[21] Dosi, G., R. Nelson, 1994. An Introduction to Evolutionary Theories in Economics. *Journal of Evolutionary Economics*, Vol. 4, No.3, pp. 153-172.

[22] Dosi, G., R. Nelson, 2018. Technological Advance as an Evolutionary Process. *Modern Evolutionary Economics: An Overview*, Vol. 1, pp. 35-84.

[23] Dosi, G. S., L. Soete, 1988. Technical Change and International Trade. *Dosi, G. et al. Technical Change and Economic Theory.* Pinter Publishers.

[24] Faber, A., K. Frenken, 2009. Models in Evolutionary Economics and Environmental Policy: Towards an Evolutionary Environmental Economics. *Technological Forecasting and Social Change*, Vol. 76, No. 4, pp. 462-470.

[25] Fagerberg, J., 2003. Schumpeter and the Revival of Evolutionary Economics: An Appraisal of the Literature. *Journal of Evolutionary Economics*, Vol. 13, No. 2, pp. 125-159.

[26] Foster, J., J. S. Metcalfe, 2001. Modern Evolutionary Economic Perspectives: An Overview.

Frontiers of Evolutionary Economics: Competition, Self-Organization and Innovation Policy, Vol. 29, No. 2, pp. 1-18.

[27] Foster, J., J. S. Metcalfe, 2003. *Frontiers of Evolutionary Economics: Competition, Self-Organization, and Innovation Policy*. Edward Elgar Publishing.

[28] Freeman, C., 2008. *Systems of Innovation: Selected Essays in Evolutionary Economics. Systems of Innovation*. Edward Elgar Publishing.

[29] Freeman, C., 2019. History, Co-Evolution and Economic Growth. *Industrial and Corporate Change*, Vol. 28, No. 1, pp. 1-44.

[30] Hanusch, H., 2008. *Evolutionary Economics: Applications of Schumpeter's Ideas*. Cambridge University Press.

[31] Hargroves, K., M. H. Smith, 2005. *The Natural Advantage of Nations: Business Opportunities, Innovation, and Governance in the 21st Century*. Earthscan.

[32] He, C., S. Zhu, 2019. *Evolutionary Economic Geography in China*. Springer.

[33] Hodgson, G. M., 1998. On the Evolution of Thorstein Veblen's Evolutionary Economics. *Cambridge Journal of Economics*, Vol. 22, No. 4, pp. 415-431.

[34] Hodgson, G. M., 1999. *Evolution and Institutions*. Edward Elgar Publishing.

[35] Hodgson, G. M., 2002. *A Modern Reader in Institutional and Evolutionary Economics: Key Concepts*. Edward Elgar Publishing.

[36] Hodgson, G. M., 2019. *Evolutionary Economics: Its Nature and Future*. Cambridge University Press.

[37] Hodgson, G. M., T. Knudsen, 2004. The Firm as an Interactor: Firms as Vehicles for Habits and Routines. *Journal of Evolutionary Economics*, Vol. 14, No. 3, pp. 281-307.

[38] Hodgson, G. M., J. A. Lamberg, 2018. The Past and Future of Evolutionary Economics: Some Reflections Based on New Bibliometric Evidence. *Evolutionary and Institutional Economics Review*, Vol. 15, No. 1, pp. 167-187.

[39] Hodgson, G. M., J. W. Stoelhorst, 2014. Introduction to the Special Issue on the Future of Institutional and Evolutionary Economics. *Journal of Institutional Economics*, Vol. 10, No. 4, pp. 513-540.

[40] Jessop, B., 1990. Regulation Theories in Retrospect and Prospect. *Economy and Society*, Vol. 19, No. 2, pp. 153-216.

[41] Lachmann, F. M., 1986. Interpretation of Psychic Conflict and Adversarial Relationships: A Self-Psychological Perspective. *Psychoanalytic Psychology*, Vol. 3, No. 4, p. 341.

[42] Lambooy, J. G., R. A. Boschma, 2001. Evolutionary Economics and Regional Policy. *The Annals of Regional Science*, Vol. 35, No. 1, pp. 113-131.

[43] Langlois, R. N., M. J. Everett, 1994. *What Is Evolutionary Economics? Evolutionary and Neo-Schumpeterian Approaches to Economics*. Springer, pp. 11-47.

[44] Lawson, T., 2006. The Nature of Heterodox Economics. *Cambridge Journal of Economics*, Vol. 30, No. 4, pp. 483-505.

[45] Lazaric, N., A. Raybaut, 2005. Knowledge, Hierarchy and the Selection of Routines: An Interpretative Model with Group Interactions. *Journal of Evolutionary Economics*, Vol. 15, No. 4, pp. 393-421.

[46] Levitt, B., J. G. March, 1988. Organizational Learning. *Annual Review of Sociology*, Vol. 14, pp. 319-340.

[47] Loasby, B. J., 2001. Time, Knowledge and Evolutionary Dynamics: Why Connections Matter. *Journal of Evolutionary Economics*, Vol. 11, No. 4, pp. 393-412.

[48] Lundvall, B. A., 1988. Innovation as an Interactive Process: From User-Producer Interaction to National System of Innovation. In Dosi, G. *et al*., Technical Change and Economic Theory. Pinter Publishers, pp. 349-369.

[49] Malerba, F., M. McKelvey, 2020. Knowledge-Intensive Innovative Entrepreneurship Integrating Schumpeter, Evolutionary Economics, and Innovation Systems. *Small Business Economics*, Vol. 54, No. 2, pp. 503-522.

[50] Metcalfe, J. S., 1994. Evolutionary Economics and Technology Policy. *The Economic Journal*, Vol. 104, No. 425, pp. 931-944.

[51] Metcalfe, J. S., 2002. *Evolutionary Economics and Creative Destruction*. Routledge.

[52] Mokyr, J., 2018. Bottom-up or Top-Down? The Origins of the Industrial Revolution. *Journal of Institutional Economics*, Vol. 14, No. 6, pp. 1003-1024.

[53] Moreau, F., 2004. The Role of the State in Evolutionary Economics. *Cambridge Journal of Economics*, Vol. 28, No. 6, pp. 847-874.

[54] Nelson, R. R., 2008. Economic Development from the Perspective of Evolutionary Economic Theory. *Oxford Development Studies*, Vol. 36, No. 1, pp. 9-21.

[55] Nelson, R. R., G. Dosi, C. E. Helfat *et al*., 2018. *Modern Evolutionary Economics: An Overview*. Cambridge University Press.

[56] Nelson, R., S. Winter, 1982. *An Evolutionary Theory of Economic Change*. The Belknap Press of Harvard University Press.

[57] Pyka, A., K. Prettner, 2018. Economic Growth, Development, and Innovation: The Transformation Towards a Knowledge-Based Bioeconomy. *Bioeconomy: Shaping the Transition to a Sustainable, Biobased Economy*. Springer Nature, pp. 331-342.

[58] Radzicki, M. J., J. D. Sterman, 1994. Evolutionary Economics and System Dynamics. *Evolutionary Concepts in Contemporary Economics*. University of Michigan Press, pp. 61-89.

[59] Raffaelli, T., 2003. *Marshall's Evolutionary Economics*. Routledge.

[60] Ray, D., 1998. *Development Economics*. Princeton University Press.

[61] Reinert, E. S., 2003. Increasing Poverty in a Globalized World: Marshall Plans and Morgenthau Plans as Mechanisms of Polarization. *Rethinking Development Economics*. Anthem Press, p. 453.

[62] Robertson, P. L., 1993. The Meaning of Market Process: Essays in the Development of

Modern Austrian Economics. *History of Political Economy*, Vol. 25, No. 3, pp. 557-558.

[63]   Rogers, C. R., 1985. Toward a More Human Science of the Person. *Journal of Humanistic Psychology*, Vol. 25, No. 4, pp. 7-24.

[64]   Saviotti, P. P., J. S. Metcalfe, 2018. *Present Development and Trends in Evolutionary Economics. Evolutionary Theories of Economic and Technological Change*. Routledge, pp. 1-30.

[65]   Segelod, E., 1997. The Content and Role of the Investment Manual—A Research Note. *Management Accounting Research*, Vol. 8, No. 2, pp. 221-231.

[66]   Shiozawa, Y., 2004. Evolutionary Economics in the 21st Century: A Manifesto. *Evolutionary and Institutional Economics Review*, Vol. 1, No. 1, pp. 5-47.

[67]   Sinclair-Desgagné, B., A. Soubeyran, 2000. A Theory of Routines as Mindsavers. Working Paper, CIRANO Scientific Series 2005-52, pp. 1-25.

[68]   Sydow, J., G. Schreyögg, J. Koch, 2009. Organizational Path Dependence: Opening the Black Box. *Academy of Management Review*, Vol. 34, No. 4, pp. 689-709.

[69]   Veblen, T., 1899. Mr. Cummings's Strictures on the Theory of the Leisure Class. *Journal of Political Economy*, Vol. 8, No. 1, pp. 106-117.

[70]   Vernon, R., 1966. International Trade and International Investment in the Product Cycle. *Quarterly Journal of Economics*, Vol. 80, No. 2, pp. 190-207.

[71]   Von Mises, L., 1985. *Theory and History*. Ludwig von Mises Institute.

[72]   Vromen, J., 2004. Conjectural Revisionary Economic Ontology: Outline of an Ambitious Research Agenda for Evolutionary Economics. *Journal of Economic Methodology*, Vol. 11, No. 2, pp. 213-247.

[73]   Vromen, J. J., 2006. Routines, Genes and Program-Based Behavior. *Journal of Evolutionary Economics*, Vol. 16, No.3, pp. 543-560.

[74]   Winter, S. G., 2014. The Future of Evolutionary Economics: Can We Break out of the Beachhead? *Journal of Institutional Economics*, Vol. 10, No. 4, pp. 613-644.

[75]   Witt, U., 1992. *Explaining Process and Change: Approaches to Evolutionary Economics*. University of Michigan Press.

[76]   Witt, U., 1993. Evolutionary Economics: Some Principles. *Evolution in Markets and Institutions*. Edward Elgar Publishing, pp. 1-16.

[77]   Witt, U., 2006. Evolutionary Concepts in Economics and Biology. *Journal of Evolutionary Economics*, Vol. 16, No. 15, pp. 473-476.

[78]   Witt, U., 2008. What Is Specific About Evolutionary Economics? *Journal of Evolutionary Economics*, Vol. 18, No.3, pp. 547-575.

[79]   Witt, U., 2014. The Future of Evolutionary Economics: Why the Modalities of Explanation Matter. *Journal of Institutional Economics*, Vol. 10, No. 4, pp. 645-664.

[80]   〔英〕安德鲁·布朗、〔英〕史蒂夫·弗利特伍德著，陈静译：《批判实在论与马克思主义》，广西师范大学出版社，2007年。

[81] 〔英〕保罗·奥默罗德著,李华夏译:《蝴蝶效应经济学》,中信出版社,2006年。

[82] 段晓红、向龙斌:"演化理论视角下组织惯例对企业家创新行为的影响研究",《建筑经济》,2011年第11期,第96—99页。

[83] 韩新峰、郭艳茹:"对奥地利学派方法论个人主义的常见误解与澄清",《制度经济学研究》,2021年第2期,第298—315页。

[84] 贺灿飞:"区域产业发展演化:路径依赖还是路径创造?",《地理研究》,2018年第7期,第1253—1267页。

[85] 贺灿飞、董瑶、周沂:"中国对外贸易产品空间路径演化",《地理学报》,2016年第6期,第970—983页。

[86] 贺灿飞、金璐璐、刘颖:"多维邻近性对中国出口产品空间演化的影响",《地理研究》,2017年第9期,第1613—1626页。

[87] 贺灿飞、黎明:"演化经济地理学",《河南大学学报(自然科学版)》,2016年第4期,第387—391页。

[88] 贺灿飞、朱晟君:"中国产业发展与布局的关联法则",《地理学报》,2020年第12期,第2684—2698页。

[89] 黄春兴:"奥地利学派经济理论的一个学习架构",《南大商学评论》,2007年第1期,第154—176页。

[90] 贾根良:"制度变迁理论:凡勃伦传统与诺思",《经济学家》,1999年第5期,第62—67页。

[91] 金璐璐、贺灿飞、周沂等:"中国区域产业结构演化的路径突破",《地理科学进展》,2017年第8期,第974—985页。

[92] 〔美〕理查德·R.纳尔逊、悉尼·温特著,胡世凯译:《经济变迁的演化理论》,商务印书馆,1997年。

[93] 李黎力、徐宁鸿慎:"新奥地利经济学派在中国:历史与展望",《上海经济研究》,2021年第3期,第118—127页。

[94] 刘充、姜力榕:"法国调节学派:概念体系、理论演进与启示",《政治经济学评论》,2022年第6期,第146—174页。

[95] 刘志铭:"作为制度经济学的奥地利学派",《学术研究》,2021年第7期,第98—105页。

[96] 〔英〕马克·罗伊著,历咏译:"法与经济学中的混沌理论与进化理论",《经济社会体制比较》,商务印书馆,2003年。

[97] 王爱君:"发展经济学方法论初析",《财经科学》,2006年第4期,第45—52页。

[98] 〔奥地利〕约瑟夫·熊彼特著,吴亮健译:《资本主义、社会主义与民主(珍藏本)》,商务印书馆,2009年。

第二章　演化经济地理学理论基础

区域需要持续发展新产业以更新产业结构，为经济发展带来源源不断的新动力，知识和技术创新在区域经济发展中的作用日益显著。但当时的现有理论仍缺乏对历史和时间因素的关注，难以解释经济系统随时间的演化过程。相关学者关注到了演化经济学思想，将时间维度纳入考虑开展区域产业动态研究，为地理学的演化转向奠定了基础。20 世纪 90 年代末期，演化经济学相关理论被引入经济地理学研究，包括广义达尔文主义、路径依赖理论、复杂性理论，强调区域经济演化是多因素关联和联动影响下的非线性、不可逆过程（Rigby and Essletzbichler，1997；Boschma and Lambooy，1999；Martin and Sunley，2006）。之后经过一系列的发展延伸，演化经济地理学被定义为从企业进入、增长、衰落和退出及其区位选择行为的历史、动态视角来解释企业、网络、城市和区域的经济空间演化的研究（Frenken and Boschma，2007；Frenken *et al.*，2007；Henning，2019）。

早期的演化经济地理学以探索与萌芽为主要特征，少数欧美经济地理学者开始引介演化经济学的概念、理论和方法，强调将其应用于经济地理学研究的可行性、解释力优势和可观前景。但是，这种研究尚未引起经济地理学界的广泛关注，"演化转向"仍然滞后于制度和关系等研究转向（苗长虹等，2011；贺灿飞等，2014；李小建等，2014）。此时的国内经济地理学仍然以新古典经济地理学、区域科学和新区域主义等研究范式为主，演化经济地理学鲜有涉足（Hassink *et al.*，2019）。20 世纪 90 年代中后期至 21 世纪初，伴随着对历史过程、时间因素的关注，随机偶然事件和企业异质性对区域经济演化的影响分析，相关多样化与不相关多样化的讨论，演化经济学的概念、理论、方法有效推动了经济地理学者重新思考集聚经济、产业集群和区域产业转型等经典议题。经济计量等定量研究方法和案例分析等质性研究方法的使用推动了实证研究的快速发展（Boschma and Lambooy，1999；Martin and Sunley，2006），更加完善的理论和方法论体系得以构建（He and Zhu，2019；Zhu et al.，2019）。

经过后续发展，演化经济地理学逐渐形成了自己较为成熟的理论框架与研究范围。演化经济地理学借鉴演化经济学的历史视角，将时间与空间要素联系起来，融合了演化经济学与经济地理学的基本观点，从历史角度研究经济活动空间分布的渐进演化机制（Frenken and Boschma，2007；Frenken et al.，2007；He et al.，2018；He and Zhu，2019；Zhu et al.，2019；Heiberg et al.，2020）。演化经济地理学从企业进入、增长、衰落和退出及其区位行为入手，解释企业、产业、网络、城市和区域的空间演化，不仅关注演化过程对产业地理的影响，也关注经济系统对演化过程的影响。同时，演化经济地理学主要从知识与技术进步角度研究处于技术前沿的发达国家内生性的新旧产业演替（Boschma and Frenken，2006；Essletzbichler and Rigby，2007；Essletzbichler and Rigby，2010；Martin and Sunley，2015；He et al.，2018）。随着理论的丰富与发展，区域新旧产业演替中的制度变迁与政治经济博弈开始进入学者们的视野。

演化经济地理学理论基础主要包括：①广义达尔文主义：将多样性、遗传、变异、环境选择等引入区域经济演化，将经济组织的惯例视作基因，作为影响其决策方式和市场竞争力的重要因素；②路径依赖理论：由偶然事件导致的经济系统初始状态，受集聚外部性、知识溢出、干中学等报酬递增机制影响形成了区域经济演化路径，强调用历史积累解释发展现状，但是长期的路径依赖可能导致僵化和路径锁定，需要外部冲击才能打破；③复杂性理论：关注区域经济演化的自组织和选择机制，运用复杂网络和系统分析方法；④发育系统理论：将个体看作一个复杂适应系统进行研究，认为演化过程中真正发生变化的是发育系统（贺灿飞，2018；MacKinnon et al.，2019；McCann and Van Oort，2019；贺灿飞、李伟，2020）。

第一节　广义达尔文主义

演化经济学主要基于广义达尔文主义的现代进化生物学的理论与观点，特别是用于解释多样性、创新、记忆、变异和适应性（表 2-1）。演化经济学之所以基于广义达尔文主义建立自己的学科基础，主要是因为自然系统和社会经济系统有着极为相似的共性（Hodgson，1997）。广义达尔文理论有三个原则，即变异、遗传和选择。变异在生物系统中指遗传的重组和变化，而在社会组织中关于多样性的存在和发展的一般性问题仍然是讨论的重点，创新仍然是新变化的一个常见源泉（Metcalfe，1994，2002；Saviotti，1996；Aldrich and Ruef，2018）。

表 2-1　达尔文概念的对比与策略

	启发性策略	
本体论意义	一般性的达尔文概念：变异、复制、选择	遗传进化概念：新奇、涌现与扩散
	一元论（monistic）承认两个世界的关系	广义达尔文主义	自然主义方式（naturalistic approaches：凡勃伦、尼古拉斯-罗根、哈耶克和诺思，主题为制度演化、长期发展、可持续等（连续性假设）
	二元论（dualistic）否定两个世界的关系	新熊彼特学派主题为新奇、企业动态等	熊彼特

资料来源：杨虎涛（2011）。

遗传在生物学的机制为基因和 DNA，而在社会进化中，也包括对习惯、风俗、规则和惯例的复制，所有的这些承载了适应性问题的解决方法，以保证这些解决方法的持久性和可复制性（Vanberg，1994，2023）。关于选择，同样存在合理的解释。在给定的环境中，有些实体比其他的适应性更强，寿命更长，繁殖后代或自我复制能力更胜一筹。选择原则不同于变异原则，变异有时是明显的随机进程导致的，如漂变（drift）。而在工业化进程中，如果投资者不考虑以前或者预期的运行情况就下赌注，则漂变将统治遗传进程。但实证研究发现，工业进化其实是一个选择进程，因为企业财产和生存之间存在明显的相关性（Audretsch，1991；Agarwal and Gort，1996）。选择的结果并不必然是正确的或者最优的。但选择仍然是达尔文理论的关键部分，没有选择原则就无法解释系统变化。达尔文的变异、遗传和选择三原则不仅在解释物种内部进化时是必要的，而且在解释这些物种自身的起源时同样是必要的。

在自然界和人类社会都可以找到复杂物种系统，关于它们进化的解释借鉴了达尔文原则，但社会进化和自然界的进化并不是完全通过这种方式，而是通过高度抽象进行概括性解释。社会和生物进化都需要这些共通原则，在这种意义上，社会进化是达尔文主义的。但社会和生物进化存在巨大差异，其细节机理完全不同。达尔文主义提供了一个支配性的解释框架，但并不能解释每一个方面或细节。达尔文原则从生物领域到社会领域的转变并不意味着选择、变异、遗传的细节是相似的，广义达尔文主义并不能为社会科学家做所有的解释工作，但是在一个抽象和广义的层面上它仍然是必要的（Matthews，1984；Hodgson，2002）。

广义达尔文主义的提倡者引入多样化、选择和遗传这些概念作为理解社会经济演化的核心定义，为建立起空间经济分析的演化视角奠定坚实基础（Hudson，2007；He *et al.*，2021）。选择的主体是演化观点的基础，其可能是企业、劳动者、技术、制度或地方惯例等，通常选择企业作为基本分析单元，分析企业竞争的动态变化。区域通常被视为"选择"环境：一方面，企业的竞争与演化直接或间接地改变着区域的选择环境；另一方面，区域限制着政治经济主体的活动，空间和制度环境的变化影响着企业的竞争压力，导致新一轮的探索和创新。同时，这样的循环和相互影响又是跨越时间维度的，企业活动不仅受到自身过去惯例的影响，也会改变区域的现状和未来；同理，区域环境不仅受到地方发展历史和发展模式的影响，也会影响企业未来的惯例和行为。基于广义达尔文主义的演化经济地理学，利用经济动态分析的演化方法，主要研究：产业如何在空间中出现和发展；区域经济作为"选择"环境如何发挥作用；各种遗传机制以何种方式导致特定区域路径的锁定；经济关系的空间网络和空间经济集聚的形式如何随时间变化（Hassink *et al.*，2019）。

第二节　路径依赖理论

1985 年，戴维（David，1985）对 QWERTY 打字机键盘因"先发优势"而占据了市场进行分析并引入路径依赖的概念，论证了历史的重要性。之后，自 20 世纪 80 年代以来，路径依赖被广泛地应用于人类学、历史学、政治学、社会学、经济学和管理学等诸多学科。经济地理学的文化、制度和关系转向以及演化经济地理学甚至认为经济景观的基本特征是路径依赖（Martin and Sunley，

2006）。路径依赖理论主要从历史维度解释经济增长，强调偶然性、自我强化和锁定的重要作用，认为经济系统并不趋近于单一均衡状态，而是一个开放的系统，其演化依赖于系统过去的发展路径，因此，经济系统的发展路径是内生的过程（贺灿飞等，2017；Lubinski and Gartner，2020；Lubinski，2023）。

路径依赖强调历史选择在变迁过程中的影响力，对路径依赖概念的共识观点主要包括：①路径依赖是一种状态，也是一种过程。状态是指路径依赖是一种"锁定"状态，这种"锁定"既可能是有效率的，也可能是低效率甚至无效率的。过程是指路径依赖是一种非遍历性的随机动态过程，同时也是非线性的，并且存在多重可能性。②早期的偶然历史事件对系统发展的轨迹产生一定的影响。路径依赖强调对初始条件的敏感性，并且为随机过程所影响，发展轨迹被小事件或偶然因素触发，微小的差异通过自增强机制最终会将差异放大。③一旦偶然事件发生，路径依赖的次序就会呈现出一种相对来说具有决定性的因果模式或者可称之为"惯性"（Arthur，1988，1989；Schmidt and Spindler，2002；Arrow *et al.*，2004；He and Zhu，2018）。

路径依赖理论的贡献主要有：①路径依赖理论强调历史的重要性。认为偶然的历史事件是决定制度变迁走上哪一条路径的重要影响因素，其一旦进入经济发展过程，所产生的影响将会被放大，因而制度变迁敏感地依赖于初始条件的选择（Chlebna and Simmie，2018；Bathelt and Li，2020；Frangenheim *et al.*，2020）。②路径依赖理论强调时间的重要性。该理论从动态的角度考察制度变迁过程，运用时间维度来体现历史演变的不可逆性。③路径依赖理论强调制度的自我强化作用（Sydow *et al.*，2005；时晓虹等，2014；He *et al.*，2017；Isaksen *et al.*，2018）。

区域路径依赖由诸多原因造成，包括自然资源、地方资产和基础设施的沉没成本，产业专业化引致的地方外部经济，区域技术锁定效应，集聚经济如劳动力池、市场规模、投入-产出网络关系、供应商、服务业等，区域制度、社会习俗与文化传统等，以及区际联系和区际相互依赖性（贺灿飞等，2016；贺灿飞、陈航航，2017；Fitjar and Timmermans，2019；Whittle and Kogler，2020；贺灿飞、李伟，2020，2022；贺灿飞、朱晟君，2020；Bækkelund，2021；Santoalha *et al.*，2021）。依赖也可以分为正向依赖与负向依赖，前者会促进区域经济发展，后者则会抑制经济发展（Martin and Sunley，2006）。

第三节　复杂性理论

与达尔文主义和路径依赖理论相比，复杂性理论受到的关注较少，但是这种研究路径近年来开始获得越来越多的认可。广义达尔文主义过于关注选择机制，限制了其在社会经济背景中的适用性，因此被一些学者质疑。而以福斯特和梅特卡夫（Foster and Metcalfe，2001）为代表的演化学者们开始将复杂理论引入演化经济学，从更具体的形态发生视角对社会经济的演化现象进行研究（贺灿飞、黎明，2016；贺灿飞、朱晟君，2020）。20 世纪 70—80 年代，复杂性科学起源于对自然界和物理学中动态属性、非线性结构转换且远离平衡的系统的研究。之后该领域得到迅速发展，以"自组织系统""自我再生系统""复杂自适应系统"和"复杂演化系统"为代表的复杂性思想，开始影响经济学、考古学、政治学、人文地理学等社会科学研究领域（Arthur，2013；Helbing and Kirman，2013；Haynes and Alemna，2022）。

复杂系统中的主体具有适应性，能够与环境或环境中的其他个体进行交流。通过这种持续不断的交互过程，主体不断地学习或积累经验，并根据新学到的经验改变自身的结构和行为方式，不断演化。整个宏观系统的演变或进化都是在这个基础上逐渐派生出来的。系统中的主体被认为是主动的、积极的主体。而这种主动性以及它与环境反复的相互作用，才是系统发展和进化的基本动因。个体与环境之间这种主动的、反复的交互作用可以被概括为"适应"，适应产生了复杂性。

复杂性的定义也经历了长时间的讨论与完善，美国匹兹堡大学雷舍尔（Rescher，2020）从哲学观上总结了复杂性的概念，并基于认识论模型和本体论模型将其分为两类（表 2–2）。

复杂系统是复杂性理论最重要的概念，区别于其他系统，它具有以下特征：①分布式性质和表现。系统的资源分布在不同位置，系统元素之中存在的功能和关系发生在不同的空间范围与规模上，即复杂系统有多尺度特征。②开放性。复杂系统与其环境之间的边界不固定，并存在不断的互动和交换，不依赖于系统自身任何内在的属性。③非线性动态。由于组成要素之间出现各种复杂反馈

表 2-2　复杂性概念分类

模型	复杂性分类	细化分类
认识论模型	计算复杂性	描述复杂性
		生成复杂性
		计算复杂性
本体论模型	组分复杂性	构成复杂性
		分类复杂性
	结构复杂性	组织复杂性
		层级复杂性
	功能复杂性	操作复杂性
		通用复杂性

和自我增强的相互作用，复杂系统显示出非线性动态，因而在系统的轨迹和行为上有不可逆及路径依赖的趋势。④功能分解的有限性。由于高度的连通性以及结构的开放性、动态性，将一个复杂系统分解成稳定的组件时，分解范围有限。⑤突现和自组织。宏观尺度结构和驱动力有从微观尺度行为和系统组成要素的相互作用中自发形成的倾向。⑥自适应特质。无论是在响应外部环境的变化时，还是来自内部通过协同演化机制或是响应自组织临界时，自组织的相同过程使复杂系统有潜力来调整它们的结构和动态。⑦非确定性和不易处理。即使完全知道组件的功能，也不可能精确预见它们的行为（Manson，2001；Frenken，2006；Sammut-Bonnici，2014）。

复杂性系统的这些特征也为经济地理学带来启示：第一，不应再将复杂地域经济看作是封闭的、静态线性的和均衡的，而应该看作是开放的、动态的、非线性的和远离均衡的；第二，经济主体不应该是完全理性的、不需要学习和适应的、完全信息的，而应该是试错的、具备学习和适配能力的和非完全信息的；第三，经济主体之间不应该仅仅存在基于市场机制的互动，而应该是在网络联系中的多重关系互动；第四，微观与宏观不应该仅仅是独立研究的领域，还应该分析微观相互作用过程中所涌现出的中观模式；第五，经济增长不仅是纠正要素扭曲的结果，还是系统在分异、选择和放大的演化过程中由新奇与创新导致的（Frenken，2006；Manson and O'Sullivan，2006）。

从复杂性视角出发，经济的空间结构和组织，如产业区、企业集群、城市与区域、网络等，应当被理解为经济的突现属性。它们不仅是大量单独的经济主体无意识的中观结果，也连同由中观水平构成的宏观过程一起，反过来影响微观层面的行为和活动。复杂性的演化经济地理研究进程，需要阐述这些向上和向下的因果关系及其空间表现与空间嵌入系统（Hodgson and Knudsen，2004），以及它们在多尺度上的表现。演化经济地理学者借鉴复杂系统理论，将自身研究的空间实体（如集群、城市与区域）看作是一个复杂适应系统。复杂适应系统具有以下特征：①复杂适应系统中的要素存在多尺度、多层次网络关联与相互作用，这些微观相互作用会在无意识中自下而上地涌现出中观和宏观特征（如集聚外部性），甚至空间实体本身就是微观相互作用所涌现出的空间秩序。然而，应该认识到微观相互作用的强度受制于系统与自组织层级。在实际研究过程中还需要注意涌现出的新特征是如何自上而下地反作用于微观行为的。②空间实体的演化是一个自组织创生过程，一个要素改变后其他要素会改变自身以适配前者的变化，如果在这种共同演化过程中涌现出正向的效应，则会推动复杂适应系统的结构转型。在实际研究中还需要挖掘自组织演化过程中的权力不平衡、内生动力、强弱关联点以及其他要素是为何、如何调配自身。③基于复杂性经济理论的演化经济地理学不仅关注广义达尔文主义的被动选择，还突出了主体主动创造环境的能动性，这使得复杂适应系统变成了一个可以实现自我转型的系统，而转型的核心在于创新和新奇。创新和新奇发生不仅是变异的偶然事件，有许多也是主动的战略选择。总之，演化经济地理学需要将复杂性理论中的相互关联、涌现、自组织和适应等概念纳入分析框架之中，并将创新和新奇置于理论研究的核心，从而解释创新、新奇、知识与经济社会空间结构的共同演化（Rihani，2005；Frenken，2006；Bentley and Maschner，2008）。

第四节　发育系统理论

近年来，有学者提出要借鉴演化发育生物学和发育系统理论来拓展演化经济地理学的研究框架（MacKinnon *et al.*，2009；Pike *et al.*，2009；Martin and Sunley，2015；Pike *et al.*，2016）。出于对纳尔逊和温特以企业为中心的研究传统的不满，当前演化经济地理学者越来越倡导一种整体主义的研究方法。演化经济地理学在建立之初主要受到广义达尔文主义的影响，并且现在这种理论仍占主流地位。基于广义达尔文主义的演化经济地理学主要建立在纳尔逊与温特的研究工作基础之上。纳尔逊与温特的演化理论以企业为研究对象，从企业行为的惯例出发，推导市场选择过程中经济体系的动态演变。演化经济地理学者以企业惯例的复制以及企业对知识的邻域搜索、学习与重组为逻辑起点，在这一微观过程基础之上，推导中观和宏观层面区域产业演变的路径依赖性及其对区域空间发展不平衡的影响（Boschma and Frenken，2006；Essletzbichler and Rigby，2007）。

尽管演化经济地理学与新古典经济学在理论层面上存在对立，但从研究方法上，其与新古典经济学一样，都从企业个体出发，试图将区域经济空间格局演变解释为具有异质性惯例的企业在市场竞争中进行遗传和选择的结果。广义达尔文主义的理论基础、研究框架及其所决定的方法论近年来越来越受到来自生物学内部的挑战（Martin and Sunley，2015）。广义达尔文主义以基因为中心，从微观视角出发，将变异、遗传和选择作为演化过程的总体分析框架。然而近年来，演化发育生物学和发育系统理论挑战了以基因为核心的微观个体研究方法，指出变异、遗传和选择这一分析框架不足以涵盖完整的演化过程。这两种理论各自提出了新的概念体系和研究框架，试图将发育理论与演化理论统一起来，以一种更加整体主义的方式全面地揭示演化机制与过程。演化发育生物学将个体看作是一个复杂适应系统，指出这一复杂适应系统在外部环境变化或内部条件改变时会做出某些调整。个体作为一个复杂适应系统，在系统稳健性、可塑性、外部机会建构能力和演化性等方面存在差异，因而会产生异质性的个体，塑造出异质性的外部适应性环境，进而在个体与环境的互动中形成演化方向。

一、发育系统理论的新视角

在演化发育生物学中，演化不再仅仅被变异、遗传和选择机制所解释，个体作为一个复杂适应系统，其稳健性、可塑性、外部机会建构能力和演化性等更多的演化机制同样包含其中。发育系统理论指出演化过程中真正发生变化的是发育系统。发育系统作为基本研究单元，需要被看作是由所有互动主体构成的关系整体。正是由于发育系统是一个关系整体，其不同层级上的主体，如分子、细胞、个体、生态系统、社会以及生物地理等均可以发生相互作用。因而主体发育可以被看作是多个层级上的、相互独立的因果力量的综合结果，这些因果力量并没有哪一个处于决定位置，其是否真正起作用取决于情境和系统等其他方面的状态，这是发育系统理论所坚持的多元化和分散化系统因果观，与个体发育的基因决定因果观不同。发育还具有历史权变性，本期发育系统若有任何变化，都可能会产生较大的长期效应，即得到继承的那些发育要素会进行非线性、自反馈和自组织的再建构，先期发育系统的差异会造成演化方向的不同。

在广义达尔文主义中，新奇来自现有基因的变异，而在发育系统理论中，新奇还被看作是在发育系统要素相互作用过程中涌现出来的。发育系统是自组织的，即系统更低层级主体往往服从本层级的相互作用规则，并在相互作用过程中涌现出更高层级的新模式、秩序或结构。因而更低层级相互作用规则的改变会自行影响更高层级的模式、秩序或结构，也可以说，更高层级的模式、秩序和结构是低层级主体在一定规则下相互作用的派生物。总体而言，发育系统理论的原则与基于复杂系统理论的演化经济地理学有很多相似之处（Martin and Sunley，2015）。

二、演化经济地理学的发育转向

经济地理学者提出要基于演化发育生物学和发育系统理论，推动演化经济地理学的发育转向，甚至建立了发育演化经济地理学。第一，演化经济地理学的研究单元要从微观的企业组织惯例转向多层度空间经济发育系统，关注空间经济发育系统的涌现、再生产、适应及发育路径的演化。第二，要进行深度情境化，关注影响空间经济发育系统演化的所有因素，包括内部与外部的、地方与非地方的、结构与权变的。情境化可以从三个方面展开，即向下的包括能动性与战略行为，向上的，以及旁侧的包括社会-制度结构及调节模式。第三，要将空间经济发育系统看作是自组织的实体，资本积累是自组织的基本逻辑之一，并且受到权力的影响。空间经济发育系统这一实体具有涌现性特点，它是新奇的来源，并且是一个动态过程。第四，要挖掘空间经济发育系统可以在多大程度上构建自身的发展环境，即企业和机构等主体是如何受到制度、权力关系及调节模式的影响并如何去改变这些条件。第五，历史遗产可以通过非线性的、自催化的方式形成路径依赖，要深入挖掘历史遗产，如经济与制度结构以及实践如何影响空间经济发育系统的演化。第六，要探寻发展路径稳健性和可塑性的意义（Boschma and Lambooy，1999；Lambooy and Boschma，2001；Frenken and Boschma，2007）。

　　演化经济地理学的发育转向在方法论上体现了以下五个特点：①做具体研究时需要坚持系统导向的、整体主义的方法论；②坚持多元化和分散化系统因果观，系统内不同空间尺度上的经济、社会、政治和文化要素及结构都会对系统演化产生影响；③坚持权变性的而非决定性的因果观，在不同的空间和历史条件下，导致事件发生的因果倾向或趋势是否真正实现取决于具体情境，这一点或多或少受到批判实在论的影响；④倡导历史层叠思维，过去的历史遗产可以通过非线性的、自我建构的方式影响当前，这一点受到路径依赖理论的影响；⑤强调能动性，主体可以通过自身的努力去建构有利于自身发展演化的外部环境。总体而言，演化经济地理学的发育转向提出时间相对较短，以空间经济发育系统作为研究对象的实证研究还相对较少。从具体研究方法来看，最初的复杂适应系统理论本身多用数量方法来刻画自身特点，但演化经济地理学者提出，当我们了解了复杂适应系统的特点后，便可以用定性的方法来探究空间经济复杂系统是否也会符合或表现出这些特点（Boschma and Lambooy，1999；Boschma and Frenken，2006；Martin and Sunley，2006；Lebel *et al.*，2017；He and Zhu，2019）。

第五节　演化经济地理学与其他流派的交互

　　当前演化经济地理学主要基于广义达尔文主义、路径依赖理论、复杂性理论和发育系统理论而构建，但近年来，这种基于广义达尔文主义的演化经济地理学不仅受到来自生物学新理论的挑战，还受到经济地理学内部其他研究方法的挑战（Martin and Sunley，2023）。如地理政治经济学者对演化经济地理学以企业为中心的微观研究方法表示不满，指出空间经济的演化不能仅仅还原为企业的行为和动机，国家作用、社会能动性、权力关系等其他不同尺度上的宏观结构性力量都能强化区域路径依赖或推动区域形成新的发展路径，从而影响到空间经济演化（MacKinnon et al.，2009；Pike et al.，2009；Pike et al.，2016；朱向东等，2018；李伟、贺灿飞，2021）。从理论层面来看，不能仅从技术或知识维度来理解空间经济的演化，而应当将上述结构性力量都加入演化经济地理学的研究框架之中。研究框架的拓展和结构力量的跨尺度性，要求演化经济地理学在分析空间经济演化时应采用一种整体主义的研究方法，并在实证研究中偏重定性研究，例如采用历史过程和经验比较等研究方法（Balland and Boschma，2021；De Propris and Bailey，2021；Rigby et al.，2022；贺灿飞等，2022）。

历史过程的分析方法强调只有将空间经济置于过程之中才能得到理解，在设置好初始的社会空间关系、经济基础、政治条件、文化环境、制度、关系主体、权力关系等方面的约束后，综合运用归纳与演绎，将中观和宏观尺度上的真实经验过程与背后的政治经济逻辑进行对应，从而认识空间经济演化的各种政治、经济和社会逻辑（Gong and Hassink，2019；MacKinnon et al.，2019；Gong et al.，2020）。不论是学者指出的案例延伸法、路径追踪法，还是深度情境法（Pike et al.，2016），都离不开基于过程的分析方法。一些研究通过模型来分析详细的案例，从而追踪和研究特定公司与行业演变的具体历史、制度、技术和市场条件。一般通过在有限的研究范围内对特定行业的研究，来发现不同地方行业路径中的序列性和偶然性，对此类模型进行开发和修改，从而获得相应的启发与建议（Sunley and Martin，2023）。

可以看出，受批判实在论的影响，基于地理政治经济学视角的演化经济地理学在本体论方面坚持分层本体论，在因果观方面坚持非决定性的因果观，强调结构力量的因果效应是权变的，其能否真正实现取决于特定的时空情境。由于这种空间经济演化结果的开放性，要求学者在实证研究中要注重采用比较研究的方法，这样才能总结归纳出真实的结构、机制以及能真正发挥作用的条件（Frangenheim et al.，2020；Baumgartinger-Seiringer et al.，2021；Harris，2021）。面对批判性争论，博什马（Boschma）、马丁（Martin）、弗伦肯（Frenken）等演化经济地理学者更加谨慎地反思演化经济学概念、理论和方法对经济地理学研究的适用程度、范围与情境，以及如何更好地与区域差异、区域特性、区域外生动力、多元行为主体和制度环境进行整合，从而强化对真实世界中区域产业演化的解释力，推动演化与经济地理学其他分支学科的交叉融合（Martin，2010；Castaldi *et al.*，2015；Boschma *et al.*，2017；Barratt and Ellem，2019；Blažek *et al.*，2020；Grillitsch and Sotarauta，2020；Yeung，2021）。

诸多演化经济地理学者驳斥了照搬演化经济学概念、理论和方法的狭义演化经济地理学发展方向，强化与真实经济地理世界中的区域制度环境、内外部网络联系、多元行为主体等要素相融合，解释力日趋显著和全面（Hassink *et al.*，2014；Balland *et al.*，2015；Boschma *et al.*，2017）。与此同时，国内经济地理学者也开始积极参与西方学者有关演化经济地理学研究转向的讨论，面向区域产业多样化和新产业路径发展理论框架下的多元化研究议题，开展技术关联作用下中国区域产业相关和不相关多样化的定量研究（图 2-1），以及涵盖区域新兴产业形成、老工业区产业转型等中国区域产业演化路径的案例研究（Hu and Hassink，2017；刘志高、张薇，2018；Zhu，Wang *et al.*，2019；贺灿飞、李伟，2020；贺灿飞、朱晟君，2020；胡晓辉等，2020；Zhu *et al.*，2021）。

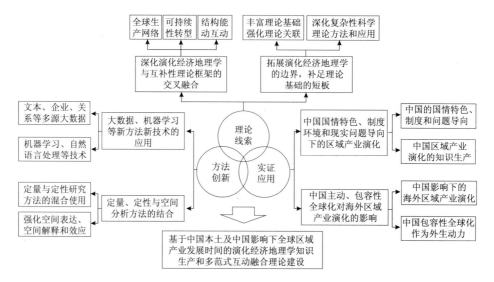

图 2-1　演化经济地理学研究议题展望

资料来源：许吉黎等（2023）。

小　结

　　基于演化经济学的概念、理论和方法，经历了长时间的发展，演化经济地理学已经形成了较为完善的理论体系和方法论。在早期探索与萌芽阶段，少数欧美经济地理学者引入演化经济学的概念、理论和方法，但这在当时并未引起广泛关注。随后，伴随着对历史过程、时间因素的关注，以及对企业异质性、相关多样化等议题的探讨，演化经济学的概念、理论和方法在经济地理学中得到了广泛应用，推动了实证研究的快速发展。演化经济地理学主要以广义达尔文主义、路径依赖理论、复杂性理论、发育系统理论为基础进行研究。广义达尔文主义将多样性、遗传、变异、环境选择等引入演化经济地理学研究，路径依赖强调了历史积累的重要性，复杂性理论将复杂网络和系统分析方法引入演化经济地理学研究方法，而发育系统理论则提出了新的概念体系和研究框架，试图将发育理论与演化理论统一起来，以一种更加整体主义的方式全面地揭示演化机制与过程。

　　经济地理学者提出，要基于演化发育生物学和发育系统理论，推动演化经济地理学的发育转向，甚至建立发育演化经济地理学。这需要将研究单元从微观的企业组织惯例转向多层度空间经济发育系统，关注空间经济发育系统的涌现、再生产、适应及发育路径的演化。同时，要进行深度情境化，关注影响空间经济发育系统演化的所有因素。此外，应将空间经济发育系统看作是自组织的实体，具有涌现性特点，是新奇的来源，并且是一个动态过程。总的来说，演化经济地理学正在不断发展和完善其理论与方法论体系，以更好地解释和预测区域经济现象。未来的研究将更加注重多层度空间经济发育系统的研究以及情境化和自组织等方面的探讨。

参 考 文 献

[1] Agarwal, R., M. Gort, 1996. The Evolution of Markets and Entry, Exit and Survival of Firms. *The Review of Economics and Statistics*, Vol. 78, No. 3, pp. 489-498.

[2] Aldrich, H. E., M. Ruef, 2018. Unicorns, Gazelles, and Other Distractions on the Way to

Understanding Real Entrepreneurship in the United States. *Academy of Management Perspectives*, Vol. 32, No. 4, pp. 458-472.

[3] Arrow, K., P. Dasgupta, L. Goulder *et al.*, 2004. Are We Consuming Too Much? *Journal of Economic Perspectives*, Vol. 18, No. 3, pp. 147-172.

[4] Arthur, W. B., 1988. Self-Reinforcing Mechanisms in Economics. *The Economy as an Evolving Complex System*. CRC Press, pp. 9-31.

[5] Arthur, W. B., 1989. Competing Technologies, Increasing Returns, and Lock-in by Historical Events. *The Economic Journal*, Vol. 99, No. 394, pp. 116-131.

[6] Arthur, W. B., 2013. Complexity Economics. *Complexity and the Economy*. Oxford University Press.

[7] Audretsch, D. B., 1991. New-Firm Survival and the Technological Regime. *The Review of Economics and Statistics*, Vol. 73, No. 3, pp. 441-450.

[8] Bækkelund, N. G., 2021. Change Agency and Reproductive Agency in the Course of Industrial Path Evolution. *Regional Studies*, Vol. 55, No. 4, pp. 757-768.

[9] Balland, P. A., R. Boschma, 2021. Complementary Interregional Linkages and Smart Specialisation: An Empirical Study on European Regions. *Regional Studies*, Vol. 55, No. 6, pp. 1059-1070.

[10] Balland, P. A., R. Boschma, K. Frenken, 2015. Proximity and Innovation: From Statics to Dynamics. *Regional Studies*, Vol. 49, No. 6, pp. 907-920.

[11] Barratt, T., B. Ellem, 2019. Temporality and the Evolution of Gpns: Remaking Bhp's Pilbara Iron Ore Network. *Regional Studies*, Vol. 53, No. 11, pp. 1555-1564.

[12] Bathelt, H., P. Li, 2020. Processes of Building Cross-Border Knowledge Pipelines. *Research Policy*, Vol. 49, No. 3.

[13] Baumgartinger-Seiringer, S., J. Miörner, M. Trippl, 2021. Towards a Stage Model of Regional Industrial Path Transformation. *Industry and Innovation*, Vol. 28, No. 2, pp. 160-181.

[14] Bentley, R. A., H. D. Maschner, 2008. *Complexity Theory*. AltiMira Press.

[15] Blažek, J., V. Květoň, S. Baumgartinger-Seiringer *et al.*, 2020. The Dark Side of Regional Industrial Path Development: Towards a Typology of Trajectories of Decline. *European Planning Studies*, Vol. 28, No. 8, pp. 1455-1473.

[16] Boschma, R. A., K. Frenken, 2006. Why Is Economic Geography Not an Evolutionary Science? Towards an Evolutionary Economic Geography. *Journal of Economic Geography*, Vol. 6, No. 3, pp. 273-302.

[17] Boschma, R. A., J. G. Lambooy, 1999. Evolutionary Economics and Economic Geography. *Journal of Evolutionary Economics*, Vol. 9, No. 4, pp. 411-429.

[18] Boschma, R., V. Martín, A. Minondo, 2017. Neighbour Regions as the Source of New Industries. *Papers in Regional Science*, Vol. 96, No. 2, pp. 227-245.

[19] Castaldi, C., K. Frenken, B. Los, 2015. Related Variety, Unrelated Variety and Technological

Breakthroughs: An Analysis of Us State-Level Patenting. *Regional Studies*, Vol. 49, No. 5, pp. 767-781.

[20] Chlebna, C., J. Simmie, 2018. New Technological Path Creation and the Role of Institutions in Different Geo-Political Spaces. *European Planning Studies*, Vol. 26, No. 5, pp. 969-987.

[21] David, P. A., 1985. Clio and the Economics of Qwerty. *The American Economic Review*, Vol. 75, No. 2, pp. 332-337.

[22] De Propris, L., D. Bailey, 2021. Pathways of Regional Transformation and Industry 4.0. *Regional Studies*, Vol. 55, No. 10-11, pp. 1617-1629.

[23] Essletzbichler, J., D. L. Rigby, 2007. Exploring Evolutionary Economic Geographies. *Journal of Economic Geography*, Vol. 7, No. 5, pp. 549-571.

[24] Essletzbichler, J., D. L. Rigby, 2010. Generalized Darwinism and Evolutionary Economic Geography. *The Handbook of Evolutionary Economic Geography*, Vol. 6, No. 1, pp. 43-61.

[25] Fitjar, R. D., B. Timmermans, 2019. Relatedness and the Resource Curse: Is There a Liability of Relatedness? *Economic Geography*, Vol. 95, No. 3, pp. 231-255.

[26] Foster, J., J. S. Metcalfe, 2001. Modern Evolutionary Economic Perspectives: An Overview. *Frontiers of Evolutionary Economics: Competition, Self-Organization and Innovation Policy*. Edward Elgar Publishing, pp. 1-18.

[27] Frangenheim, A., M. Trippl, C. Chlebna, 2020. Beyond the Single Path View: Interpath Dynamics in Regional Contexts. *Economic Geography*, Vol. 96, No. 1, pp. 31-51.

[28] Frenken, K., 2006. *Innovation, Evolution and Complexity Theory*. Edward Elgar Publishing.

[29] Frenken, K., R. A. Boschma, 2007. A Theoretical Framework for Evolutionary Economic Geography: Industrial Dynamics and Urban Growth as a Branching Process. *Journal of Economic Geography*, Vol. 7, No. 5, pp. 635-649.

[30] Frenken, K., F. Van Oort, T. Verburg, 2007. Related Variety, Unrelated Variety and Regional Economic Growth. *Regional Studies*, Vol. 41, No. 5, pp. 685-697.

[31] Gong, H., R. Hassink, 2019. Co-Evolution in Contemporary Economic Geography: Towards a Theoretical Framework. *Regional Studies*, Vol. 53, No. 9, pp. 1344-1355.

[32] Gong, H., R. Hassink, J. Tan *et al.*, 2020. Regional Resilience in Times of a Pandemic Crisis: The Case of Covid-19 in China. *Tijdschrift voor Economische en Sociale Geografie*, Vol. 111, No. 3, pp. 497-512.

[33] Grillitsch, M., M. Sotarauta, 2020. Trinity of Change Agency, Regional Development Paths and Opportunity Spaces. *Progress in Human Geography*, Vol. 44, No. 4, pp. 704-723.

[34] Harris, J. L., 2021. Rethinking Cluster Evolution: Actors, Institutional Configurations, and New Path Development. *Progress in Human Geography*, Vol. 45, No. 3, pp. 436-454.

[35] Hassink, R., H. Gong, A. M. Orum, 2019. New Economic Geography. *Encyclopedia of Urban and Regional Studies*. The Wiley-Blackwell, pp. 1-6.

[36] Hassink, R., C. Klaerding, P. Marques, 2014. Advancing Evolutionary Economic Geography by Engaged Pluralism. *Regional Studies*, Vol. 48, No. 7, pp. 1295-1307.

[37] Haynes, P., D. Alemna, 2022. A Systematic Literature Review of the Impact of Complexity Theory on Applied Economics. *Economies*, Vol. 10, No. 8, p. 192.

[38] He, C., T. Chen, S. Zhu, 2021. Do Not Put Eggs in One Basket: Related Variety and Export Resilience in the Post-Crisis Era. *Industrial and Corporate Change*, Vol. 30, No. 6, pp. 1655-1676.

[39] He, C., X. Mao, X. Zhu, 2018. Industrial Dynamics and Environmental Performance in Urban China. *Journal of Cleaner Production*, Vol. 195, No. 10, pp. 1512-1522.

[40] He, C., Y. Yan, D. Rigby, 2018. Regional Industrial Evolution in China. *Papers in Regional Science*, Vol. 97, No. 2, pp. 173-198.

[41] He, C., S. Zhu, 2018. Evolution of Export Product Space in China: Technological Relatedness, National/Local Governance and Regional Industrial Diversification. *Tijdschrift voor Economische en Sociale Geografie*, Vol. 109, No. 4, pp. 575-593.

[42] He, C., S. Zhu, 2019. *Evolutionary Economic Geography in China*. Springer.

[43] He, C., S. Zhu, X. Yang, 2017. What Matters for Regional Industrial Dynamics in a Transitional Economy? *Area Development and Policy*, Vol. 2, No. 1, pp. 71-90.

[44] Heiberg, J., C. Binz, B. Truffer, 2020. The Geography of Technology Legitimation: How Multiscalar Institutional Dynamics Matter for Path Creation in Emerging Industries. *Economic Geography*, Vol. 96, No. 5, pp. 470-498.

[45] Helbing, D., A. Kirman, 2013. Rethinking Economics Using Complexity Theory. *Real-World Economics Review*, No. 64, pp. 23-52.

[46] Henning, M., 2019. Time Should Tell (More): Evolutionary Economic Geography and the Challenge of History. *Regional Studies*, Vol. 53, No. 4, pp. 602-613.

[47] Hodgson, G. M., 1997. The Evolutionary and Non-Darwinian Economics of Joseph Schumpeter. *Journal of Evolutionary Economics*, Vol. 7, No. 2, pp. 131-145.

[48] Hodgson, G. M., 2002. Darwinism in Economics: From Analogy to Ontology. *Journal of Evolutionary Economics*, Vol. 12, No. 3, pp. 259-281.

[49] Hodgson, G. M., T. Knudsen, 2004. The Firm as an Interactor: Firms as Vehicles for Habits and Routines. *Journal of Evolutionary Economics*, Vol. 14, No. 3, pp. 281-307.

[50] Hu, X., R. Hassink, 2017. Exploring Adaptation and Adaptability in Uneven Economic Resilience: A Tale of Two Chinese Mining Regions. *Cambridge Journal of Regions, Economy and Society*, Vol. 10, No. 3, pp. 527-541.

[51] Hudson, R., 2007. Regions and Regional Uneven Development Forever? Some Reflective Comments Upon Theory and Practice. *Regional Studies*, Vol. 41, No. 9, pp. 1149-1160.

[52] Isaksen, A., F. Tödtling, M. Trippl, 2018. *Innovation Policies for Regional Structural Change: Combining Actor-Based and System-Based Strategies*. Springer.

[53] Lambooy, J. G., R. A. Boschma, 2001. Evolutionary Economics and Regional Policy. *The Annals of Regional Science*, Vol. 35, No. 1, pp. 113-131.

[54] Lebel, L., A. Salamanca, C. Kallayanamitra, 2017. The Governance of Adaptation Financing:

Pursuing Legitimacy at Multiple Levels. *International Journal of Global Warming*, Vol. 11, No. 2, pp. 226-245.

[55] Lubinski, C., 2023. Rhetorical History: Giving Meaning to the Past in Past and Present. *Handbook of Historical Methods for Management*. Edward Elgar Publishing, pp. 35-45.

[56] Lubinski, C., W. B. Gartner, 2020. History as a Source and Method for Family Business Research. *A Research Agenda for Family Business: A Way Ahead for the Field*, pp. 29-59.

[57] MacKinnon, D., A. Cumbers, A. Pike *et al*., 2009. Evolution in Economic Geography: Institutions, Political Economy, and Adaptation. *Economic Geography*, Vol. 85, No. 2, pp. 129-150.

[58] MacKinnon, D., S. Dawley, A. Pike *et al*., 2019. Rethinking Path Creation: A Geographical Political Economy Approach. *Economic Geography*, Vol. 95, No. 2, pp. 113-135.

[59] Manson, S. M., 2001. Simplifying Complexity: A Review of Complexity Theory. *Geoforum*, Vol. 32, No. 3, pp. 405-414.

[60] Manson, S., D. O'Sullivan, 2006. Complexity Theory in the Study of Space and Place. *Environment and Planning A*, Vol. 38, No. 4, pp. 677-692.

[61] Martin, R., 2010. Roepke Lecture in Economic Geography — Rethinking Regional Path Dependence: Beyond Lock-In to Evolution. *Economic Geography*, Vol. 86, No. 1, pp. 1-27.

[62] Martin, R., P. Sunley, 2006. Path Dependence and Regional Economic Evolution. *Journal of Economic Geography*, Vol. 6, No. 4, pp. 395-437.

[63] Martin, R., P. Sunley, 2015. On the Notion of Regional Economic Resilience: Conceptualization and Explanation. *Journal of Economic Geography*, Vol. 15, No. 1, pp. 1-42.

[64] Martin, R., P. Sunley, 2023. Capitalism Divided? London, Financialisation and the UK's Spatially Unbalanced Economy. *Contemporary Social Science*, Vol. 18, No. 3-4, pp. 1-25.

[65] Matthews, R. C., 1984. Darwinism and Economic Change. *Oxford Economic Papers*, Vol. 36, pp. 91-117.

[66] McCann, P., F. Van Oort, 2019. Theories of Agglomeration and Regional Economic Growth: A Historical Review. *Handbook of Regional Growth and Development Theories*. Edward Elgar Publishing, pp. 6-23.

[67] Metcalfe, J. S., 1994. Evolutionary Economics and Technology Policy. *The Economic Journal*, Vol. 104, No. 425, pp. 931-944.

[68] Metcalfe, J. S., 2002. *Evolutionary Economics and Creative Destruction*. Routledge.

[69] Pike, A., K. Birch, A. Cumbers *et al*., 2009. A Geographical Political Economy of Evolution in Economic Geography. *Economic Geography*, Vol. 85, No. 2, pp. 175-182.

[70] Pike, A., A. Rodríguez-Pose, J. Tomaney, 2016. *Local and Regional Development*. Routledge.

[71] Rescher, N., 2020. *Complexity: A Philosophical Overview*. Routledge.

[72] Rigby, D. L., J. Essletzbichler, 1997. Evolution, Process Variety, and Regional Trajectories of

Technological Change in US Manufacturing. *Economic Geography*, Vol. 73, No. 3, pp. 269-284.

[73] Rigby, D. L., C. Roesler, D. Kogler *et al.*, 2022. Do EU Regions Benefit from Smart Specialisation Principles? *Regional Studies*, Vol. 56, No. 12, pp. 2058-2073.

[74] Rihani, S., 2005. Complexity Theory: A New Framework for Development Is in the Offing. *Progress in Development Studies*, Vol. 5, No. 1, pp. 54-61.

[75] Sammut-Bonnici, T., 2014. Complexity Theory. Strategic Management.

[76] Santoalha, A., D. Consoli, F. Castellacci, 2021. Digital Skills, Relatedness and Green Diversification: A Study of European Regions. *Research Policy*, Vol. 50, No. 9, pp. 104340.

[77] Saviotti, P. P., 1996. *Technological Evolution, Variety and the Economy*. Edward Elgar Publishing.

[78] Schmidt, R. H., G. Spindler, 2002. Path Dependence, Corporate Governance and Complementarity. *International Finance*, Vol. 5, No. 3, pp. 311-333.

[79] Sunley, P., R. Martin, 2023. Place and Industrial Development: Paths to Understanding? *Handbook of Industrial Development*. Edward Elgar Publishing, pp. 133-150.

[80] Sydow, J., A. Windeler, G. Möllering *et al.*, 2005. Path-Creating Networks: The Role of Consortia in Processes of Path Extension and Creation. 21st EGOS Colloquium, Berlin, Germany, Citeseer.

[81] Vanberg, V., 1994. *Rules and Choice in Economics*. Taylor & Francis US.

[82] Vanberg, V., 2023. Economics as a Life-Science: The Enduring Significance of Carl Menger's Individualist-Evolutionary Research Program. *The Review of Austrian Economics*, Vol. 36, No. 2, pp. 145-162.

[83] Whittle, A., D. F. Kogler, 2020. Related to What? Reviewing the Literature on Technological Relatedness: Where We Are Now and Where Can We Go? *Papers in Regional Science*, Vol. 99, No. 1, pp. 97-113.

[84] Yeung, H. W. C., 2021. Regional Worlds: From Related Variety in Regional Diversification to Strategic Coupling in Global Production Networks. *Regional Studies*, Vol. 55, No. 6, pp. 989-1010.

[85] Zhu, S., Q. Guo, C. He, 2021. Strong Links and Weak Links: How Do Unrelated Industries Survive in an Unfriendly Environment? *Economic Geography*, Vol. 97, No. 1, pp. 66-88.

[86] Zhu, S., W. Jin, C. He, 2019. On Evolutionary Economic Geography: A Literature Review Using Bibliometric Analysis. *European Planning Studies*, Vol. 27, No. 4, pp. 639-660.

[87] Zhu, S., C. Wang, C. He, 2019. High-Speed Rail Network and Changing Industrial Dynamics in Chinese Regions. *International Regional Science Review*, Vol. 42, No. 5-6, pp. 495-518.

[88] 贺灿飞：“区域产业发展演化：路径依赖还是路径创造？”，《地理研究》，2018 年第 7 期，第 1253—1267 页。

[89] 贺灿飞、陈航航：“参与全球生产网络与中国出口产品升级”，《地理学报》，2017 年

第 8 期，第 1331—1346 页。

[90] 贺灿飞、金璐璐、刘颖：“多维邻近性对中国出口产品空间演化的影响”，《地理研究》，2017 年第 9 期，第 1613—1626 页。

[91] 贺灿飞、黎明：“演化经济地理学”，《河南大学学报（自然科学版）》，2016 年第 4 期，第 387—391 页。

[92] 贺灿飞、李伟：“演化经济地理学与区域发展”，《区域经济评论》，2020 年第 1 期，第 39—54 页。

[93] 贺灿飞、李伟：“区域高质量发展：演化经济地理学视角”，《区域经济评论》，2022 年第 2 期，第 33—42 页。

[94] 贺灿飞、潘峰华、陈天鸣：“中国产业地理研究进展（英文）”，《地理学报（英文版）》，2016 年第 8 期，第 1057—1066 页。

[95] 贺灿飞、任卓然、王文宇：“‘双循环’格局与京津冀高质量协同发展——基于价值链分工和要素流动视角”，《地理学报》，2022 年第 6 期，第 1339—1358 页。

[96] 贺灿飞、周沂、张腾：“中国产业转移及其环境效应研究”，《城市与环境研究》，2014 年第 1 期，第 34—49 页。

[97] 贺灿飞、朱晟君：“中国产业发展与布局的关联法则”，《地理学报》，2020 年第 12 期，第 2684—2698 页。

[98] 胡晓辉、朱晟君、R. Hassink：“超越‘演化’：老工业区重构研究进展与范式反思”，《地理研究》，2020 年第 5 期，第 1028—1044 页。

[99] 李伟、贺灿飞：“中国区域产业演化路径——基于技术关联性与技术复杂性的研究”，《地理科学进展》，2021 年第 4 期，第 620—634 页。

[100] 李小建、樊新生、罗庆：“从《地理学报》看 80 年的中国经济地理学发展”，《地理学报》，2014 年第 8 期，第 1093—1108 页。

[101] 刘志高、张薇：“中国大都市区高新技术产业分叉过程及动力机制——以武汉生物产业为例”，《地理研究》，2018 年第 7 期，第 1349—1363 页。

[102] 苗长虹、魏也华、吕拉昌：《新经济地理学》，科学出版社，2011 年。

[103] 时晓虹、耿刚德、李怀：“‘路径依赖’理论新解”，《经济学家》，2014 年第 6 期，第 53—64 页。

[104] 许吉黎、张虹鸥、陈奕嘉等：“演化经济地理学的理论脉络演进与研究议题展望”，《地理研究》，2023 年第 9 期，第 2433—2450 页。

[105] 杨虎涛：“演化经济学中的广义达尔文主义与连续性假设之争”，《经济学家》，2011 年第 6 期，第 87—92 页。

[106] 朱向东、贺灿飞、李茜等：“地方政府竞争、环境规制与中国城市空气污染”，《中国人口·资源与环境》，2018 年第 6 期，第 103—110 页。

第三章　企业网络与产业集群演化

　　本章聚焦企业发展，从企业惯例、产业集群与企业网络的形成和演化三个视角出发，在演化经济地理学背景下讨论三者的关系及研究进展。企业惯例是企业内部的行为规范和做法，是企业能力的体现。对于自身能力强的企业，它们可以形成规模化生产，销售到本地、全国甚至全球，更有甚者，在全球开设子公司或母公司，形成跨国生产网络。而那些中小企业常常因规模小和行为孤立，在形成规模经济和范围经济等方面存在局限性。一方面，它们无法抓住大量生产和定期供应的市场机会，在购买设备、原材料或获取资金上存在困难；另一方面，规模小还对劳动力培训、市场情报和创新等企业职能构成障碍，难以形成专业化生产和有效的劳动分工。如此，中小企业的利润空间被限制到较低水平，无法获得正常收益和创新改进。因此，企业惯例对企业发展至关重要。

　　产业集群是在特定区域中，具有竞争或合作关系的企业、专业化供应商、服务供应商、金融机构、相关产业的厂商及其他相关机构等组成的群体。在集群中，中小企业更能发挥其独特的优势。与大型组织相比，中小企业能够快速有效地应对不断变化的环境，它们拥有更为简单的系统，具有灵活性、即时反馈、较短的决策链等优势，能够更好地理解和更快地响应客户需求。因此，大公司也可能会求助于较小的组织以更快地应对意外情况，而较小的公司可能求助于较大的公司以获得财务资源。因此，产业集群的外部性能给集群内企业带来正效应，促进各类企业发展。

　　企业网络与集群网络有所不同，它包括超越地理限制的外部联系。企业网络中包括各种利益相关者，如供应商、客户、投资者、行业协会、研究机构以及相关或互补行业的其他企业。为了实现同一目标，行为主体依据专业化分工和协作建立起一种长期性的企业间联合体。这种联合体可以通过供应链、外包、特许经营、战略联盟和虚拟企业等形式存在。企业网络中，成员之间可以共享资源、技术和市场，从区域、国家乃至全球生产网络（Global Production Network，GPN）和价值链的联系中获益，从而实现优势互补、降低成本、提高效率和增强竞争力。因此，企业网络通过吸取外部知识，促进本地创新和技术转移，推动企业发展、产业升级和区域经济增长。

总之，惯例用于指导企业的行事方式，是决定企业行为的主要因素，可影响企业的创新、适应和竞争能力。产业集群有助于企业获取本地知识溢出，弥补其自身无法获取的资源缺陷。而企业网络能够给企业带来外部知识，获得与企业自身及本地差异较大且更有价值的新信息。

第一节　企业惯例演化

一、企业惯例的定义

企业惯例是指在企业内部或行业中普遍存在的、被广泛接受和遵循的行为规范及做法。这些惯例可以是口头的或非正式的，也可以是书面的或正式的。企业惯例的形成往往是由于历史、文化、行业特点等多种因素的影响，是企业运营和管理的基础。惯例一词最早出现于法学，用以形容法庭审理和判决案件的习惯性做法。纳尔逊和温特（Nelson and Winter，1982）将惯例应用于管理学，将个体和组织层面的行为习惯视为一种"类基因"元素。企业惯例有助于企业分解任务，提升工作效率，降低运营成本，最终在企业内部形成完整的惯例层级结构（图3-1）。因此，企业惯例具有路径依赖的特征。企业惯例一旦形成，往往具有相对的稳定性，能够在较长时间内保持不变。作为基本经济单位的行事准则，企业惯例能从微观视角解释经济系统的演化过程，为演化经济地理学解释空间经济异质性的演化过程提供微观基础。

企业惯例的形成过程是由多个惯例积累起来的。单个惯例的形成包括构想、实验、确立和实施四个步骤（Lin et al.，2016；Davies et al.，2018）（图3-2）。在此基础上，企业内不同部门形成的多个惯例通过特定任务耦合在一起，通过长期积累决策经验，逐渐形成稳定的组织记忆，最终形成企业惯例。成功企业

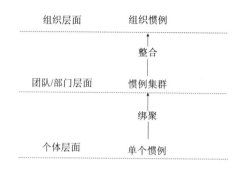

图 3-1   企业惯例层级结构

资料来源：马鸿佳等（2020）。

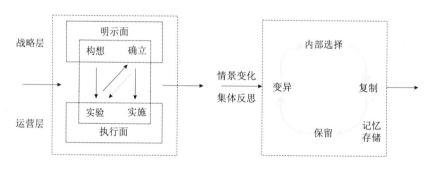

图 3-2   单个惯例的形成与演化

资料来源：马鸿佳等（2020）。

的惯例通过企业内部和企业间的学习与复制得到传播。但是学习与复制并不是完全的，其结果会受到企业间地理距离、企业学习能力、企业认知相似程度、企业间关系等因素影响。企业惯例若依赖地理距离扩散，则属于传染扩散。当成功企业改变空间战略而发生位移时，其惯例也随之进入迁入地，这是迁移扩散，同时开启了迁入地的累积循环过程。总之，企业会顺应市场制度构建惯例，一些不适应市场竞争的企业则退出市场。

值得注意的是，虽然同一地方背景下的企业惯例在一定程度上会具有相似性，但不同企业的惯例依旧存在异质性。可能的原因如下：①组织文化。组织内部的价值观、信仰和规范会极大地影响企业惯例。例如，一家重视创新的企业更有可能制定出有益于创造力的惯例。②领导力。高层管理人员的领导风格会直接影响企业的惯例。领导者通常会定下基调，说明哪些行为是可以接受的，哪些是不可以接受的，从而影响惯例的制定和执行。③组织结构。等级制度和职责分工等组织结构会影响企业的惯例。较为集中的组织结构可能具有僵化的惯例，而较为扁平的组织结构则可能鼓励更为灵活和适应性更强的惯例。

二、企业惯例的演化与机制

企业惯例并非一成不变，它会受制度、技术、市场以及企业家精神等因素的影响，随着环境的变化而变化（高洋等，2017）。佐罗和温特（Zollo and Winter，2002）将单个惯例的演化过程总结为四个阶段，即变异、内部选择、复制和保留（图 3–2）。运营层员工根据战略层的要求选择灵活的方式执行，这些多样的执行方式需要进一步评估才能确定一种最优方案，最终得以复制（Dittrich et al.，2016）。新方案在不同部门执行可能发生自适应变异（Zollo and Winter，2002），反馈到战略层后再次评估，以更新执行面的预备"惯例"。更新后的预备"惯例"通过反复执行形成组织记忆，才能完整保留整个新惯例。如此，单个惯例的变化，新惯例的出现和旧惯例的消亡就导致了企业惯例演化。若有环境或执行惯例的个体变化，例如，危机所带来的冲击、新产业对已有秩序的挑战和低水平的制度化等等，更新的惯例将会再次变异从而开启下一个惯例演化（Malmberg and Maskell，2010）。值得注意的是，不仅企业惯例会受制度环境的影响，制度也会因企业惯例的变化而变化（Spicer et al.，2000）。因此，制度变化会随技术和市场的变化而与企业惯例进行协同演化（Nelson，1994；Schamp，2010）。我们不应只在区域制度框架下分析企业行为和绩效，而应该分析制度与企业惯例协同演化（Gertler，2010）。

综上所述，决定企业行为的主要因素是企业惯例，惯例无法随场景变化的企业可能退出市场，而外部环境变化也可能会带来新的产业或企业，这一过程表现为区域产业演化。新产业的形成和进入依赖于支持性制度的时效性与方向性（Murmann，2003），而具有创造性的企业更有能力改变已有惯例，在不突破现有制度框架的条件下创造出新企业惯例，从而保全自身。因此，区域制度演化与产业演化之间存在密切的相关性，这也是演化经济地理学讨论的问题（Boschma，2009）。各区域主体会主动调整制度，为新产业提供发展机会，或者使成熟产业获得新生（Maskell and Malmberg，2007）。近年来，制度变量也被引入演化经济地理学的定量研究中。例如，巴黎严格的设计职业管制严重阻碍了广告设计行业新企业的诞生（Wenting *et al.*，2011）。与社会市场经济的制度相比，自由市场经济相关的制度能给不相关行业更多的发展空间（Boschma and Capone，2015）。

第二节　产业集群演化

一、产业集群的定义

特定产业领域的多个企业集聚在同一区域，即为产业集聚。若这些企业间具有较强的互补性和共性，彼此共享本地劳动力、供应商和专业知识等要素并以此获益，即为产业集群。可见，企业间仅集聚而缺乏联系，则为集而不群。1990 年，波特将产业集群用于分析国家竞争优势，令这个概念广为流传。马歇尔认为，产业集群具有较强的地方根植性，企业可以通过共享、匹配和学习得到在非集聚地无法获取的资源（Marshall，1920）。从马歇尔观察到的英国工业化初期的产业区，到意大利的新产业区，乃至美国硅谷的高新技术产业的兴起，都是典型的产业集群现象。在中国，相似的概念还包括企业集群、新产业区、产业群、块状经济、专业镇、专业化产业区等。

二、产业集群的演化与机制

产业集群演化与三个层面的要素密切相关，包括单个企业层面的动态（如惯例和衍生）、关系层面的动态（如学习和竞争）以及系统层面的动态。从企业衍生上看，演化经济地理学挑战了马歇尔外部性对于集群产生和发展的权威解释（刘志高等，2011），认为即使不存在集聚效应，集群也会凭借企业衍生而出现（Buenstorf and Klepper，2009）。从企业惯例来看，经济地理学者以企业惯例的复制以及企业对知识的邻域搜索、学习与重组为逻辑起点，在这一微观过程基础之上，推导集群演化的底层逻辑（Boschma and Frenken，2006；Essletzbichler and Rigby，2007）。企业惯例影响产业集群演变的可能方式较多，例如，重视学习的企业惯例可以提高集群韧性，这些惯例有利于集群吸收外部知识，鼓励企业适应不断变化的技术和市场，进而提高集群在应对冲击时的生存能力。另外，偏好合作的企业惯例会在集群内部形成密集的企业间网络，有助于提高集群的竞争力。

从关系层面上看，本地企业越多或本地某企业的规模越大，越容易吸引相关企业进入本地（Sorenson and Audia，2000；Stuart and Sorenson，2003）。企业高进入率具有示范效应，引导潜在企业家在本地创业（Wenting and Frenken，2011），表现为集聚效应。从系统层面上看，虽然企业惯例可以塑造集群的发展轨迹，但这些惯例并不是孤立运作的。其他诸如制度和监管环境、资源的可用性以及当地劳动力市场等因素，也会影响集群的演变。因此，为全面了解企业集群的演变，必须将这些因素与企业的惯例结合起来考虑。

总之，产业集群源于成功企业的衍生过程和基于示范效应的集聚过程。衍生将知识和惯例从母企业传播到子企业，而一旦产业集群出现后，集聚经济效应就显现出来，特别是对中小企业而言。由于规模较小且经常孤立，中小企业在规模经济和范围经济方面存在固有的局限性，而集群可以为它们提供高水平的专业化、有利的创新生态系统，降低生产和交易成本，提供供应商和专业劳动力库，建立企业间的合作联系等等。值得注意的是，一个区域的衍生过程会强化集聚经济的力量，反过来，集聚力量也会提高衍生过程的效率，因此两种机制是互补的（Boschma and Frenken，2003）。

三、产业集群的生命周期理论

集群并非长存不衰，它有一个"生老病死"的过程。演化经济地理学借鉴了行业或产品生命周期理论（Vernon，1966；Klepper，1997），提出集群生命周期理论，探究成功集群如何衰落的内生变化（图3-3）。生命周期理论的本质是描述与技术和市场变化相关的行业动态，该理论认为当一个产业集群形成后，企业能力异质性会随之提高，但随后因为企业参与竞争、企业间学习和网络建构，企业能力会趋于同化。如果这种趋同一直持续，集群的活力就会下降（Rigby and Essletzbichler，1997）。产业集群生命周期的动态变化也来源于企业区位选择的从众行为（Suire and Vicente，2009）。一些产业集群的口碑很好，企业认为与成功企业在一起会提高其知名度和区位选择的"合法性"。如果区位选择行为占主导，产业集群就会发展，但是这种机制比马歇尔外部性脆弱，一旦成功企业失去声誉，集群也不复存在。此外，波特在"簇群和新竞争经济学"一文还指出集群可能因为技术间断、消费者需求变化等外部威胁，或过度合并、卡特尔[①]、群体思维抑制创新等等内部威胁而失去竞争力，走向衰退。一个衰落的集群有三种方式实现再生：通过集群外信息的流入升级知识储备；整合本地知识库；以本地知识储备为基础向新产业衍生（Menzel and Fornahl，2010）。

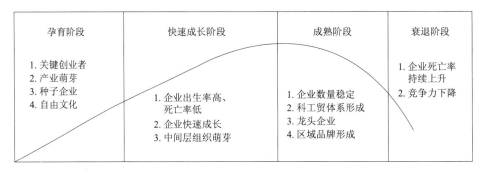

图 3-3　集群生命周期理论框架

资料来源：Suire and Vicente（2014）。

　　早期的集群研究以定性研究为主，包括纯理论和案例研究等。前者重点关注集群形成的演化机制或综述研究进展，例如灯具产业的集群迁移（朱华晟等，2009）以及服装产业的空间转移（吴爱芝等，2013），宋铁波等（2023）整合多种案例，综述了制度逻辑视角下制造业的集群演化，这些研究揭示了产业集群和集聚转移的动力机制及影响。后者是产业集群研究的常用方法，通过案例来研究产业集群的内部网络（李二玲、李小建，2009）、融入全球价值链和全球生产网络（Xu et al.，2022）、创新和升级（谭文柱等，2006）、转移和衰落、可持续发展等热点问题，以及外部环境变化对产业集群演化的影响（宋周莺、刘卫东，2013）等等。

　　自 2005 年后，统计数据的可得性提高，对产业集群、集聚的定量研究也显著增加。近 90% 的定量文章利用统计数据，而 10% 左右的定量论文则是通过问

_____

　　① 卡特尔是一个行业的竞争者之间为控制市场价格而结成的联盟。目的是避免行业内的恶性竞争，以实现企业利润最大化。

卷调研获得数据。定量研究主要采用多元回归方法，例如对中国不同空间尺度上的产业集聚的研究（贺灿飞等，2005；贺灿飞、谢秀珍，2006；贺灿飞等，2007；贺灿飞等，2021）。此外，一直以来区位熵、基尼系数、Moran's I 指数、E-G 指数、赫芬代尔系数等都是定量研究文献经常使用的方法（贺灿飞等，2007；邱灵、方创琳，2013）。近些年，一些新的定量研究方法也被运用到产业集群的研究中。如 GIS 技术和空间统计方法（刘霄泉等，2012）、社会网络分析法（毕秀晶等，2011；文嫣等，2019）、核密度 POI（Point of Information）分析（王少剑等，2021；黄宇金等，2022）等。此外，针对产业集群研究的多学科合作与跨学科对话也日益增多。

第三节 企业网络演化

一、企业网络的定义

本地多个企业间存在各种联系才能称之为产业集群，否则为产业集聚。可见，企业间的关系和互动是一个重要内容。通过社会网络方法，可将这种复杂的企业间动态关系抽象为一个网络，该网络以企业为节点，企业与其他企业的关系抽象为线，企业间通过关系进行互动。演化经济地理学背景下，企业之间的联系通常通过城市、省份、区域甚至国家这样的地理空间来表征。如图 3-4 所

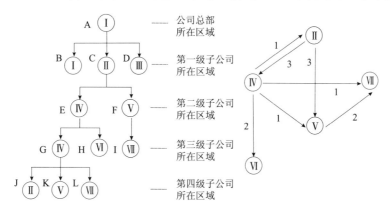

图 3-4 从企业网络到区域网络

资料来源：梁新怡（2021）。

示，位于区域Ⅰ的企业总部 A 有 B、C、D 三家一级子公司，分别设置于区域
Ⅰ、Ⅱ、Ⅲ，那么，区域Ⅱ、Ⅲ与区域Ⅰ通过总公司与子公司的资本关联建立
了联系，即从企业联系转换为区域联系，最终形成以企业网络为基础的区域
网络。

二、企业网络的基本属性

企业网络可以是本地的（在集群内部），也可以延伸到集群之外，与全球供
应链和知识网络连接。随着产业集群的发展，集群内的企业网络会变得更加复
杂和相互依存。这些网络可以促进集体学习和创新，从而提高集群的竞争力和
韧性。当网络内的企业采用新技术、进入新市场或向相关产业多元化发展时，
它们还能影响集群的发展方向。因此，企业网络对产业集群演化至关重要，也
有大量研究关注企业网络。但由于网络的复杂属性，本节选择从其结构入手进
行阐释，如表 3-1 所示，基于节点属性和关系属性两个方面总结可能的网络类
型（Lusher *et al.*，2013）。

表 3-1　企业网络类型

节点属性	关系属性
个人	基于相似性
公民、发明家、企业家、雇员、旅行者、董事会成员、学者、移民等	空间邻近，隶属于同一雇主、财团、协会或项目，共同作者、共同引用、共同申请专利、顾问委员会等
机构或区域	基于社会关系
国企、私企和公益组织、研究机构、初创企业、机场、巴士站、城市、地区、国家等	熟人、朋友、亲属、家庭、休闲、雇佣关系、同事、经理、贸易关系、买方-供应商关系、合同关系、销售协议、合作协议、正式和非正式的公司合作、供资和伙伴关系等
其他	其他
行业、技术、文件、小组会议、出版物等	交通联系、电信联系、疾病传播联系等

资料来源：Glückler and Panitz（2021）。

从节点属性来看，除了以企业为节点，网络中还会出现除企业外的其他经
济机构，例如交易所、政府机关、研究机构或大学。即使网络节点都是企业，
不同企业的能力差异同样鲜明。例如，魏也华等（Wei *et al.*，2011）发现苏州

信息和通信技术（Information and Communication Technology，ICT）产业集群的研发网络中，外资企业和内资企业缺乏联系，限制了集群的创新和升级。反之，同是企业的节点也会因结构位置差异，获取差异化的资源优势，从而完成位置到角色的转换。产业集群中一些企业之间的知识联系比其他企业之间更紧密，这些在本地知识网络中占据核心地位的企业通常具有更强的吸收能力（Giuliani and Bell，2005）。这些企业能够吸收来自集群内外其他企业的知识，掌握本地核心知识。此外，在网络中连接两个精密组团的企业，往往能吸收到更多差异化的知识，带来突破性创新等收益。

从关系属性来看，探讨单一关系网络的文章被归属为一元网络研究，关注多种关系（即同时存在上下游、研发合作等复合关系）构成的网络的文章被归属为多元网络研究。当企业之间存在"母子"关系或"总分"关系时，根据节点间的从属关系又可以分为二模或多模网络。同一网络中既有多种关联又存在从属关系，则为多层次网络。以电视行业的贸易会为例，这一场景下个人网络和组织网络多层叠加，每个网络是一个集体代理，其目的是探究个人和组织之间关系的配置，以促进该行业经济结构的再生产（Etxabe and Valdaliso，2016）。

如图3-5所示，企业间既存在供应链联系，又存在创新合作，是为多种关联。与此同时，不同企业又从属于各自所在的集群组织，是为从属关系。因此，集群间的多重企业联系为多层次网络。但多层次网络的研究较少，一方面是因为难以剥离从属关系，另一方面是因为长周期网络数据难以捕获。

从结构属性来看，产业集群内的网络结构与其功能密切相关，常见的网络类型有投入产出网络、劳动力网络和技术合作网络，这些网络不同程度上具有群落结构、小世界和无标度等属性。其中，群落结构是网络中由紧密连接的节点组成的组团。在组团内部，节点之间通常在某些方面具有相似性，因此节点间的连接比群落间的连接更为紧密。小世界特征即任意两个企业之间都能通过较少的其他企业联系起来，表明该网络中的企业间具有紧密联系。无标度属性是指网络中节点度的分布遵循幂律分布，即存在几个中心度很高的"枢纽"节点，而大多数节点的连接度相对较低。无标度属性既可能在整体网中出现，也可能在整体网的部分群落结构中出现。

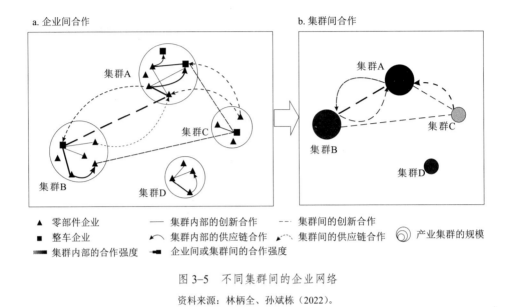

图 3-5　不同集群间的企业网络

资料来源：林柄全、孙斌栋（2022）。

　　网络结构影响各种功能的执行方式，主要包括企业的资源整合功能和抗风险功能两种。一方面，企业间的投入产出联系越完整，企业获取上下游资源的能力越强，越有利于企业发展；另一方面，企业有更多的上游供应商联系，那么，当其中一家供应商出现问题，企业就能通过企业网络，快速搜寻到备用供应商，降低断供风险。而这些功能的需求又会反过来塑造网络结构。首先，网络中的密集部分通常形成群落结构，表现出典型的小世界特征。企业间频繁的互动可促进信息和想法的流动，从而提高创新。但如果每个人都与其他人有联系，密集网络也可能导致信息冗余。其次，辐射网络（或星状网络）中少数关键企业（中心企业）拥有众多联系，表现出无标度特征，可以有效地协调整个网络的活动。这些枢纽还可以作为资源和信息分配的重要节点。然而，它们也可能在网络中造成依赖性和权力失衡。再次，企业之间联系较少的稀疏网络可以促进竞争，而不是合作。这些网络可能会鼓励企业在集群之外寻求新的知识和资源，从而与外部实体建立有价值的联系，并带来新的视角。最后，在分散型网络中，权力和资源在各企业之间的分配更为均衡。这可以使决策过程更加民主，避免过度依赖单个或少数几个企业。总之，如图 3-6 所示，集群网络背后的结构属性往往决定了其功能特征和差异，集群内的网络结构在决定如何发挥知识共享、创新、抗风险、资源整合与分配等各种功能方面起着至关重要的作用。决策者和集群管理者必须了解这种关系，才能以优化这些功能的方式塑造网络结构，促进集群的整体健康和发展。

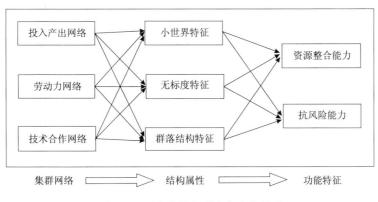

图 3-6　网络结构与现实意义的关系

资料来源：蔡宁等（2006）。

三、企业网络的形成与机制

企业通常倾向于和那些与自己相似的主体建立联系，例如有相似知识、规范和价值、区位、社会联系或组织边界等。这些相似性分别被称为认知邻近、制度邻近、地理邻近、社会邻近和组织邻近等（Boschma，2005）。以中国旅游上市企业网络的扩张模式为例（图 3-7），近邻式扩散模式体现了企业倾向于在地理邻近的城市设置子公司；等级式扩散模式意味着企业选择和当前所在城市等级相似的城市设置子公司，这种相似性的背后是组织、经济、制度等多方面的邻近驱动的；而资源导向式扩散则是资源邻近的典型表现。总之，邻近性是企业网络形成的关键驱动力。

尽管邻近性可以提高企业合作的可能性，但并不必然提升合作质量，有时还可能有负面作用，这被称为"邻近悖论"（Broekel and Boschma，2012）。例如，认知邻近有利于企业间交流和知识转移，但也缩小了学习范围，提高了不情愿的知识溢出风险。而事实上，认知距离太远或太近都不利于企业间知识溢出。在社会邻近方面，高或低的社会邻近有利于企业提高合作效果，因为一些

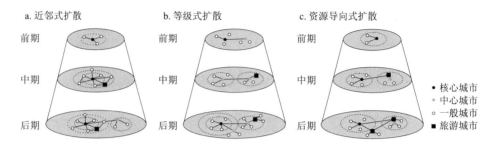

图 3-7   中国旅游上市企业的经济网络结构演变

资料来源：王钊、孙奕圆（2023）。

关系需要较高信任，而另一些则需要保持距离。对于地理邻近，研究强调本地和非本地知识的组合对于集群长期发展的重要性（Asheim and Isaksen，2002；Bathelt *et al.*，2004），以及企业通过会议和贸易展览会等临时邻近交流知识的重要性（Torre，2008）。

四、企业网络的演化与机制

企业网络并非一成不变，它们会受到各种因素的干扰，如技术变革、市场转移、监管环境和社会文化的变化等。技术变革会扰乱集群内的现有网络，企业可能需要建立新的联系，以获取新的知识，适应不断变化的技术环境。这一过程会导致网络重组，并有可能在集群内出现新的产业部门。市场需求的变化或新市场的出现也可能会影响网络的演变，企业可能需要建立新的伙伴关系或联盟来进入这些市场，从而导致网络结构的变化。制度，包括监管框架和政策，可以塑造网络的演变。例如，促进合作与知识共享的政策可以推动在集群内形成密集、相互关联的网络。此外，共同的规范和价值观也可以促进企业之间的信任与合作，从而推动形成强大而稳定的网络。当这些干扰中的一个或几个发生时，企业网络和企业集群都可能需要适应与转型。例如，如果一项新技术的出现颠覆了一个既有产业，集群内的企业可能需要重新配置其网络，以获取新的知识和资源。这可能涉及建立新的伙伴关系、投资研发或收购其他公司。随着企业适应新的技术范式，这种变化可能导致集群的转型。

从构成元素来看，网络演化可划分为三类：一是源于网络节点的变化，包括节点进入、删除与合并等，例如，巴兰德（Balland，2013）发现全球电视游戏产业网络的演变与新企业的进入高度相关。产业集群中的企业存在异质性，并非网络中的所有企业都彼此相联，某些企业间的知识联系相比于其他企业之间更加紧密。学习能力较强的企业在本地知识网络中占据核心地位，这类企业能与其他企业构建更强的知识联系，从而更快更好地掌握本地核心知识，吸收来自集群内外其他企业的知识（Giuliani and Bell，2005）。这些新节点与已有节点之间存在一定的联系，从而改变了网络结构（Barabási and Albert，1999）。二是源于线的变化，包括线的增加、重连、合并与删除等。三是线和节点同时变化，即结构演变。表 3–2 经济地理领域网络分析的层次结构揭示了近年来经济地理领域网络分析相关研究在点、线和网络结构上的分布（Glückler and Panitz，2021）。

表 3–2　经济地理领域网络分析的层次结构

分析层次	分析方式	文章数量（篇）	文章占比（%）
点	中心性（度中心性、中介中心性、接近中心性等）	164	40
子集	组团（K 核算法等）	74	18
网络	密度、连通性、网络中心性	130	32
	小世界系数、模块性	52	13
	网络模型（ERGM，QAP，SAOM）	13	3
	分块建模和主导路径	20	5

注：点的基础上增加线即为子集，多个子集即为网络。

资料来源：Glückler and Panitz（2021）。

这些研究试图基于经济地理的"关系转向"和"演化转向"，对网络动力学与集群演化进行融合。路径依赖是集群发展的基本特征，也是网络演化的关键要素，企业遵循历史路径构建和强化与其他企业的关系，从而形成复杂的集群网络。而集群内网络的特点在于地理邻近，格拉布赫（Grabher，2006）发现由于电视游戏的技术复杂性和电视游戏生产的项目机制，企业倾向于在较近的地理距离内合作，形成较为紧密的地方网络。产业集群网络演化相关研究主要涉及三个视角的内容：一是以企业为代表的关键行动者，例如，以华为为代表的手机行业企业遭受贸易战冲击，将给该行业其他上下游企业带来影响；二是外界环境或技术变革等情景（context）变化，正如前文所提到的演化经济地理学认为区域制度与新技术和新市场协同演化，促进新产业发展（Nelson，1994），而无法使用新制度环境的企业将退出市场；三是内部网络的结构基础（network），正如层级制。三者彼此作用形成企业网络演化的动态分析框架，三者中任意一个发生变化都会导致点或（和）边的变化，进而影响网络演化。

　　而特沃尔（Ter Wal，2014）却发现，由于生物科技的编码化，生物科技产业的地理邻近对于共同研发网络的重要性在降低。魏也华等（Wei *et al.*，2011）比较了中国广东省产业集聚与意大利产业集聚的差异，发现跨区域的产业集群联系具有重要意义。因此，企业网络研究越来越关注不同尺度的相互关系，即多尺度协同演化。多尺度协同演化是指企业、行业、机构等多个实体在某一特定地理区域内的同时发展和依存，这种协同演化过程发生在多个空间尺度上，并受到多个空间尺度的影响——从地方到区域、国家甚至全球层面（图3-8）。为揭示循环往复环环相扣的多尺度区域协同演化体系，下面简要介绍不同尺度在协同演化背景下是如何相互作用的。

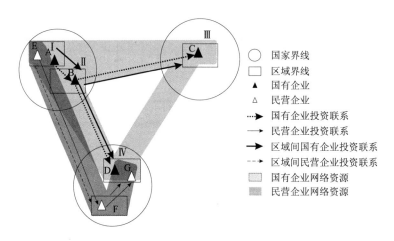

图 3-8　产业集群网络演化三方分析框架

资料来源：梁新怡等（2022）。

　　在地方尺度上，协同演化通常涉及特定地理区域内同一行业或相关行业企业之间的互动。这些互动可能导致相关产业的本地化集群发展，企业因彼此接近而在知识溢出、劳动力市场集聚和基础设施共享方面受益。在区域和国家层面，协同演化可能影响区域和国家产业及经济结构的发展与转型。区域和国家政策等制度在这些尺度上可以发挥关键作用，影响企业与产业之间的竞争态势，并塑造其协同演化的轨迹。在全球范围内，协同演化可能涉及不同国家和地区的企业与产业之间的互动。全球贸易和投资流动、全球供应链和全球知识网络都会影响这一规模的协同演化过程。此外，全球监管环境以及国际贸易协定等都可能在其中发挥作用。总之，演化经济地理学中协同演化的多尺度性质凸显了经济发展和变化的复杂性。为促进区域经济发展，制定有效政策或战略，需要考虑多个空间尺度上的相互作用和影响。

小　　结

　　企业是经济活动的基本单元，企业惯例通过分解任务，决定企业的运营方式和盈利能力。一方面，企业惯例是企业经营活动中长期积累的经验和规则的总结，它可以帮助员工快速掌握工作技能和方法，减少不必要的沟通和协调成本，提高企业的运营效率和绩效；另一方面，企业惯例也可以促进企业内部的知识共享和传承，为企业创新提供有力的支持。但企业惯例并非一成不变，外界环境的变化，诸如经济危机、政策调整、技术变革等，都会对企业惯例造成冲击。适者生存，适应性强的企业往往能通过及时调整惯例得以留存。从某种程度上来说，企业惯例与制度环境是协同演变的。经济地理学者以企业惯例的复制以及企业对知识的邻域搜索、学习与重组为逻辑起点，推导集群演化的底层逻辑。产业集群是一种具有独特竞争优势的经济组织形式，其特点包括地域化集聚、专业化分工、创新环境和社会化网络。这些特点有助于提升产业集群内企业的竞争力和创新能力，推动区域经济的发展。产业集群本质上是一种本地化生产，通常受限于企业能力与地方知识库。超脱地理限制的企业网络能够整合不同地域的能力，将不同地区的企业、机构和个人连接起来，实现资源共享、互利共赢。

参 考 文 献

[1] Asheim, B. T., A. Isaksen, 2002. Regional Innovation Systems: The Integration of Local "Sticky" and Global "Ubiquitous" Knowledge. *The Journal of Technology Transfer*, Vol. 27,

No. 1, pp. 77-86.

[2]　Barabási, A. -L., R. Albert, 1999. Emergence of Scaling in Random Networks. *Science*, Vol. 286, No. 5439, pp. 509-512.

[3]　Balland, P. A., De Vaan, M., Boschma, R., 2013. The Dynamics of Interfirm Networks Along the Industry Life Cycle: The Case of the Global Video Game Industry, 1987-2007. *Journal of Economic Geography*, Vol. 13, No. 5, pp. 741-765.

[4]　Bathelt, H., A. Malmberg, P. Maskell, 2004. Clusters and Knowledge: Local Buzz, Global Pipelines and the Process of Knowledge Creation. *Progress in Human Geography*, Vol. 28, No. 1, pp. 31-56.

[5]　Boschma, R., 2005. Proximity and Innovation: A Critical Assessment. *Regional Studies*, Vol. 39, No. 1, pp. 61-74.

[6]　Boschma, R., 2009. Evolutionary Economic Geography and Its Implications for Regional Innovation Policy. *Papers in Evolutionary Economic Geography*, Vol. 9, No. 12, pp. 1-33.

[7]　Boschma, R., G. Capone, 2015. Institutions and Diversification: Related Versus Unrelated Diversification in a Varieties of Capitalism Framework. *Research Policy*, Vol. 44, No. 10, pp. 1902-1914.

[8]　Boschma, R. A., K. Frenken, 2003. Evolutionary Economics and Industry Location. *Review for Regional Research*, Vol. 23, pp. 183-200.

[9]　Boschma, R. A., K. Frenken, 2006. Why Is Economic Geography Not an Evolutionary Science? Towards an Evolutionary Economic Geography. *Journal of Economic Geography*, Vol. 6, No. 3, pp. 273-302.

[10]　Broekel, T., R. Boschma, 2012. Knowledge Networks in the Dutch Aviation Industry: The Proximity Paradox. *Journal of Economic Geography*, Vol. 12, No. 2, pp. 409-433.

[11]　Buenstorf, G., S. Klepper, 2009. Heritage and Agglomeration: The Akron Tyre Cluster Revisited. *The Economic Journal*, Vol. 119, No. 537, pp. 705-733.

[12]　Davies, A., L. Frederiksen, E. Cacciatori *et al.*, 2018. The Long and Winding Road: Routine Creation and Replication in Multi-Site Organizations. *Research Policy*, Vol. 47, No. 8, pp. 1403-1417.

[13]　Dittrich, K., Guérard, S., Seidl, D., 2016. Talking About Routines: The Role of Reflective Talk in Routine Change. *Organization Science*, Vol. 27, No. 3, pp. 678-697.

[14]　Essletzbichler, J., D. L. Rigby, 2007. Exploring Evolutionary Economic Geographies. *Journal of Economic Geography*, Vol. 7, No. 5, pp. 549-571.

[15]　Etxabe, I., J. M. Valdaliso, 2016. Measuring Structural Social Capital in a Cluster Policy Network: Insights from the Basque Country. *European Planning Studies*, Vol. 24, No. 5, pp. 884-903.

[16]　Gertler, M. S., 2010. Rules of the Game: The Place of Institutions in Regional Economic Change. *Regional Studies*, Vol. 44, No. 1, pp. 1-15.

[17]　Giuliani, E., M. Bell, 2005. The Micro-Determinants of Meso-Level Learning and

Innovation: Evidence from a Chilean Wine Cluster. *Research Policy*, Vol. 34, No. 1, pp. 47-68.

[18] Glückler, J., R. Panitz, 2021. Unleashing the Potential of Relational Research: A Meta-Analysis of Network Studies in Human Geography. *Progress in Human Geography*, Vol. 45, No. 6, pp. 1531-1557.

[19] Grabher, G., 2006. Trading Routes, Bypasses, and Risky Intersections: Mapping the Travelsof "Networks" Between Economic Sociology and Economic Geography. *Progress in Human Geography*, Vol. 30, No. 2, pp. 163-189.

[20] Klepper, S., 1997. Industry Life Cycles. *Industrial and Corporate Change*, Vol. 6, No. 1, pp. 145-182.

[21] Lin, H., M. Murphree, S. Li, 2016. Emergence of Organizational Routines in Entrepreneurial Ventures. *Chinese Management Studies*, Vol. 11, No. 3, pp. 498-519.

[22] Lusher, D., J. Koskinen, G. Robins, 2013. *Exponential Random Graph Models for Social Networks: Theory, Methods, and Applications*. Cambridge University Press.

[23] Malmberg, A., P. Maskell, 2010. An Evolutionary Approach to Localized Learning and Spatial Clustering. In R. Boschma, R. Martin (Eds.), *The Handbook of Evolutionary Economic Geography*. Edward Elgar Publishing, pp. 391-405.

[24] Marshall, A., 1920. *Principles of Economics*. Macmillan.

[25] Maskell, P., A. Malmberg, 2007. Myopia, Knowledge Development and Cluster Evolution. *Journal of Economic Geography*, Vol. 7, No. 5, pp. 603-618.

[26] Menzel, M. -P., D. Fornahl, 2010. Cluster Life Cycles — Dimensions and Rationales of Cluster Evolution. *Industrial and Corporate Change*, Vol. 19, No. 1, pp. 205-238.

[27] Murmann, J. P., 2003. *Knowledge and Competitive Advantage: The Coevolution of Firms, Technology, and National Institutions*. Cambridge University Press.

[28] Nelson, R. R., 1994. The Co-Evolution of Technology, Industrial Structure, and Supporting Institutions. *Industrial and Corporate Change*, Vol. 3, No. 1, pp. 47-63.

[29] Nelson, R., S. Winter, 1982. *An Evolutionary Theory of Economic Change*. The Belknap Press of Harvard University Press.

[30] Rigby, D. L., J. Essletzbichler, 1997. Evolution, Process Variety, and Regional Trajectories of Technological Change in US Manufacturing. *Economic Geography*, Vol. 73, No. 3, pp. 269-284.

[31] Schamp, E. W., 2010. On the Notion of Co-Evolution in Economic Geography. *The Handbook of Evolutionary Economic Geography*. Edward Elgar Publishing.

[32] Sorenson, O., P. G. Audia, 2000. The Social Structure of Entrepreneurial Activity: Geographic Concentration of Footwear Production in the United States, 1940-1989. *American Journal of Sociology*, Vol. 106, No. 2, pp. 424-462.

[33] Spicer, A., G. A. McDermott, B. Kogut, 2000. Entrepreneurship and Privatization in Central Europe: The Tenuous Balance Between Destruction and Creation. *The Academy of*

Management Review, Vol. 25, No. 3, pp. 630-649.

[34] Stuart, T., O. Sorenson, 2003. The Geography of Opportunity: Spatial Heterogeneity in Founding Rates and the Performance of Biotechnology Firms. *Research Policy*, Vol. 32, No. 2, pp. 229-253.

[35] Suire, R., J. Vicente, 2009. Why Do Some Places Succeed When Others Decline? A Social Interaction Model of Cluster Viability. *Journal of Economic Geography*, Vol. 9, No. 3, pp. 381-404.

[36] Suire, R., J. Vicente, 2014. Clusters for Life or Life Cycles of Clusters: in Search of the Critical Factors of Clusters' Resilience. *Entrepreneurship & Regional Development*, Vol. 25, No. 1, pp. 142-164.

[37] Torre, A., 2008. On the Role Played by Temporary Geographical Proximity in Knowledge Transmission. *Regional Studies*, Vol. 42, No. 6, pp. 869-889.

[38] Vernon, R., 1966. International Trade and International Investment in the Product Cycle. *Quarterly Journal of Economics*, Vol. 80, No. 2, pp. 190-207.

[39] Wei, Y. D. *et al.*, 2011. Network Configurations and R&D Activities of the ICT Industry in Suzhou Municipality, China. *Geoforum*, Vol. 42, No. 6, pp. 484-495.

[40] Wenting, R., O. Atzema, K. Frenken, 2011. Urban Amenities and Agglomeration Economies? The Locational Behaviour and Economic Success of Dutch Fashion Design Entrepreneurs. *Urban Studies*, Vol. 48, No. 7, pp. 1333-1352.

[41] Wenting, R., K. Frenken, 2011. Firm Entry and Institutional Lock-In: An Organizational Ecology Analysis of the Global Fashion Design Industry. *Industrial and Corporate Change*, Vol. 20, No. 4, pp. 1031-1048.

[42] Xu, F., L. Wu, J. Evans, 2022. Flat Teams Drive Scientific Innovation. *Proceedings of the National Academy of Sciences of the United States of America*, Vol. 119, No. 23, pp. 1-3.

[43] Zollo, M., S. G. Winter, 2002. Deliberate Learning and the Evolution of Dynamic Capabilities. *Organization Science*, Vol. 13, No. 3, pp. 339-351.

[44] 毕秀晶、汪明峰、李健等："上海大都市区软件产业空间集聚与郊区化"，《地理学报》，2011 年第 12 期，第 1682—1694 页。

[45] 蔡宁、吴结兵、殷鸣："产业集群复杂网络的结构与功能分析"，《经济地理》，2006 年第 3 期，第 378—382 页。

[46] 高洋、葛宝山、蒋大可："组织学习、惯例更新与竞争优势之间的关系——基于不同环境不确定水平的研究"，《科学学研究》，2017 年第 9 期，第 1386—1395 页。

[47] 贺灿飞、潘峰华、孙蕾："中国制造业的地理集聚与形成机制"，《地理学报》，2007 年第 12 期，第 1253—1264 页。

[48] 贺灿飞、任卓然、叶雅玲："中国产业地理集聚与区域出口经济复杂度"，《地理研究》，2021 年第 8 期，第 2119—2140 页。

[49] 贺灿飞、谢秀珍："中国制造业地理集中与省区专业化"，《地理学报》，2006 年第 2 期，第 212—222 页。

[50] 贺灿飞、张华、梁进社："北京市外资制造企业的区位分析"，《地理学报》，2005 年第 1 期，第 122—130 页。

[51] 黄宇金、盛科荣、孙威："基于企业大数据的京津冀制造业集聚的影响因素"，《地理学报（英文版）》，2022 年第 8 期，第 1953—1970 页。

[52] 李二玲、李小建："欠发达农区传统制造业集群的网络演化分析——以河南省虞城县南庄村钢卷尺产业集群为例"，《地理研究》，2009 年第 3 期，第 738—750 页。

[53] 梁新怡："集聚外部性与网络外部性对中资跨国公司在欧投资区位的影响研究"（硕士论文），华东师范大学，2021 年。

[54] 梁新怡、司月芳、何嘉锐： "网络视角下的国有和民营制造企业对欧盟投资的区位选择"，《地理研究》，2022 年第 9 期，第 2482—2498 页。

[55] 林柄全、孙斌栋："网络外部性对企业生产率的影响研究——以中国汽车制造业集群网络为例"，《地理研究》，2022 年第 9 期，第 2385—2403 页。

[56] 刘霄泉、孙铁山、李国平："基于局部空间统计的产业集群空间分析——以北京市制造业集群为例"，《地理科学》，2012 年第 5 期，第 530—535 页。

[57] 刘志高、尹贻梅、孙静："产业集群形成的演化经济地理学研究评述"，《地理科学进展》，2011 年第 6 期，第 652—657 页。

[58] 马鸿佳、张弼弘、唐思思："新创企业惯例形成过程与能力关系的机制研究"，《外国经济与管理》，2020 年第 6 期，第 55—68 页。

[59] 邱灵、方创琳："北京市生产性服务业空间集聚综合测度"，《地理研究》，2013 年第 1 期，第 99—110 页。

[60] 宋铁波、杨书燕、吴小节："制度逻辑视角下制造业集群演化与升级机制"，《科学学研究》，2023 年第 4 期，第 623—633 页。

[61] 宋周莺、刘卫东："信息技术对产业集群空间组织的影响研究"，《世界地理研究》，2013 年第 1 期，第 57—64 页。

[62] 谭文柱、王缉慈、陈倩倩："全球鞋业转移背景下我国制鞋业的地方集群升级——以温州鞋业集群为例"，《经济地理》，2006 年第 1 期，第 60—65 页。

[63] 王少剑、莫惠敏、吕慧妮等："区位因素影响下高铁站区产业结构特征——基于 POI 数据的实证分析"，《地理学报》，2021 年第 8 期，第 2016—2031 页。

[64] 王钊、孙奕圆："中国旅游上市企业的经济网络结构演变与分行业扩张模式研究"，《地理研究》，2023 年第 8 期，第 2135—2151 页。

[65] 文嫮、张强国、杜恒等："北京电影产业空间集聚与网络权力分布特征研究"，《地理科学进展》，2019 年第 11 期，第 1747—1758 页。

[66] 吴爱芝、孙铁山、李国平："中国纺织服装产业的空间集聚与区域转移"，《地理学报》，2013 年第 6 期，第 775—790 页。

[67] 朱华晟、王缉慈、李鹏飞："基于多重动力机制的集群企业迁移及区域影响——以温州灯具企业迁移中山古镇为例"，《地理科学进展》，2009 年第 3 期，第 329—336 页。

第四章　路径依赖与区域产业演化

本章聚焦区域产业演化，从路径依赖理论出发，探讨产业之间的关联性对区域发展的影响。路径依赖是本章的核心概念。

1868 年，克里斯托弗·肖尔斯（Christopher Sholes）发明了世界上首架打字机，但当时键盘的布局方式款式多样。1888 年 7 月，美国辛辛那提举行了一场打字比赛，使用 QWERTY 键盘的速记员弗兰克·麦古瑞（Frank McGurrin）以绝对优势赢得比赛，这一事件让 QWERTY 键盘声名大噪，从此占据键盘市场主导地位。保罗·戴维（Paul David）认为，QWERTY 键盘之所以能在市场上占统治地位，不是因为它最好，而是因为它最早。这种现象被戴维称为路径依赖。它包括历史偶然性和自我强化效应两个核心要点，即速记员麦古瑞用 QWERTY 键盘并取得冠军，是一种偶然事件；而正是这一偶然事件强化了大众对键盘构造的认识，让 QWERTY 键盘成为主流并延续至今。

同样的现象不乏出现在区域发展中。自然灾害、政治变革、技术创新和资源发现等历史偶然性现象对区域发展产生了深远的影响。例如，偶然发现的矿产资源可能衍生出成百上千家矿产企业。这意味着，一旦区域开始围绕偶然事件发展，它就会产生自我强化的效应。这种效应表现在多个方面，如市场规模的扩大、产业集群的形成、基础设施的完善、人力资本的积累等等。这些方面的改善会进一步吸引更多的企业和人口聚集。例如，某个地区因为交通便利和市场规模大，吸引了大量的企业投资，从而形成了产业集群。这些企业的聚集又进一步吸引了更多的人才和资金，加速区域发展。

但长期锁定在某一特定产业，可能会导致区域发展停滞。演化经济地理学认为区域可以通过发展新产业来维持长期发展，区域产业的更替过程也被称为区域产业演化。但并非所有新产业都能在地方繁荣，例如，在矿区引入生物制药产业，可能因为本地缺乏相应的知识基础和配套措施，最终导致企业退出。但若是引入金属衍生产业，则恰恰相反。演化经济地理学家将这种发展的"惯性"应用于区域层面，称之为路径依赖。在此基础上，本章用演化经济地理知识认识区域产业演化的全过程，基于企业的进入、成熟、衰退和退出，反映地区产业结构的变化。

第一节　演化视角下的路径依赖

一、路径依赖的概念

路径依赖是演化经济地理学的基本概念。区域经济发展受到其历史因素的影响，人们过去的选择决定了他们现在可能的选择。该词最早出现于古生物学领域，指物种进化过程中偶然性突变因素导致物种跳跃式进化的现象（Gould and Eldredge，1977）。在社会科学领域的应用最早可以追溯到门格（Menger，1883）对新制度演化的分析，以及凡勃伦（Veblen，1898）提出的习俗和传统的累积循环机制。后来，保罗·戴维、布莱恩·阿瑟（Brian Arthur）等经济学家将其用于制度和技术变迁分析。直到 20 世纪 90 年代，路径依赖才成为理解经济社会系统演化的重要概念，被广泛应用于经济学、社会学和管理学等学科。

演化经济地理学者认为路径依赖是经济景观的基本特征。尽管过去的情景与如今已大相径庭，但由于惯性的力量而不断自我强化，使得该系统锁定于某一路径。这一概念有助于理解为什么一些地区会被某些经济活动锁定，以及为什么这些地区会转向更有挑战性的新活动。这通常是由于长期以来为支持现有产业而积累的地区特有资产，如专业知识、技能和基础设施。这些资产虽然对现有产业有利，但可能不容易转移到新产业中，从而导致某种形式的锁定效应。如图 4-1 所示，实线是实际发生的路径，虚线是可能的延续路径，这里的发展路径由创新率或相对经济增长来表示，A 是正向依赖，即沿着过去发展路径，创新率或经济增长逐渐得到提高，B 是负向依赖，尽管起点与 A 一样，但从第二期开始，B 逐渐被 A 拉开了距离，从第四期开始创新率开始下降。

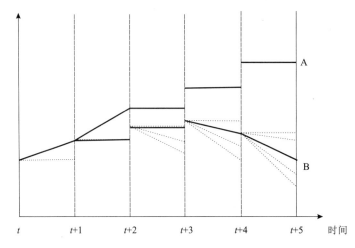

A. 时间上连续的正向"锁定"阶段的发展路径；B. 正向"锁定"发展为负向"锁定"的发展路径。

其中，虚线表示可能的路径，实线表示实际发展路径。

图 4-1   路径依赖模型

二、路径依赖的机制

演化经济学者认为路径依赖的机制主要存在于三个方面（尹贻梅等，2012）：一是戴维的技术锁定（technology lock-in）。戴维认为偶然的历史事件对技术、组织和系统具有长期的影响，它们可以被锁定为某个特定形式，技术锁定的原因包括技术关联性、规模经济以及投资的不可逆转性等（David，1985）。二是阿瑟的动态规模效应（dynamic increasing returns）。阿瑟主要聚焦于不同类型的集聚效应，包括大规模的固定资产启动投资、动态学习效应、协调效应以及自我强化预期等（Arthur，1988）。三是诺思等的制度依赖性（institutional hysteresis）。因为正式和非正式制度随时间变化较慢，而制度与社会组织互相影响，所以制度演化具有路径依赖特征（North，1990）。还有观点认为制度与经济将会共同演化。短期内，制度是经济系统的外生力量；长期而言，制度内生于经济系统，制度安排会锁定在一段时间（Setterfield，1993）。新贸易理论和新经济地理学也探讨了路径依赖对专业化与产业集聚的影响，在其研究模型中突出了规模经济效应的作用（Krugman，1991）。

因此，区域路径依赖由诸多原因造成，规模经济（如劳动力、市场规模、投入-产出关系、供应商、服务业等）、学习效应（知识溢出与外部性）、协调效应（区际联系与区际相互依赖性）、适应性预期以及既得利益约束等因素的存在，包括地方资产和基础设施的沉没成本等，都会导致该区域沿着既定的方向不断自我强化（Martin and Sunley，2006）。已有大量研究证实，相关产业间更容易获取知识溢出（郭琪等，2020；贺灿飞、盛涵天，2023）。但路径依赖不是决定论，它并不意味着未来完全由过去决定。相反，它强调虽然过去影响着现在和未来，但改变和适应仍然是可能的。这通常是由"路径创造"和"路径多样化"过程促成的，在这些过程中，新的经济活动出现并发展起来，这些活动有的与现有产业相关，有的则是全新的行业。

三、区域路径依赖模型

马丁（Martin，2010）将经典路径依赖模型归纳为如表 4-1 所示的五阶段，从历史偶然性（historical accident）、初始路径创造（early path creation）、路径依赖和锁定（path dependent & lock-in）、路径解锁（path delocking）到路径突破（path breaking）。贺灿飞（2018）总结了路径创造不同的理论视角。首先，路径依赖模型是随机过程，具有历史偶然性的特征，企业随机的区位决策会影响产业区位（Arthur，1994）。而新兴产业的发展是一个区域自由选择的过程，因为新兴产业仅出现于个别区域，尚未形成规模生产优势，任何区域都可能通过产业移植在本地发展该产业（Boschma and Frenken，2003），这种现象被称为区位机会窗口（Walker and Storper，1989）。相应地，将新兴产业引入本地则完成了路径创造的第一步。为了实现这一目的，企业家和地方政府的决策者可以通过制定针对性的战略来引入并维持该产业在本地生根发芽（David，1994；Puffert，2002）。随着该产业在本地不断衍生和分化，区域逐渐偏离原有的传统产业模式，而围绕新兴产业布局，进而从路径创造阶段进入新的路径依赖阶段。当区域过分依赖特定产业在区域发展中的作用时，本地可能陷入锁定，难以进入下一轮的路径创造。直到新的偶然事件或行为主体介入，使区域从固有的发展路径中解锁，才能进入路径突破的新阶段。总之，马丁认为路径依赖模型的重点在于强调变化而非简单的连续性（Martin，2010）。

表 4-1　区域产业演化的典型路径依赖模型

模型类型	模型解释
历史偶然性	某个历史偶然事件或随机事件导致了企业最初的区位
初始路径创造	自我强化的区位选择
路径依赖和锁定	规模效应递增导致锁定
路径解锁	不可预测、非预期的外部冲击导致产业衰退与消失
路径突破	超越锁定，区域产业演化新路径的创造

资料来源：Martin（2010）。

第二节　产业关联及其测度方法

一、产业关联的概念

区域产业路径依赖式发展的一个重要表现，即为本地新发展的产业往往与旧产业存在相近的关系。例如，锂电池技术较为发达的地区，往往能吸引新能源汽车企业进入。演化经济地理学认为若两种产业在知识、人才、技术、基础设施和文化等方面相似，那么，两者在某种程度上表现出认知邻近性。如图 4-2 所示，网络中每个节点代表一个产业，不同产业间存在直接或间接联系，这些联系有强有弱，例如 3 号产业和 2 号产业的关联强于和 6 号产业的关联。通常，产业间的认知距离越近，知识溢出效应越强（Lambooy and Boschma，2001）。但认知距离太近也可能产生路径锁定，认知距离太远则不利于进行有效的沟通，只有产业间认知距离处于合适范围才能促进产业间的学习和知识溢出。因此，技术关联性强的产业之间才会发生知识溢出，属于不同产业但却存在技术关联的本地企业之间更容易从知识溢出中获益（Boschma，2005；Boschma and Frenken，2011）。

技术关联是研究认知邻近的核心内容，技术关联仅发生在具有某些相似知识背景的相关行业之间。波特（Porter，2003）首先意识到存在技术关联的产业其空间外部性的重要性，认为与集群产业存在技术关联的产业专业化比该产业自身专业化更能促进区域发展。弗伦肯和博什马（Frenken and Boschma，2007）、

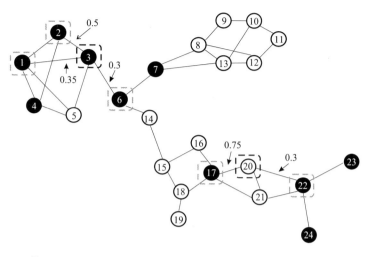

○　产业，不同的数字代表不同的产业

——　产业之间存在关联，且相关性大于0.25

——→　箭头上的数字表示两个行业之间的关联性

图4-2　地方产业关联网络

资料来源：Neffke *et al.*（2011）。

博什马和伊玛里诺（Boschma and Iammarino，2009）都发现关联产业多样性比不相关产业多样性更有利于区域经济增长。由此，技术关联也被广泛用于解释新技术、新产品、新产业和新集群的产生，进而对国家和区域产品演化产生显著影响（Boschma *et al.*，2012）。同样的逻辑也适用于产品尺度，伊达尔戈等（Hidalgo *et al.*，2007）认为关联产品对劳动力、土地、资本、技术、制度有相似的要求，故国家更容易向自己具有比较优势的关联产品演化。因此，产品距离在国家或区域的产业结构演化中发挥着重要作用，产品间技术关联程度越高，企业越容易向相关联的新产品跳跃。如果一个国家具备新产业所需的大多数条件，这个新产业出现的概率就会大大提高。也就是说，一个国家的产品演化路径依赖于其生产能力，更容易向存在较强技术关联的产品转化。

二、产业关联的测度方法

发展至今，产业关联的测度方法有三：

（1）基于标准行业分类（Standardized Industrial Classification，SIC）来测度产业间的技术关联性。凯夫斯（Caves，1981）将产业划分为不同等级、相互嵌套的系统，也就是标准行业分类的"位数"。不同的位数代表不同的等级，如果两个产品属于共同的上一级分类，就定义为技术关联，否则定义为技术不相关。此方法由于操作简单而获得广泛使用（Frenken et al.，2007），但这种先验的测度方法忽略了不在同一行业大类的产品由于投入-产出联系或跨行业的知识溢出也可能技术相关的情况（Essletzbichler，2012）。

（2）基于资源相似性来测度产业间的技术关联性。在投入结构、专利结构、劳动力技能结构等方面测度两个行业在资源投入上的相似性，以此表征技术关联。王茂军、杨雪春（2011）基于投入产出表构建了四川省产业关联网络。该方法有效的前提假设是，两个具有相似资源投入的行业，也应该具有相似的生产技术。但是，资源的重要性在不同行业有所不同。例如，基于专利的指标只适用于计算技术密集型产业，基于上游产品的指标一般只适用于制造业而不是服务业（Essletzbichler，2012）。因此，这种方法会导致技术关联的计算结果存在偏差。

（3）基于时空共现来测度两个产业间的技术关联性。最为经典的方法是国家层面的共存分析。伊达尔戈等（Hidalgo et al.，2007）通过产品间的时空共现概率构造关联网络，即产品空间。如果两个优势产品在空间上频繁共现，则认为这两个产品在某种程度上高度相关。随后有很多学者仿照这一思路在国家、区域、省级、城市以及企业等不同尺度构建产品空间，试图通过差异化的识别方法更加真实地反映两个产品之间的技术距离（李诗韵等，2023）。这种方法的优势在于只要有某种产品层面的生产地理数据，就可以计算该产品层面的技术关联，不再受投入产出数据的限制。但是这种在地理尺度上计算产品共存的条件概率也有缺陷，因为被同一城市高概率地出口或生产，可能是因为需要共享除技术以外的其他生产条件，例如制度、土地和基础设施，因此，计算出来的条件概率不能准确地衡量出技术关联（郭琪、贺灿飞，2018）。

最后，路径依赖对产品演化过程的影响因国家能力不同而异，发展中国家更容易发生路径依赖，因为它们没有足够的能力向与自己生产结构不相关的产品进行演化。国家不仅受自己过去生产结构的影响，也受到与其他国家关系的影响，即地理邻近、政治关系和国际贸易进出口联系。依赖于这些国际网络因素实现路径突破是发展中国家摆脱贫困魔咒的途径之一（Boschma and Capone，2015）。即使在国家内部，有些资源在区域间也很难流动，因此，区域若要向新产业演化，也需要具备相关的生产能力。

第三节　多维邻近与区域发展

一、多维邻近的定义

区域产业演化是一个复杂的过程，受到多重因素的影响，演化经济地理学用多维邻近性来概括这种多重因素。邻近性是指研究对象之间的亲疏远近，可以从多个维度来衡量，包括认知邻近（知识基础的相似性）、组织邻近（企业内部和企业之间的惯例）、制度邻近（规范、规则、法律）、社会邻近（信任、互惠）与地理邻近（物理距离）。这些邻近性会影响行为主体之间的互动和知识的流动，进而影响区域产业演化。

多维邻近即区域内参与者之间各种形式的"距离"，他们都对区域产业演化有显著的促进作用。地理邻近虽然不是唯一的决定因素，但却是一个关键因素，因为它能促进更便捷的沟通和互动，从而提高合作和知识共享的潜力。上文所提到的认知邻近，即行为主体之间知识基础的相似性，可以加强相互理解和学习。一定程度的认知邻近可以通过有效交流和组合互补知识促进创新。组织邻近是指行为主体之间的管理监督或隶属关系的程度（Boschma，2005）。例如，同一企业集团或网络内的公司往往可以共享资源和信息。若属于同一个企业，则其组织邻近性高，反之则组织邻近性低。社会邻近强调行为主体之间的信任和互惠程度，社会邻近性越强，行为主体之间合作与知识交流越频繁和深入。而共同的规范、规则和法律等制度邻近性会影响行为主体互动与合作的难易程度。贺灿飞等（2016）发现省边界比地级市边界对演化有更强的阻碍作用，说明省级层面制度邻近性对产品空间的演化作用更显著。

但这些形式的邻近性并不是孤立存在的，它们相互作用、共同发展，形成了区域产业演化的动力。例如，在认知或社会邻近性较强的地方，地理邻近性可能不那么重要。相反，在认知邻近性较低的地方，地理集群可能是有益的，需要更多面对面的互动才能进行有效的知识交流。通过了解邻近性的多面性，我们可以更深入地了解区域产业的演变。这些邻近性的相互作用有助于解释为什么某些地区会成为特定产业的中心，新知识和创新如何在地区内传播，以及地区如何适应不断变化的经济环境。

二、多维邻近与区域产业演化

地理邻近与认知邻近是演化经济地理学中最重要的两类邻近。地理邻近是传统产业地理学研究的关注重点，强调城市与产业发展能够从地理邻近中获益。马歇尔外部性与雅各布斯外部性都建立在地理邻近的基础上，探讨产业在地理上的集中可能带来的知识溢出。地理邻近将各种经济活动的参与者和要素集聚在一起，为知识的相互传递提供了基础。但地理邻近既不是知识溢出的充分条件，也不是必要条件。20 世纪 90 年代，认知邻近对知识溢出和产业学习范围的重要性开始逐渐受到重视（贺灿飞、朱晟君，2020）。认知邻近性代表了异质性个体在知识和能力方面的接近程度（Boschma and Martin，2010）。知识不能在任意产业间自由流动。认知邻近的产业间存在关联和互补的共享能力，能够促进产业间有效交流和互动学习（Frenken and Boschma，2007），对知识溢出的作用可能比地理邻近更重要（Caragliu and Nijkamp，2016）。

在认知邻近性的视角下，演化经济地理学家探讨了区域产业发展的路径，他们认为区域更容易进入和发展与旧产业认知邻近的新产业，表现出路径依赖。企业视角下，路径依赖的重要原因是企业资源的不可分割性和可转换性，企业为了节约成本和降低风险，一般会选择整合现有技术、知识、资产和生产能力等资源，倾向于生产相关产品。产业视角下，路径依赖的重要原因是认知距离适度的产业间存在关联、互补和共享的能力，有效地促进知识溢出。产业间的交互学习以认知邻近为前提，具有共同知识基础的企业更容易交流，交易成本低，创新成本低。区域视角下，路径依赖的可能原因有三：一是技术锁定，地方资产投入和基础设施的建设都存在沉没成本，这种投资是不可逆的；二是集聚经济，本地产业集聚降低边际生产成本带动集聚经济，同产业内上下游的相关产品带动范围经济，共享劳动力池、市场规模、投入-产出网络关系、供应商和相关服务带来城市化经济；三是制度依赖性，正式和非正式制度随时间变化比较慢，具有路径依赖特征。

　　大量研究通过技术关联表征认知邻近，证实认知邻近在区域产业演化过程中的重要性。从国家尺度来看，瑞典（Neffke et al.，2011）、中国（贺灿飞等，2016）、美国（Essletzbichler，2015）等国家的区域产业演化都遵循路径依赖效应，即与区域生产能力有紧密技术关联的新产业，更可能进入该区域。贺灿飞等（2016）通过产品空间图展示了中国出口产品的演化路径。产品空间图可以清晰地显示一个国家各种产品的竞争力状况和优势产品的出口演化过程。通过比较不同时段的产品空间，发现在中国具有比较优势的出口产品是从产品空间的外围向中心渐进式扩张，即距离已有优势产品越近，边际产品转化为新兴产品的概率越高，符合邻近原则。这说明中国整体出口情况会在一定程度上影响下一阶段出口的新产品。

　　从区域尺度来看，博什马等（Boschma et al.，2015）发现区域层面的技术关联比国家层面的技术关联对西班牙区域产业演化的影响更大，这说明技术能力跨区域流动并不容易。但不同区域的依赖程度可能有所不同，李诗韵等（2023）对中国31个省份的区域产业演化路径进行研究，发现湖南相比江西更倾向于依赖式发展。因为路径依赖强度还取决于产业特征和区域制度，如市场化程度、参与全球化程度等（Zhou et al.，2017），并且与区域现有产业关联性较弱的产业退出市场的概率也较大（He and Yang，2016）。此外，相同的结果还出现在城市尺度（Frenken et al.，2007；Guo and He，2017；He and Zhu，2019），出口产品演化均会受到产业关联显著影响，即产业在区域中具有比较优势的概率会随着区域内已有相关产业数量的增加而提高。

　　从企业尺度来看，以中国电子设备制造企业为研究对象，郭琪等（2020）对比了被选择出口的新产品、未被选择出口的潜在产品与企业已出口产品之间的关联程度，发现相较未被选择出口的产品，企业选择出口的新产品与企业生产结构的关联程度显著更高，由此可见，企业倾向于出口关联程度更高的产品。除了电子设备制造企业外，现有研究还进一步探索了中国整体企业内部知识溢出对企业出口的影响，发现关联产业间的知识溢出是企业产品多样化的动力来源，甚至可以改变企业多样化方向（贺灿飞等，2016）。原因有二：一是相关产品对企业资源和能力的需求相似，企业在转换产品时候所需承担的成本较小；二是相关产品间存在知识信息溢出，能提供企业发展新的相关产品所需的知识技术。因此与关联法则的预期一致，企业会倾向于发展相关产品，形成路径依赖。

三、区域创新与区域韧性

创新是区域可持续经济增长的根本驱动力。中国的创新空间格局并不均衡，沿海城市比内陆城市创新能力更强。创新能力可能与区域产业结构和产业关联有关。当前已有文献关注本地化经济和城市化经济对区域创新精神的作用。关联法则将城市化经济分解为来自相关产业和不相关产业两类，细化了集聚研究中知识溢出的来源（Alonso and Martín，2019）。郭琪等（2020）利用中国工业企业数据库，发现区域相关多样化的产业结构能够显著促进中国城市创新。一方面，相关产业之间的知识溢出使得企业家们更容易找到新的技术或市场；另一方面，企业专注于相关产业可以减少不确定性，降低风险。总之，区域相关多样化的产业结构有利于新创意和知识资源溢出，促进企业之间的技术追赶和产品升级，提高区域创新能力（贺灿飞、朱晟君，2020）。

韧性是经济主体抵抗危机、从危机中恢复、自我更新并重新定位的能力（Martin，2012）。经济全球化进程加速了全球范围内经济危机的传播，2008年的金融危机使中国出口总额大幅回落，严重影响了中国的出口贸易。在这一背景下，区域产业韧性对防范新的外部冲击和促进经济平稳发展均十分重要。贺灿飞和陈韬（2019）发现，由于组合效应的存在，相关多样化的产业结构为外部冲击提供了更密集的传导渠道，使其通过相关产业扩散，提高了直接或间接影响区域产业动态的概率，对区域经济韧性造成负面影响。因此，在短期内，相关多样化程度较高的区域内，一种产业的衰退会大范围地波及其他产业，放大外部冲击的影响，损害区域发展。不过在长期内，区域相关多样化的产业结构也可能提高区域产品恢复力，并且促进区域产品结构的升级进程（贺灿飞、朱晟君，2020）。

小　　结

在演化经济地理学框架中，理解路径依赖对于研究经济过程的空间性和经济景观的演变至关重要。它揭示了塑造地区经济发展轨迹的历史、社会和地理背景，强调偶然性、自我强化和锁定的重要作用，认为经济系统并不趋近于单一均衡状态，其演化依赖于系统过去的发展路径，即使产生新路径，也会受到已有路径的影响。路径创造的方式有两种：一是内生路径，即本地引入相关产业。产业关联是衡量新产业与本地旧产业认知距离的重要指标。很多能力在区域间难以流动，因此区域若要向新产品演化，也需要具备相关的生产能力，认知邻近是衡量相关程度的核心指标（郭琪、贺灿飞，2018）。发展中地区更容易拓展与本地产业距离较远的新产业，而欠发达地区倾向于引入与本地产业距离较近的新产业，发达地区两种情况都在发生。二是外生冲击，外生因素和环境变化不一定都是恶性的，它们有时候会创造出新的发展路径。当疫情、金融危机、技术革命、制度腐败等变化冲击整个经济体的时候，区域产业发展会面临各种各样的风险，但也会出现新的发展路径。例如，疫情期间由于劳动力的不足，刺激了大量机器人企业的涌现。总之，区域产业演化是一个从历史偶然、初始路径创造、路径依赖和锁定、路径解锁到路径突破的过程。

　　演化经济地理学还处于创立和探索阶段，研究内容广泛而分散，相互联系不紧密，没有形成统一的研究范式。演化经济地理学研究中没有实现多尺度交互作用和企业在演化框架中的嵌入性，从企业微观行为的切入点解释中观和宏观层面的空间经济结果，忽略了其他空间尺度的影响。同时，其过分强调企业作为经济变化的原动力，忽略了其他主体的作用，包括国家、劳动力、公民社会组织等，进而无法识别企业在更大网络中的定位，例如在全球生产网络的嵌入（MacKinnon *et al.*，2009）。实际上，企业和制度在多个尺度上强烈地相互作用，一方面，企业合作或区位决策离不开地方外部性、国家或国际规则和国际市场的作用；另一方面，制度本身也存在于多个尺度上。目前演化经济地理对多尺度交互作用在理论上有一些讨论，但是仍然缺乏实证研究手段和方法。

　　目前演化经济地理学的实证研究主要为案例研究和基于产品、企业、产业的定量研究，将来需要强化质性研究与定量模型研究的结合，为中国区域产业演化的路径依赖和路径创造提供系统深入的解释。具体需要在五个方面深入讨论：①企业和政府的能动性与战略性行为，企业有目的的行动（如创新行为、产品多元化、空间市场拓展和衍生过程等）是区域产业演化的微观机制，而中央政府和地方政府的政策制度会给企业与政府创造经济及政治激励；②不同行为主体的权力关系，包括企业与政府的权力关系，跨国公司与地方政府的权力关系，跨国公司与本地企业的权力关系等，这些权力关系对区域产业演化有重要影响；③内生和外生的区域制度，企业嵌入在区域社会文化制度中，其行为受到制度的规制，内生制度与企业惯例共同演化，外生制度对企业带来冲击；④行为主体与区域环境互动模式，区域环境包括市场环境、产业集聚、制度环境以及社会网络等；⑤来自不同地理尺度的资源、资本、知识与制度的互动关系及其对区域产业演化的影响。

参 考 文 献

[1] Alonso, J. A., V. Martín, 2019. Product Relatedness and Economic Diversification at the Regional Level in Two Emerging Economies: Mexico and Brazil. *Regional Studies*, Vol. 53, No. 12, pp. 1710-1722.

[2] Arthur, W. B., 1988. Self-Reinforcing Mechanisms in Economics. *The Economy as an Evolving Complex System*. CRC Press, pp. 9-31.

[3] Boschma, R., 2005. Proximity and Innovation: A Critical Assessment. *Regional Studies*, Vol. 39, No. 1, pp. 61-74.

[4] Boschma, R., G. Capone, 2015. Institutions and Diversification: Related Versus Unrelated Diversification in a Varieties of Capitalism Framework. *Research Policy*, Vol. 44, No. 10, pp. 1902-1914.

[5] Boschma, R., K. Frenken, 2003. Evolutionary Economics and Industry Location. *Review for Regional Research*, Vol. 23, pp. 183-200.

[6] Boschma, R., K. Frenken, 2011. The Emerging Empirics of Evolutionary Economic Geography. *Journal of Economic Geography*, Vol. 11, No. 2, pp. 295-307.

[7] Boschma, R., K. Frenken, 2012. Technological Relatedness and Regional Branching. *Beyond Territory*. Routledge, pp. 78-95.

[8] Boschma, R., S. Iammarino, 2009. Related Variety, Trade Linkages, and Regional Growth in Italy. *Economic Geography*, Vol. 85, No. 3, pp. 289-311.

[9] Boschma, R., R. Martin, 2010. *The Handbook of Evolutionary Economic Geography*. Edward Elgar Publishing.

[10] Caragliu, A., P. Nijkamp, 2016. Space and Knowledge Spillovers in European Regions: The Impact of Different Forms of Proximity on Spatial Knowledge Diffusion. *Journal of Economic Geography*, Vol. 16, No. 3, pp. 749-774.

[11] David, P. A., 1985. Clio and the Economics of Qwerty. *The American Economic Review*, Vol. 75, No. 2, pp. 332-337.

[12] David, P. A., 1994. Why Are Institutions the "Carriers of History"? Path Dependence and the

Evolution of Conventions, Organizations and Institutions. *Structural Change and Economic Dynamics*, Vol. 5, No. 2, pp. 205-220.

[13] Essletzbichler, J., 2012. Evolutionary Economic Geographies1. *The Wiley‐Blackwell Companion to Economic Geography*. Wiley-Blackwell, pp. 183-198.

[14] Essletzbichler, J., 2015. The Top 1% in U.S. Metropolitan Areas. *Applied Geography*, Vol. 61, pp. 1-116.

[15] Frenken, K., R. A. Boschma, 2007. A Theoretical Framework for Evolutionary Economic Geography: Industrial Dynamics and Urban Growth as a Branching Process. *Journal of Economic Geography*, Vol. 7, No. 5, pp. 635-649.

[16] Frenken, K., F. Van Oort, T. Verburg, 2007. Related Variety, Unrelated Variety and Regional Economic Growth. *Regional Studies*, Vol. 41, No. 5, pp. 685-697.

[17] Garud, R., P. Karnøe, 2001. Path Creation as a Process of Mindful Deviation. *Path Dependence and Creation*. Lawrence Erlbaun Associates.

[18] Gould, S., N. Eldredge, 1977. Punctuated Equilibria: The Tempo and Mode of Evolution Reconsidered. *Paleobiology*, Vol. 3, No. 2, pp. 115-151.

[19] Guo, Q., C. He, 2017. Production Space and Regional Industrial Evolution in China. *GeoJournal*, Vol. 82, pp. 379-396.

[20] He, C., R. Yang, 2016. Determinants of Firm Failure: Empirical Evidence from China. *Growth and Change*, Vol. 47, No. 1, pp. 72-92.

[21] He, C., S. Zhu, 2019. *Evolutionary Economic Geography in China*. Springer.

[22] Hidalgo, C. A., B. Klinger, A.-L. Barabási *et al.*, 2007. The Product Space Conditions the Development of Nations. *Science*, Vol. 317, No. 5837, pp. 482-487.

[23] Krugman, P., 1991. Increasing Returns and Economic Geography. *Journal of Political Economy*, Vol. 99, No. 3, pp. 483-499.

[24] Lambooy, J. G., R. A. Boschma, 2001. Evolutionary Economics and Regional Policy. *The Annals of Regional Science*, Vol. 35, No. 1, pp. 113-131.

[25] Lester, F. K., 2005. On the Theoretical, Conceptual, and Philosophical Foundations for Research in Mathematics Education. *ZDM*, Vol. 37, No. 6, pp. 457-467.

[26] MacKinnon, D., A. Cumbers, A. Pike *et al.*, 2009. Evolution in Economic Geography: Institutions, Political Economy, and Adaptation. *Economic Geography*, Vol. 85, No. 2, pp. 129-150.

[27] Martin, R., 2012. Regional Economic Resilience, Hysteresis and Recessionary Shocks. *Journal of Economic Geography*, Vol. 12, No. 1, pp. 1-32.

[28] Martin, R., P. Sunley, 2006. Path Dependence and Regional Economic Evolution. *Journal of Economic Geography*, Vol. 6, No. 4, pp. 395-437.

[29] Menger, C., 1883. *Untersuchungen über die Methode der Socialwissenschaften, und der Politischen Oekonomie insbesondere*. Duncker & Humblot.

[30] Neffke, F., M. Henning, R. Boschma, 2011. How Do Regions Diversify over Time? Industry

Relatedness and the Development of New Growth Paths in Regions. *Economic Geography*, Vol. 87, No. 3, pp. 237-265.

[31] North, D. C., 1990. A Transaction Cost Theory of Politics. *Journal of Theoretical Politics*, Vol. 2, No. 4, pp. 355-367.

[32] Porter, M., 2003. The Economic Performance of Regions. *Regional Studies*, Vol. 37, No. 6-7, pp. 549-578.

[33] Puffert, D. J., 2002. Path Dependence in Spatial Networks: The Standardization of Railway Track Gauge. *Explorations in Economic History*, Vol. 39, No. 3, pp. 282-314.

[34] Setterfield, M., 1993. A Model of Institutional Hysteresis. *Journal of Economic Issues*, Vol. 27, No. 3, pp. 755-774.

[35] Veblen, T., 1898. Why is Economics not an Evolutionary Science? *The Quarterly Journal of Economics*, Vol. 12, No. 4, pp. 373-397.

[36] Walker, R., M. Storper, 1989. *The Capitalist Imperative: Territory, Technology and Industrial Growth*. Basil Blackwell.

[37] Zhou, Y., C. He, S. Zhu, 2017. Does Creative Destruction Work for Chinese Regions? *Growth and Change*, Vol. 48, No. 3, pp. 274-296.

[38] 郭琪、贺灿飞：“演化经济地理视角下的技术关联研究进展”，《地理科学进展》，2018年第2期，第229—238页。

[39] 郭琪、周沂、贺灿飞：“出口集聚、企业相关生产能力与企业出口扩展”，《中国工业经济》，2020年第5期，第137—155页。

[40] 贺灿飞：“区域产业发展演化：路径依赖还是路径创造？”，《地理研究》，2018年第7期，第1253—1267页。

[41] 贺灿飞、陈韬：“外部需求冲击、相关多样化与出口韧性”，《中国工业经济》，2019年第7期，第61—80页。

[42] 贺灿飞、董瑶、周沂：“中国对外贸易产品空间路径演化”，《地理学报》，2016年第6期，第970—983页。

[43] 贺灿飞、盛涵天：“区域经济韧性：研究综述与展望”，《人文地理》，2023年第1期，第1—10页。

[44] 贺灿飞、朱晟君：“中国产业发展与布局的关联法则”，《地理学报》，2020年第12期，第2684—2698页。

[45] 李诗韵、李文韬、贺灿飞：“中国省区出口产品空间网络结构演化”，《地理研究》，2023年第4期，第977—992页。

[46] 王茂军、杨雪春：“四川省制造产业关联网络的结构特征分析”，《地理学报》，2011年第2期，第212—222页。

[47] 尹贻梅、刘志高、刘卫东：“路径依赖理论及其地方经济发展隐喻”，《地理研究》，2012年第5期，第782—791页。

第五章　路径突破与路径创造

产业发展是推动区域经济发展的动力源泉，只有产业不断地演替才能推动区域经济增长和竞争力的提升，促进区域产业结构调整与转型升级，形成区域经济发展新的增长路径及新引擎（Boschma and Martin，2010；Tanner，2014；贺灿飞等，2016；贺灿飞、黎明，2016）。从长远来看，新产业的形成有利于抵消旧产业衰落所带来的消极影响，不断培育和发展新兴产业有助于推动区域实现可持续发展（刘志高、张薇，2018）。关于区域产业路径发展的讨论一直是演化经济地理学关注的重点。

学者关于产业路径创造的讨论主要从以下三个视角展开：①认为路径创造是纯粹的随机过程。阿瑟的路径依赖模型强调历史偶然性，即企业随机区位决策决定了产业区位；②区位机会窗口理论认为，基于新技术的新产业具有大量符合其发展要求的区位可供选择，具有一定的区位自由选择权，即所谓的区位机会窗口（Walker and Storper，1989）。新企业可以选择他们满意的任何地方，而这种选择受到偶然性事件的影响（Boschma and Frenken，2003）。③有针对性的战略性行动能够创造新路径（David，1994；Puffert，2002）。这种战略性行动可能源于企业家和地方政府的决策者（Garud and Karnøe，2001，2003）。区域产业发展的路径创造有多种方式，如通过本地创造培育完全新技术和新产业；提升产业、技术与组织的异质性和多元性，促进创新和经济重组；从区域外部引进新产业和新技术，创造区域路径；基于核心技术的相关产业多元化；引入新技术、新产品和服务，升级现有产业等（Lester，2005）。

演化经济地理学基于认知邻近性开展了区域产业发展的路径依赖探讨。传统集聚经济研究认为，企业的地理邻近性有利于知识溢出，尤其是非编码和不易模仿的隐性知识的扩散及溢出（Gertler，2003）。隐性知识的溢出需要通过面对面的学习实现，因此地理邻近更有利于此类知识的溢出。然而，地理邻近性不是知识溢出的充分必要条件，产业间的认知距离直接影响知识的溢出效应（Lambooy and Boschma，2001；He and Zhu，2018）。不同产业间存在认知距离，认知距离太远不利于进行有效沟通，认知距离太近则容易产生路径锁定，只有认知距离处于合适范围才能促进产业间的学习和知识溢出。因此，技术关联性强的产业之间才会发生知识溢出，属于不同产业但却存在技术关联的本地企业之间更容易从知识溢出中获益（Boschma，2005；Boschma and Frenken，2011）。技术关联是研究认知邻近的重要概念，技术关联仅发生在具有某些相似知识背景的行业之间。

因此，基于认知邻近性、路径依赖与路径锁定理论，演化经济地理学最初针对产业发展路径提出了经典的四阶段模型（David，1985，1994，2007；Arthur，1988，1989，1994）。但最初的经典路径依赖模型过于强调稳定性、持续性和不可避免的锁定，与现实世界中的路径动态变化并不相符。同时，经典模型过于强调产业发展的内生性过程，对非企业主体和外界联系研究较少（Martin，2010，2012；Neffke *et al.*，2014；Binz *et al.*，2016；Zhu *et al.*，2017；Chaminade *et al.*，2021）。后来，在经典四阶段模型的基础上，马丁和森利（Martin and Sunley，2006）提出了路径进程模型（path-as-process），西姆（Simmie，2012）提出了混合社会技术模型（hybrid socio-economic theory），斯特兰巴赫（Strambach，2010）提出了路径可塑性（path plasticity），突破了路径锁定和均衡的限制，将路径创造看作一个开放的、不断演化发展的过程。但这些模型仍然多从发达地区产业分化视角进行分析，对欠发达地区讨论较少，认为新产业出现的路径主要是基于过去产业进行延伸（extension）、多样化（diversification）和分化（branching）的过程，是一种内生的自循环模型（Frenken *et al.*，2007；Karlsen *et al.*，2011；Isaksen，2014；Isaksen and Trippl，2014），由大量相关产业中创新企业、科技人才、雄厚的知识基础、相关组织的支持、不停歇的多样化活动、企业家精神和区域知识圈子所共同决定。

然而，按照这个理论，对于欠发达地区而言，就不可能实现路径创造。它们往往处于产业发展的边缘，没有雄厚的创新科研基础，创新环境较差，产业基础薄弱，产业结构原始，缺乏相关组织人才，难以依靠自身知识重组与循环累积实现产业发展（Tödtling and Trippl，2005；Virkkala，2007）。但现实中，有些欠发达地区非但没有陷入过去低端产业锁定，反而通过创造新产业实现了经济发展，展示出与发达地区不同的路径特征。这说明除了路径分化和路径多样化，仍然有多种其他路径模式有待发现。例如，中国路径突破型新产业占新产业比重较高的城市主要集中在长三角、珠三角、京津冀地区以及山东、四川、重庆等极少数核心城市，之后逐渐拓展到长三角、珠三角的外围城市，而中西部地区路径突破型新产业占比则较少。

相关研究认为，区域倾向于发展与已有产业关联性更强的新产业，而较难扎根于与已有产业关联性较弱的新产业（Neffke *et al.*，2011；Balland *et al.*，2013；He *et al.*，2015；Rigby，2015；Martin and Sunley，2022）。区域要实现不相关多样化，突破关联法则和路径锁定，实现路径创造，完成跨越式发展，则需要付出关联性以外的努力，包括发挥相关主体的主观能动性，导入外部资源，政府介入发挥政策引导作用，组合不同知识基础增强区域创新能力等（Zhu and Li，2017；Trippl *et al.*，2018；贺灿飞，2018）。

第一节 促进路径突破的因素

如何突破路径依赖效应，实现路径突破，创造新产业路径，成为当前演化经济地理学者关注的重点问题。对外联系、制度环境、行为主体参与等多种因素均被发现有利于削弱对当前产业关联的依赖，促进区域创造新的产业发展路径（Zhu and Li，2017；贺灿飞，2018；周沂、贺灿飞，2019；Njøs *et al.*，2020；He *et al.*，2021；Zhu *et al.*，2021；郑江淮、冉征，2021）。外部联系可以为区域输入本地欠缺的知识、人才、资本、技术，而不同的行为主体也在产业发展中扮演了极其重要的角色（Garud and Karnøe，2003；Garud *et al.*，2010）。产品关联推动了路径依赖式演化发展，而包括外商直接投资等在内的外部联系、包括政府等在内的行为主体主观能动性则推动了突破性的新产业路径创造（贺灿飞，2018）。不同地区结合利用本地资源与非本地资源，调动转化吸收资源，进入市场，协调相关主体的能力不同。在不同的制度环境下，关键行动者可以利用区域内外部资产，构建市场需求，协调选择不同的路径创造机制，实现跨越式发展（图5-1）。

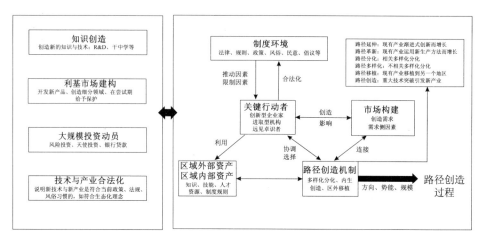

图 5-1 区域产业路径创造条件

一、外部联系与路径突破

区域并非封闭存在，而是通过多种方式与外部空间建立了链接，这种链接通过多种形式体现，包括人才流动、专利合作、学术期刊合作、研发合作、国际贸易、产业链上下游协作等（Martin and Sunley，2006；Dawley *et al*.，2015）。通过跨区域的链接，本地可以获取当前所不具备的知识、技术、资本等外部资源，与本地资源进行重组融合从而促进区域打破路径锁定，实现路径突破（Binz *et al*.，2016；Grillitsch and Trippl，2016；Zhu and Li，2017）。而沟通全球与地方的外部链接对于发展中国家或地区而言更加关键，将成为发展中国家或地区进行跨越式发展的跳板。麦金农等（MacKinnon *et al*.，2019）试图将全球生产网络（GPN）的耦合理论引入演化经济地理学，帮助理解区域产业路径创造。全球生产网络理论主要研究资本竞争动态、企业战略以及与区域发展的关系（Yeung and Coe，2015），虽然并没有直接研究区域新产业发展，但最近也开始试图将演化思想纳入体系。产品空间理论认为，区域多样化发展出新产品的概率取决于邻近性，即该区域已有产品的结构决定的新产品所需的技术、资本、制度、和技能。企业会从区域外探索不相关知识，来促进本地新产品的发展。全球创新网络研究认为最高级的知识、研究能力和创新能力集中在世界上的少数区域，而这种知识和能力可以通过研究人员的集合与流动进行传播（Isaksen，2014；He *et al*.，2022）。

所以，路径发展可以源于本地的知识、技术、组织创新，也可以由对外直接投资、区域外投资、分公司、人才流动带来（Neffke *et al*.，2011）。非本地的企业家、公司、组织会为本地带来新的资源、技术、知识，促进本地新产业发展（Neffke and Henning，2013）。邻近地区的网络链接可以促进本地产业发展。邻近地区从事某个行业的专业化生产，会提高该地区发展该行业的概率，而美国邻近州之间的出口结构相似性是由高度的社会连通性导致的（Boschma *et al*.，2013；Boschma *et al*.，2017）。但区域对外来知识、技能的吸收利用能力并不相同。与本地产业技术关联度更高，或认知邻近性更强的知识更容易为本地所用（Boschma，2009）。区域外来投资、人才流动、分公司设立往往会有目的性或战略安排，可能被当地特有资源、廉价劳动力、高技能劳动力、政府优惠政策吸引，也可能出于政府开发战略指引、企业战略投资等（Isaksen and Trippl，2014）。外来资源对于本地来说是一种机遇，而非本地关联与资源也为欠发达地区提供了赶超的机遇。

核心区具有优越的资本、人才、创新条件，可以更多地通过内生因素进行新产业发展。而边缘区产业发展条件相对欠缺，但可以通过与发达地区的人才、资金、企业分公司等链接获得溢出。欠发达地区新产业发展不仅取决于本地的知识多样性，也取决于外部知识多样性。产业发展不仅由内生动力决定，也受益于多种外生因素。外来创新企业或知识的涌入、新的组织、剧烈的技术变革，都是促使区域新产业路径产生的因素（Martin and Sunley，2006；Mayer，2013）。但是不同区域对非本地因素的需求不同，它们对非本地资源和知识的吸收运用能力也有差异（Isaksen and Trippl，2017）。学识丰富的主体，在多尺度的制度环境下，能够通过将本地或非本地的资源与路径创造机制和市场耦合来进行路径创造（MacKinnon *et al*.，2019）。同时，除了依赖本地企业主体，机会窗口期也为政府政策介入干预提供了时机（Grillitsch *et al*.，2018；Trippl *et al*.，2018）。拉根迪克和洛伦岑（Lagendijk and Lorentzen，2007）认为相比于培育本地和区域知识网络，政策应当更加侧重促进本地企业家精神并从全球知识网络中进行学习，对于欠发达地区而言，来自外界的非本地知识更为重要。可以通过政策强化区域潜在产业，打造优惠条件，吸引创新企业和跨国公司，引入高科技人才，建设科研院所，帮助区域经济发展（Tödtling and Trippl，2005）。

二、行为主体与路径突破

演化经济地理学最初主要关注企业主导的产业创造过程，包括知识密集型企业和网络对纯粹市场层面的分化与选择过程的微观搜寻及决策（MacKinnon et al.，2019）。这种视角将过往研究限制于对发达地区、企业网络深厚区域的探索，同时限制了对路径创造类型的研究，更多地针对路径多样化和路径分化（Morgan，2013）。但即使在发达区域，最成功的路径创造过程也不仅涉及企业分化，还有其他主体的影响（Cooke，2010）。对于缺乏强有力的市场主导和完备系统的欠发达地区，其他行为主体的介入对于新产业的萌芽更为重要（Boschma and Martin，2010；He et al.，2022）。综合来看，对路径发展产生的影响来自复杂的行为主体，他们有着不同的需求和愿景，采取不同的行动，综合起来对产业演化产生影响（Sotarauta et al.，2017；Doloreux and Turkina，2021）。行为主体需要依赖其嵌入的社会网络来协调行动及获取资源（Battilana，2006）。已有产业的参与者可能会成为新产业进入的阻力，与之抢夺生存资源，但也可能会成为助推力，主动引入新技术、新产业（Steen and Weaver，2017）。

近年来，学者注意到行为主体也分本地行为主体与外地行为主体。与外界的链接令本地的产业发展路径可以获益于外界的资源，其中就包括非本地的行为主体（Binz et al.，2016）。非本地行为主体可以为本地带来区域所没有的发展资源。但非本地主体的行为并不一定与本地利益一致（Hambleton，2019）。所以，非本地主体的行为对本地而言既是一种机遇又是一种挑战，其作用可能随着路径发展而转变。但目前针对非本地主体的研究相对较少。常见的非本地行为主体主要包括企业、企业家、大学、研究机构、政府等（Simmie，2012；Steen，2016；Hu and Hassink，2017；Trippl et al.，2020；Trippl et al.，2020）。

1. 企业与企业家

演化经济地理学最初多从微观视角研究企业内生路径依赖过程。企业过去的惯例、决策、发展路径解释了企业不同的行为（Nelson and Winter，1982）。演化经济地理学试图理解惯例在时间发展中的空间分布变化（Boschma and Frenken，2006）。不同于新古典经济学中将利润最大化作为准则，演化经济地理学认为现实中企业家是有限理性的经济人，且并不具备新古典经济学中赋予他们的认知能力和计算能力（Nelson and Winter，1982），他们的决策是有限理性的，并且受到有限信息和时间的约束（Simon，1979），受到其过去的决策、经历、发展路径的影响。作为经济活动的重要主体，企业在新产业路径发展中扮演了至关重要的角色。企业基于过去的知识、技能可以发展出路径延伸、路径升级、路径多样化。路径创造和路径移植也主要通过企业主体进行（Martin and Sunley，2006；Cooke，2010；Neffke and Henning，2013）。

企业家本身会有意识地或战略性地进行技术、管理、产品创新，从现有路径进行发展延伸，实现路径创造（Garud and Karnøe，2001）。企业家精神会显著地促进技术创新、地方联合研究与开发（R&D）投入，引入新的生产方式，开辟新的市场，推动创造性破坏，促进新产业的出现（庄子银，2005，2007；李新春等，2006；李宏彬等，2009）。企业家不断的内生和创新活动是推动经济发展的重要动力，而企业行为、企业异质性、企业在生态位中的位置会影响企业的行为和发展。例如，中等程度的企业会选择模仿上层企业选择审计企业，底层企业反而并不会特意去追随顶层企业（Han，1994）。模仿性同构与竞争性排他行为（Barnett *et al.*，2021）也是企业行为的重点研究内容。企业家特性令后发企业通过产品创新、管理创新、经营创新来优化生态位，通过机会窗口和战略目标来驱动企业实践。作为最主要的微观经济主体，企业行为深刻影响了新产业路径的出现（Hu and Hassink，2017；Grillitsch and Sotarauta，2020）。

2. 大学与研究机构

大学与研究机构是知识型主体，多从事知识、技术的创新，很多新兴产业都源于大学实验室或科研院所的创新发明，通过研究结果商业化产生，由研究推动，是学术研究的衍生（Ndonzuau *et al.*，2002），很多高新科技企业与大学研究机构之间有着长期合作关系（Karlsen *et al.*，2011），如生物医药、电子信息、新能源等（Zucker *et al.*，2000；Audretsch，2001；Audretsch and Feldman，2004；Tanner，2014）。对于基于大学与研究机构的初创或衍生企业而言，在不同企业的不同发展阶段，从初创到发展，大学与研究机构扮演了不同的角色。与学校科研院所合作密切，获得支持的企业大多起源于学校的研究项目，将其所研究的知识、技能直接应用于它们的初始核心科技中。而未直接与学校科研院所合作的企业也会从同一区域的学校获得知识溢出、高技术人才输出（Bathelt *et al.*，2010；Njøs *et al.*，2020)。

　　所以，大学与研究机构在本地的创新网络中扮演了极其重要的角色，知识型创新极大地依赖大学与研究机构。大学更多地进行基础性研究，企业则更有针对性地对某个行业进行应用型研究。基础性研究能够促进创新的多样化，带来比应用型研究更多的正外部性。大学研究不同于企业，研究成本更低，允许研究者自由制订研究计划，允许研究者利用学术自由与其他同行开放交流。企业、大学、研究机构可以共同组成产学研合作机构，大学和研究机构向企业输送知识、设备、人才等，企业则向大学与研究机构提供资金、信息、设备、经验等，共同促进知识吸收、技术应用、成果转化、市场对接。大学与研究机构之间可以进行知识、技术、人才交流，完成知识生产传播、技术创造、人才培养过程（图 5-2）。创新是一个多步骤的过程，从基础研究起步，进入更实用的阶段并推出市场化的新产品。大学是学术自由和开放精神的守护者，对保证基础研究必不可少（Aghion *et al.*，2021；Jolly and Hansen，2022)，所以，其对需要彻底剧烈的知识技术变革的路径创造影响最为显著。考虑到大学在创新网络中的重要作用，是知识溢出、人才输送的重要枢纽，其对其他类型的路径萌芽也有隐形的推动作用。

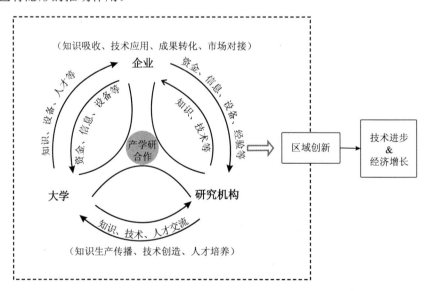

图 5-2　产学研合作与区域创新

资料来源：庄毓敏、储青青（2021）。

3. 政府

因为政体、制度、意识形态、文化等的差异，政府及政策在区域产业萌芽中扮演的角色不尽相同。在西方发达国家，市场这个"看不见的手"扮演了更为重要的角色，但在市场失灵情况下，政府的介入同样关键。而在东方，尤其在中国，政府的力量对产业发展尤为关键。在演化视角下，因为区域具有不同的制度、文化、环境历史，不同的区域需要不同的政策来适应（Boschma，2009）。对于欠发达地区，很重要的一种新产业路径发展方式就是通过政府力量引入外部资源（Sánchez，1992）。过去对于政策支持下路径创造的研究较少（Morgan，2013），很多政策工具被用于推动区域经济发展，比如提供补贴及税收优惠，提高地方创新能力，引入人才与资金，这也是区域实现路径创造的一种重要方式（He and Wang，2012；Isaksen，2014；Isaksen and Trippl，2014；金璐璐等，2017；徐梦冉等，2020）。这种政策支持在产业发展早期尤为重要，可以帮助企业发现利基市场，为新技术发展提供新的机会与比较优势，保护新生产业度过早期的动荡（Dawley，2014；周亚虹等，2015；韩永辉等，2017；王克敏等，2017；Steen and Hansen，2018）。同时，政府的权威性与稳定性为产业发展提供了正面的预期，降低了产业发展的不确定性，促进了外来资源的进入（Steen，2016）。但同时，未能实现的预期也会成为对新兴产业的极大打击（Borup *et al.*，2006），而且产业发展并不仅仅需要企业的参与，同样需要相关政策的更新，及时协同演化的政策对于产业发展来说同样至关重要（He *et al.*，2019；Trippl *et al.*，2019）。

设计区域创新战略的能力和权利是政府与政策的关键体现。过去政策实践和政策路径依赖也会是新的创新政策行为的阻碍，而政府的政策制定能力、政策转型能力、资源组合能力均会显著影响区域产业发展（Aranguren *et al.*，2019）。伊萨克森和特里普尔（Isaksen and Trippl，2017）认为主要有三种类型政策影响到区域产业发展：①横向政策（包括研发投入、规章制度、市场、基础设施）和基于部门的选择性的纵向政策，影响新产业发展的步伐和方向；②本地和区域发展倡议（主要包括区域创新系统政策），影响区域企业和知识组织的吸收利用能力，经常与区域创新系统文献展开对话；③吸引非本地的企业、组织和投资的政策，帮助本地满足外地投资者需求，经常与全球生产网络相联系。政策可以分为拼贴型政策和突破性政策。前者针对大量行为主体，主要促进技术渐进式创新，协调各方势力，将破碎化的市场组合起来；后者针对少量主体，将资源集中于少量企业和非企业，促进突破式的技术创新。因此，政府政策对多种产业路径萌芽均会产生影响（Garud and Karnøe，2003）。

三、制度环境

制度环境包括正式制度与非正式制度。在路径创造过程中，制度演化和变迁是其中的一个重要环节（Gertler，2003；He *et al.*，2008；He *et al.*，2016）。早期的演化经济地理学对制度环境的关注不够，近年来诸多研究已经发现了这个问题并对此展开了进一步的分析（He *et al.*，2016；Coenen *et al.*，2017；Trippl *et al.*，2018；He and Zhang，2021）。制度环境分析是演化经济地理学最新强调的研究方向，也是未来的研究重点，学者试图从制度经济、政治经济、社会学获得启发。制度理论认为，任何制度都有三大支柱：法规、规范和文化认同。法规合法性指组织遵守规则制定、监督和制裁；规范合法性指组织在社会环境中需要遵守的社会规范和价值观；文化认同正当性指组织在多大程度上被社会成员所了解和认可（Scott，1995）。文化通常被定义为将一个群体与另一个群体区分开的思维的集体编制，并在群体内代代相传的信仰和价值观（Guiso *et al.*，2006）。

产业同样是一种制度。制度理论有利于帮助我们理解市场行为、消费者选择与偏好、消费者信任、企业战略、跨组织动态等诸多行为。同样，制度理论有利于从社会进程角度理解市场创立。市场是消费者和生产者之间就交换结构达成共识，即达成某种对交易的制度化的共同理解（Weber *et al.*，2008；毛蕴诗等，2009）。这种共识是如何达成的，又会如何演变，不同的行为主体在这个过程中扮演了什么样的角色，是制度研究的重点。而社会学对制度的研究，也能够为我们带来一定的启发。在制度演化过程中同样涉及很多社会和文化问题。

规范和规章是新市场建立的重要组成部分，因为它们与消费者的偏好及接受意愿紧密相连（Schneiberg and Bartley，2001；Guo *et al.*，2016），而社会文化因素则会影响产品类别。罗莎和斯科特（Rosa and Scott，1999）从文化认知角度研究了小货车类别演化过程，以揭露社会结构稳定性对产品结构及市场发展的影响。张三保和张志学（2012）通过微观数据发现区域正式制度与非正式制度，包括信任、政府干预、所有权、地方保护、司法公正等，均会影响企业绩效。同样，新产业进入新的区域并不一定都是无阻力的。过去研究很少涉及有阻力的市场、市场的阻碍作用以及影响旧市场接受新产品的因素，例如，西方企业进入中国市场需要理解中国市场不同的规章、规范、文化结构（Kotler，1986）。而一个完全新创的产业，也要面临区域文化的接纳程度。例如，赌场在美国经历了一个复杂的合理化、正当化过程。监管者、政策制定者、投资者多方参与，赌场管理人员协调各方势力，在赌场合法化、正当化过程中发挥了至关重要的作用。目前正当化研究、社会网络研究、区域创新系统研究均涉及对制度与产业发展的研究。

第二节　路径创造模式

在外部链接、行为主体介入、制度环境协同等作用下，区域可以突破路径依赖效应，实现产业突破式发展。而路径创造基于不同的发展驱动力和创新形式，学者对多种路径模式进行了探讨（Tödtling and Trippl，2012；Isaksen，2014；Isaksen and Trippl，2014）。博什马等（Boschma *et al.*，2017）根据其分化出的产品是否与本地知识基础、经验相关联，将路径多样化分成了四类。马丁和森利（Martin and Sunley，2006）认为新产业路径发展的主要来源有内生创造、分异和多样性、外部移植、相关多样化、现有产业升级等途径。伊萨克森和特里普尔（Isaksen and Trippl，2017）基于应用的知识将新产业路径分为分析型路径和综合型路径两种类型。分析型路径多基于编码知识，由对科学原理和自然系统的发现及应用而实现，源自企业和大学研究机构的科研结果；而综合型路径依赖对现有知识的重新组合与应用，多为缄默知识。马丁（Martin，2010）将路径发展过程分成了路径创造阶段和接续的路径发展阶段。路径创造阶段主要发生本地主体之间的实践与竞争，而路径发展阶段主要是后续的收益递增和网络外溢。

一、基于路径模式的产业路径创造分类

近年来,研究者们进一步分析(Grillitsch and Trippl,2016;Isaksen and Trippl,2017),将路径发展模式细化为路径延伸(path extension)、路径升级(path upgrading)、路径分化(path branching)、路径多样化(path diversification)、路径移植(path transplantation)、路径创造(狭义,path creation)。各类路径模式的定义如表 5-1 所示。

表 5-1 新产业路径模式

模式	定义
路径延伸	基于渐进式创新,沿着既有技术路径对现有产业的延续
路径升级	路径内部的变化,如现有区域产业路径转向一个新的方向,可细分为路径革新、利基市场拓展、全球价值链攀升
路径分化	基于本地现有的知识、技能进行相关多样化
路径多样化	对不相关知识进行组合,进行不相关多样化
路径移植	将既有产业引入新的区域,并且与区域现有产业不相关
路径创造(狭义)	基于全新的技术、科学发展、新的商业模式、使用者推动的创新或社会变革而发展的全新产业

资料来源:基于 Grillitsch *et al.*(2018)、Grillitsch and Trippl(2016)、Isaksen and Trippl(2017)整理而成。

(1)路径延伸指企业渐进式创新,产业结构基于现有知识持续变化。因为对新知识的获取或利用有限,这种模式限制了区域产业可能的创新,可能导致区域发展停滞或倒退。

(2)路径升级指的是路径内部的变化,如现有区域产业路径转向一个新的方向,可以更加细分为三个类别:①可以指新的技术或者组织变化扩散导致的过程;②可以指区域产业在全球生产网络中的位置提升,这个过程可能基于高级功能的提升、更加专业化的技能等(MacKinnon,2012);③可以指一个成熟的产业发现了新的商机,尤其是对知识的重新组合(niche development)。

(3)路径分化指的是基于现有产业能力发展出新的产业路径。这种路径可能有多种源头,一种重要的机制就是在位企业分化进入相关领域,对当期现有

资产进行重组。分化也可以是基于现有产业发展新的企业，在位企业设立分公司是路径分化的重要途径。

（4）路径多样化指的是在微观层面发展，企业通过将其现有知识与新的不相关的知识进行重组而发展新的产业，为不相关多样化过程。

（5）路径移植指将一个已经确立的产业引入一个新的区域，新进入产业与这个区域之前的产业并没有关联。这个过程可能源于一个新的非本地企业的到来，具有本地不可获得的新技能的人才的涌入，或者远距离的创新伙伴的加入。非本地企业的投资往往是产业移植的一种重要路径，尤其是如果这些企业具有高附加值的功能并且通过与本地行动者关联而嵌入本地。移植的产业的发展主要基于在其他地区的技术和惯例，移植过程涉及外来行为主体的参与，这些个体主要目的是寻求新的资产（原始材料、高技能或廉价劳动力）或者新市场（He and Zhang，2021）。

（6）路径创造是最彻底的革新，最剧烈的变革，完全基于新的技术、组织和知识的新产业。但是现有研究认为，不应该过分强调历史偶然性和意外对路径创造的重要性，因为路径创造的出现也是基于现有结构和技术、产业、组织的语境（Martin and Simmie，2008）。路径创造深深根植于本地的资产、资源、能力之中，如优异的科研基础、优越的制度条件、雄厚的资金支撑等（Martin and Sunley，2006）。新的高技术、知识密集型产业的出现往往依赖于新公司或分公司的建立（Bathelt *et al.*，2010），而现有企业、大学、研究机构、人才、企业家、外来企业都是新产业路径发展的重要参与者（Neffke *et al.*，2014；Tanner，2014；Grillitsch *et al.*，2018；Trippl *et al.*，2018）。

二、基于复杂度的产业路径创造分类

学者也从经济复杂度入手，研究其与经济增长的关系。经济发展水平越高的地区往往具有更高的经济复杂性，并出口技术复杂度较高的产品（Ferrarini and Scaramozzino，2016；Ivanova *et al.*，2017；贺灿飞等，2021；任卓然等，2021）。后发国家可以按产业技术复杂度的排序发展新产业，即先发展技术复杂度较低的产业，再逐步发展技术复杂度更高的产业（Hidalgo and Hausmann，2009）。高技术复杂度的产业需要更多的研发投入、合作协调并具有更高的空间集聚，而只有技术复杂度更高的产业才更有利于城市经济增长（Felipe *et al.*，2012）。因此，基于技术关联性与技术复杂度，学者将产业路径分为四类，分别为路径依赖且高技术复杂性新产业（DA 型新产业）、路径依赖且低技术复杂性新产业（DB 型新产业）、路径突破且高技术复杂性新产业（CA 型新产业）、路径突破且低技术复杂性新产业（CB 型新产业）（Balland *et al.*，2019；Balland and Boschma，2021；李伟、贺灿飞，2021）（图 5-3）。

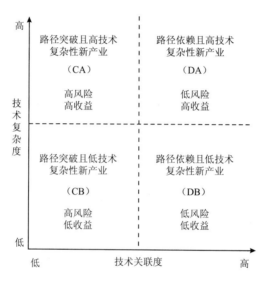

图 5-3　基于技术复杂度与技术关联度的产业路径
资料来源：李伟、贺灿飞（2021）。

　　这四类新产业成功的难易程度不同，并且面临不同的风险和收益。①DA 型新产业可以利用本地已有关联性知识，因而更容易获得成功。该产业技术复杂度高于其城市现有关联性产业，因而收益较大。②DB 型新产业可以利用本地已有关联性知识，因而更容易获得成功。但是新产业技术复杂度低于城市现有关联性产业，因而收益变小。③CA 型新产业无法利用城市现有知识，因而极有可能失败。但 CA 型新产业技术复杂度相对提高，一旦成功，收益较大。④CB 型新产业同样无法利用城市现有知识，因而也极有可能失败。同时，该类新产业技术复杂度相对降低，因而收益变低。巴兰德认为城市应该优先发展 DA 型新产业，因为其一方面可利用本地已有知识与技术，另一方面又具有更高技复杂度。

中国不同产业路径发展同样存在空间差异（李伟、贺灿飞，2021）。路径突破且技术复杂度提高的产业路径更多地集中于长三角和粤闽地区核心区、京津、山东半岛、辽东半岛以及中西部省会城市。对路径依赖且技术复杂度降低型产业分化而言，以上地区占比均较小，而占比较高地区主要位于中西部湖南、云南、四川与河南等省份。路径突破且技术复杂度降低的新产业更多地分布于发达城市。路径依赖且技术复杂度提高的产业空间分布相对分散，占比较高的城市零星分布于中西部地区及浙江、福建和东莞。特征最为突出与明显的是 CA 型产业创造和 DB 型产业分化，前者集中于发达地区，后者集中于落后地区。浙江、福建和东莞多在现有产业基础上发展技术复杂度更高的新产业。

新产业路径创造对区域经济发展至关重要。目前学者针对产业路径创造已经有了较为丰富的研究，但多仅针对同一种类型路径的发展阶段分析，但现实中路径之间存在相互作用和互相转换，产业在发展过程中可能从一种路径转成另一种路径，这是一个长时间的循环往复的发展过程。有研究发现挪威边缘欠发达地区产业基础较为薄弱，需要借助外来投资，来避免困于低端产业路径延伸（Flåten *et al.*，2015）。当地通过路径移植，引入了水电产业，打造了较为良好的产业基础，帮助当地实现了产业结构升级，之后区域又转向了路径多样化、路径分化发展。同样在产业发展过程中，其所处的产业结构、制度环境均会发生改变。区域可能先引入高关联度低复杂度发展经济，再向着高关联度高复杂度和低关联性高复杂度发展，也可能从高关联度低复杂度开始，向低关联度低复杂度、低关联度高复杂度发展（李伟、贺灿飞，2020；贺灿飞、李伟，2022）。不同区域可能有不同的起始点和发展轨迹，而区域产业创造路径也并非一成不变，学者针对产业路径创造的研究也在继续延伸。

小　　结

路径突破式产业发展为区域经济带来了新的增长动力，促进了区域可持续发展。为了克服路径依赖的影响，实现突破式发展，需要付出关联性以外的努力。在这个过程中，外部链接、制度环境和多重行为主体发挥了重要作用。外部链接为本地输入了欠缺的知识、技术、资本，对新产业萌芽至关重要。外部链接的方式包括外商直接投资、劳动力迁移、知识流动、合作研发项目等多种方式。制度环境包括法规、规范、文化认同。制度理论有利于帮助我们理解市场行为、消费者选择与偏好、消费者信任、企业战略、跨组织动态等诸多行为。而多重行为主体包括企业家、政府、大学、研究机构等。复杂的行为主体出于不同的动机和愿景，采取相应行动，综合对产业演化产生影响。

在外部链接、行为主体介入、制度环境协同等作用下，区域可以突破路径依赖效应，实现产业突破式发展。而路径创造基于不同的发展驱动力和创新形式。从不同的视角可以将路径创造分为多种模式，包括路径延伸、路径升级、路径分化、路径多样化、路径移植、路径创造（狭义），各类产业路径存在不同的界定方法。针对路径创造的研究仍在不断更新发展，对路径创造的起源与过程也在不断地有更加深刻的认知。

参 考 文 献

[1] Aghion, P., C. Antonin, S. Bunel, 2021. *The Power of Creative Destruction*. Harvard University Press.

[2] Aranguren, M. J., E. Magro, M. Navarro *et al*., 2019. Governance of the Territorial Entrepreneurial Discovery Process: Looking Under the Bonnet of RIS3. *Regional Studies*, Vol. 53, No. 4, pp. 451-461.

[3] Arthur, W. B., 1988. Self-Reinforcing Mechanisms in Economics. *The Economy as an Evolving Complex System*, Vol. 5, pp. 9-31.

[4] Arthur, W. B., 1989. Competing Technologies, Increasing Returns, and Lock-In by Historical Events. *The Economic Journal*, Vol. 99, No. 394, pp. 116-131.

[5] Arthur, W. B., 1994. *Increasing Returns and Path Dependence in the Economy*. University of Michigan Press.

[6] Audretsch, D. B., 2001. The Role of Small Firms in US Biotechnology Clusters. *Small Business Economics*, Vol. 17, pp. 3-15.

[7] Audretsch, D. B., M. P. Feldman, 2004. Knowledge Spillovers and the Geography of Innovation. *Handbook of Regional and Urban Economics*, Vol. 4, pp. 2713-2739.

[8] Balland, P. -A., R. Boschma, 2021. Complementary Interregional Linkages and Smart Specialisation: An Empirical Study on European Regions. *Regional Studies*, Vol. 55, No. 6, pp. 1059-1070.

[9] Balland, P. -A., R. Boschma, J. Crespo *et al*., 2019. Smart Specialization Policy in the European Union: Relatedness, Knowledge Complexity and Regional Diversification.

Regional Studies, Vol. 53, No. 9, pp. 1252-1268.

[10] Balland, P. -A., M. De Vaan, R. Boschma, 2013. The Dynamics of Interfirm Networks Along the Industry Life Cycle: The Case of the Global Video Game Industry, 1987-2007. *Journal of Economic Geography*, Vol. 13, No. 5, pp. 741-765.

[11] Barnett, W. P., X. Xiao, Y. Zhou, 2021. Competitive Exclusion Versus Mimetic Isomorphism: An Identified Empirical Test. *Sociological Science*, Vol. 8, pp. 211-229.

[12] Bathelt, H., D. F. Kogler, A. K. Munro, 2010. A Knowledge-Based Typology of University Spin-Offs in the Context of Regional Economic Development. *Technovation*, Vol. 30, No. 9-10, pp. 519-532.

[13] Battilana, J., 2006. Agency and Institutions: The Enabling Role of Individuals' Social Position. *Organization*, Vol. 13, No. 5, pp. 653-676.

[14] Binz, C., B. Truffer, L. Coenen, 2016. Path Creation as a Process of Resource Alignment and Anchoring: Industry Formation for On-Site Water Recycling in Beijing. *Economic Geography*, Vol. 92, No. 2, pp. 172-200.

[15] Borup, M., N. Brown, K. Konrad *et al.*, 2006. The Sociology of Expectations in Science and Technology. *Technology Analysis & Strategic Management*, Vol. 18, No. 3-4, pp. 285-298.

[16] Boschma, R., 2005. Proximity and Innovation: A Critical Assessment. *Regional Studies*, Vol. 39, No. 1, pp. 61-74.

[17] Boschma, R., 2009. Evolutionary Economic Geography and Its Implications for Regional Innovation Policy. *Papers in Evolutionary Economic Geography*, Vol. 9, No. 12, pp. 1-33.

[18] Boschma, R., L. Coenen, K. Frenken *et al.*, 2017. Towards a Theory of Regional Diversification: Combining Insights from Evolutionary Economic Geography and Transition Studies. *Regional Studies*, Vol. 51, No. 1, pp. 31-45.

[19] Boschma, R., K. Frenken, 2011. The Emerging Empirics of Evolutionary Economic Geography. *Journal of Economic Geography*, Vol. 11, No. 2, pp. 295-307.

[20] Boschma, R., R. Martin, 2010. *The Handbook of Evolutionary Economic Geography*. Edward Elgar Publishing.

[21] Boschma, R., V. Martín, A. Minondo, 2017. Neighbour Regions as the Source of New Industries. *Papers in Regional Science*, Vol. 96, No. 2, pp. 227-245.

[22] Boschma, R., A. Minondo, M. Navarro, 2013. The Emergence of New Industries at the Regional Level in Spain: A Proximity Approach Based on Product Relatedness. *Economic Geography*, Vol. 89, No. 1, pp. 29-51.

[23] Boschma, R. A., K. Frenken, 2003. Evolutionary Economics and Industry Location. *Review for Regional Research*, Vol. 23, pp. 183-200.

[24] Boschma, R. A., K. Frenken, 2006. Why Is Economic Geography Not an Evolutionary Science? Towards an Evolutionary Economic Geography. *Journal of Economic Geography*, Vol. 6, No. 3, pp. 273-302.

[25] Chaminade, C., M. Bellandi, M. Plechero *et al.*, 2021. Understanding Processes of Path

Renewal and Creation in Thick Specialized Regional Innovation Systems. Evidence from Two Textile Districts in Italy and Sweden. *Rethinking Clusters*. Routledge, pp. 100-116.

[26] Coenen, L., B. Asheim, M. M. Bugge *et al.*, 2017. Advancing Regional Innovation Systems: What Does Evolutionary Economic Geography Bring to the Policy Table? *Environment and Planning C: Politics and Space*, Vol. 35, No. 4, pp. 600-620.

[27] Cooke, P., 2010. Transversality and Transition: Branching to New Regional Path Dependence. *Papers in Evolutionary Economic Geography*, No. 1010. Utrecht University, Department of Human Geography and Spatial Planning.

[28] David, P. A., 1985. Clio and the Economics of Qwerty. *The American Economic Review*, Vol. 75, No. 2, pp. 332-337.

[29] David, P. A., 1994. Why Are Institutions the "Carriers of History"? Path Dependence and the Evolution of Conventions, Organizations and Institutions. *Structural Change and Economic Dynamics*, Vol. 5, No. 2, pp. 205-220.

[30] David, P. A., 2007. Path Dependence: A Foundational Concept for Historical Social Science. *Cliometrica*, Vol. 1, No. 2, pp. 91-114.

[31] Dawley, S., 2014. Creating New Paths? Offshore Wind, Policy Activism, and Peripheral Region Development. *Economic Geography*, Vol. 90, No. 1, pp. 91-112.

[32] Dawley, S., D. MacKinnon, A. Cumbers *et al.*, 2015. Policy Activism and Regional Path Creation: The Promotion of Offshore Wind in North East England and Scotland. *Cambridge Journal of Regions, Economy and Society*, Vol. 8, No. 2, pp. 257-272.

[33] Doloreux, D., E. Turkina, 2021. New Path Creation in the Artificial Intelligence Industry: Regional Preconditions, New Actors and Their Collective Actions, and Policies. *Regional Studies*, Vol. 55, No. 10-11, pp. 1751-1763.

[34] Felipe, J., A. Abdon, U. Kumar, 2012. Tracking the Middle-Income Trap: What Is It, Who Is in It, and Why? Levy Economics Institute, Working Paper, No. 715.

[35] Ferrarini, B., P. Scaramozzino, 2016. Production Complexity, Adaptability and Economic Growth. *Structural Change and Economic Dynamics*, Vol. 37, pp. 52-61.

[36] Frenken, K., F. Van Oort, T. Verburg, 2007. Related Variety, Unrelated Variety and Regional Economic Growth. *Regional Studies*, Vol. 41, No. 5, pp. 685-697.

[37] Flåten, B. T., A. Isaksen, J. Karlsen, 2015. Competitive Firms in Thin Regions in Norway: The Importance of Workplace Learning. *Norsk Geografisk Tidsskrift-Norwegian Journal of Geography*, Vol. 69, No. 2, pp. 102-111.

[38] Garud, R., P. Karnøe, 2001. Path Creation as a Process of Mindful Deviation. *Path Dependence and Creation*. Psychology Press.

[39] Garud, R., P. Karnøe, 2003. Bricolage Versus Breakthrough: Distributed and Embedded Agency in Technology Entrepreneurship. *Research Policy*, Vol. 32, No. 2, pp. 277-300.

[40] Garud, R., A. Kumaraswamy, P. Karnøe, 2010. Path Dependence or Path Creation? *Journal of Management Studies*, Vol. 47, No. 4, pp. 760-774.

[41] Gertler, M. S., 2003. Tacit Knowledge and the Economic Geography of Context, or the Undefinable Tacitness of Being (There). *Journal of Economic Geography*, Vol. 3, No. 1, pp. 75-99.

[42] Grillitsch, M., B. Asheim, M. Trippl, 2018. Unrelated Knowledge Combinations: The Unexplored Potential for Regional Industrial Path Development. *Cambridge Journal of Regions, Economy and Society*, Vol. 11, No. 2, pp. 257-274.

[43] Grillitsch, M., M. Sotarauta, 2020. Trinity of Change Agency, Regional Development Paths and Opportunity Spaces. *Progress in Human Geography*, Vol. 44, No. 4, pp. 704-723.

[44] Grillitsch, M., M. Trippl, 2016. Innovation Policies and New Regional Growth Paths: A Place-Based System Failure Framework. *Papers in Innovation Studies*. Lund University, Centre for Innovation Research.

[45] Guiso, L., P. Sapienza, L. Zingales, 2006. Does Culture Affect Economic Outcomes? *Journal of Economic Perspectives*, Vol. 20, No. 2, pp. 23-48.

[46] Guo, Q., C. He, D. Li, 2016. Entrepreneurship in China: The Role of Localisation and Urbanisation Economies. *Urban Studies*, Vol. 53, No. 12, pp. 2584-2606.

[47] Hambleton, R., 2019. Place-Based Leadership Beyond Place: Exploring the International Dimension of Civic Leadership. Paper Presented at City Futures Ⅳ 2019. Dublin, Ireland.

[48] Han, S. -K., 1994. Mimetic Isomorphism and Its Effect on the Audit Services Market. *Social Forces*, Vol. 73, No. 2, pp. 637-664.

[49] He, C., T. Chen, S. Zhu, 2021. Do Not Put Eggs in One Basket: Related Variety and Export Resilience in the Post-Crisis Era. *Industrial and Corporate Change*, Vol. 30, No. 6, pp. 1655-1676.

[50] He, C., Q. Guo, D. Rigby, 2015. Industry Relatedness, Agglomeration Externalities and Firm Survival in China. *Papers in Evolutionary Economic Geography*, No. 1528. Utrecht University, Department of Human Geography and Spatial Planning.

[51] He, C., Q. Guo, S. Zhu, 2016. The Development of Entrepreneurship in China: A Geographical and Institutional Perspective. *Geographies of Entrepreneurship*. Routledge, pp. 84-100.

[52] He, C., S. Jiang, X. Hu, 2022. The Effects of Trade Intermediaries on Firms' Export Market Diversification: Evidence from China. *The Journal of International Trade & Economic Development*, Vol. 32, No. 6, pp. 973-989.

[53] He, C., J. Lu, H. Qian, 2019. Entrepreneurship in China. *Small Business Economics*, Vol. 52, No. 3, pp. 563-572.

[54] He, C., Z. Ren, S. Zhu *et al.*, 2022. Temporary Extra-Regional Linkages and Export Product and Market Diversification. *Regional Studies*, Vol. 57, No. 8, pp. 1578-1591.

[55] He, C., J. Wang, 2012. Does Ownership Matter for Industrial Agglomeration in China? *Asian Geographer*, Vol. 29, No. 1, pp. 1-19.

[56] He, C., Y. D. Wei, X. Xie, 2008. Globalization, Institutional Change, and Industrial Location:

Economic Transition and Industrial Concentration in China. *Regional Studies*, Vol. 42, No. 7, pp. 923-945.

[57]　He, C., W. Zhang, 2021. Path Transplantation: How to Use the Power of Irrigation — A Case Study of the Photovoltaic Industry in China. *The Geographical Journal*, Vol. 187, No. 4, pp. 301-314.

[58]　He, C., Y. Zhou, Z. Huang, 2016. Fiscal Decentralization, Political Centralization, and Land Urbanization in China. *Urban Geography*, Vol. 37, No. 3, pp. 436-457.

[59]　He, C., S. Zhu, 2018. Evolution of Export Product Space in China: Technological Relatedness, National/Local Governance and Regional Industrial Diversification. *Tijdschrift voor Economische en Sociale Geografie*, Vol. 109, No. 4, pp. 575-593.

[60]　Hidalgo, C. A., R. Hausmann, 2009. The Building Blocks of Economic Complexity. *Proceedings of the National Academy of Sciences*, Vol. 106, No. 26, pp. 10570-10575.

[61]　Hu, X., R. Hassink, 2017. Exploring Adaptation and Adaptability in Uneven Economic Resilience: A Tale of Two Chinese Mining Regions. *Cambridge Journal of Regions, Economy and Society*, Vol. 10, No. 3, pp. 527-541.

[62]　Isaksen, A., 2014. Industrial Development in Thin Regions: Trapped in Path Extension? *Journal of Economic Geography*, Vol. 15, No. 3, pp. 585-600.

[63]　Isaksen, A., M. Trippl, 2014. New Path Development and Combinatorial Knowledge Bases in the Periphery. Workshop "Combinatorial Knowledge Bases, Regional Innovation and Development Dynamics", Circle, Lund University.

[64]　Isaksen, A., M. Trippl, 2014. New Path Development in the Periphery. *Papers in Innovation Studies*. Lund University, Centre for Innovation Research.

[65]　Isaksen, A., M. Trippl, 2017. Exogenously Led and Policy-Supported New Path Development in Peripheral Regions: Analytical and Synthetic Routes. *Economic Geography*, Vol. 93, No. 5, pp. 436-457.

[66]　Ivanova, D., G. Vita, K. Steen-Olsen *et al.*, 2017. Mapping the Carbon Footprint of EU Regions. *Environmental Research Letters*, Vol. 12, No. 5, pp. 054013.

[67]　Jolly, S., T. Hansen, 2022. Industry Legitimacy: Bright and Dark Phases in Regional Industry Path Development. *Regional Studies*, Vol. 56, No. 4, pp. 630-643.

[68]　Karlsen, J., A. Isaksen, O. R. Spilling, 2011. The Challenge of Constructing Regional Advantages in Peripheral Areas: The Case of Marine Biotechnology in Tromsø, Norway. *Entrepreneurship and Regional Development*, Vol. 23, No. 3-4, pp. 235-257.

[69]　Kotler, P., 1986. Global Standardization — Courting Danger. *Journal of Consumer Marketing*, Vol. 3, No. 2, pp. 13-15.

[70]　Lambooy, J. G., R. A. Boschma, 2001. Evolutionary Economics and Regional Policy. *The Annals of Regional Science*, Vol. 35, No. 1, pp. 113-131.

[71]　Lester, F. K., 2005. On the Theoretical, Conceptual, and Philosophical Foundations for Research in Mathematics Education. *ZDM*, Vol. 37, No. 6, pp. 457-467.

[72] MacKinnon, D., 2012. Beyond Strategic Coupling: Reassessing the Firm-Region Nexus in Global Production Networks. *Journal of Economic Geography*, Vol. 12, No. 1, pp. 227-245.

[73] MacKinnon, D., S. Dawley, A. Pike *et al.*, 2019. Rethinking Path Creation: A Geographical Political Economy Approach. *Economic Geography*, Vol. 95, No. 2, pp. 113-135.

[74] Martin, R., 2010. Roepke Lecture in Economic Geography — Rethinking Regional Path Dependence: Beyond Lock-In to Evolution. *Economic Geography*, Vol. 86, No. 1, pp. 1-27.

[75] Martin, R., 2012. Regional Economic Resilience, Hysteresis and Recessionary Shocks. *Journal of Economic Geography*, Vol. 12, No. 1, pp. 1-32.

[76] Martin, R., J. Simmie, 2008. Path Dependence and Local Innovation Systems in City-Regions. *Innovation*, Vol. 10, No. 2-3, pp. 183-196.

[77] Martin, R., P. Sunley, 2006. Path Dependence and Regional Economic Evolution. *Journal of Economic Geography*, Vol. 6, No. 4, pp. 395-437.

[78] Martin, R., P. Sunley, 2022. Making History Matter More in Evolutionary Economic Geography. *ZFW — Advances in Economic Geography*, Vol. 66, No. 2, pp. 65-80.

[79] Mayer, C., 2013. *Firm Commitment: Why the Corporation Is Failing Us and How to Restore Trust in It*. OUP Oxford.

[80] Morgan, K., 2013. *Path Dependence and the State: The Politics of Novelty in Old Industrial Regions. Re-Framing Regional Development*. Routledge, pp. 336-358.

[81] Ndonzuau, F. N., F. Pirnay, B. Surlemont, 2002. A Stage Model of Academic Spin-Off Creation. *Technovation*, Vol. 22, No. 5, pp. 281-289.

[82] Neffke, F., M. Hartog, R. Boschma *et al.*, 2018. Agents of Structural Change: The Role of Firms and Entrepreneurs in Regional Diversification. *Economic Geography*, Vol. 94, No. 1, pp. 23-48.

[83] Neffke, F., M. Henning, 2013. Skill Relatedness and Firm Diversification. *Strategic Management Journal*, Vol. 34, No. 3, pp. 297-316.

[84] Neffke, F., M. Henning, R. Boschma, 2011. How Do Regions Diversify over Time? Industry Relatedness and the Development of New Growth Paths in Regions. *Economic Geography*, Vol. 87, No. 3, pp. 237-265.

[85] Nelson, R., S. Winter, 1982. *An Evolutionary Theory of Economic Change*. The Belknap Press of Harvard University Press.

[86] Njøs, R., S. G. Sjøtun, S. -E. Jakobsen *et al.*, 2020. Expanding Analyses of Path Creation: Interconnections between Territory and Technology. *Economic Geography*, Vol. 96, No. 3, pp. 266-288.

[87] Puffert, D. J., 2002. Path Dependence in Spatial Networks: The Standardization of Railway Track Gauge. *Explorations in Economic History*, Vol. 39, No. 3, pp. 282-314.

[88] Rigby, D. L., 2015. Technological Relatedness and Knowledge Space: Entry and Exit of Us Cities from Patent Classes. *Regional Studies*, Vol. 49, No. 11, pp. 1922-1937.

[89] Rosa, P., M. Scott, 1999. Entrepreneurial Diversification, Business-Cluster Formation, and

Growth. *Environment and Planning C: Government and Policy*, Vol. 17, No. 5, pp. 527-547.

[90]　Sánchez, J. -E., 1992. *Geografía Política*. Síntesis Madrid.

[91]　Schneiberg, M., T. Bartley, 2001. Regulating American Industries: Markets, Politics, and the Institutional Determinants of Fire Insurance Regulation. *American Journal of Sociology*, Vol. 107, No. 1, pp. 101-146.

[92]　Scott, K., 1995. *Handbook of Industrial Membranes*. Elsevier.

[93]　Simmie, J., 2012. Path Dependence and New Technological Path Creation in the Danish Wind Power Industry. *European Planning Studies*, Vol. 20, No. 5, pp. 753-772.

[94]　Simon, H. A., 1979. Rational Decision Making in Business Organizations. *The American Economic Review*, Vol. 69, No. 4, pp. 493-513.

[95]　Sotarauta, M., A. Beer, J. Gibney, 2017. Making Sense of Leadership in Urban and Regional Development. *Regional Studies*, Vol. 51, No. 2, pp. 187-193.

[96]　Steen, M., 2016. Reconsidering Path Creation in Economic Geography: Aspects of Agency, Temporality and Methods. *European Planning Studies*, Vol. 24, No. 9, pp. 1605-1622.

[97]　Steen, M., G. H. Hansen, 2018. Barriers to Path Creation: The Case of Offshore Wind Power in Norway. *Economic Geography*, Vol. 94, No. 2, pp. 188-210.

[98]　Steen, M., T. Weaver, 2017. Incumbents' Diversification and Cross-Sectorial Energy Industry Dynamics. *Research Policy*, Vol. 46, No. 6, pp. 1071-1086.

[99]　Strambach, S., 2010. Path Dependence and Path Plasticity: The Co-Evolution of Institutions and Innovation — The German Customized Business Software Industry. *The Handbook of Evolutionary Economic Geography*. Edward Elgar Publishing.

[100]　Tanner, A. N., 2014. Regional Branching Reconsidered: Emergence of the Fuel Cell Industry in European Regions. *Economic Geography*, Vol. 90, No. 4, pp. 403-427.

[101]　Tödtling, F., M. Trippl, 2005. One Size Fits All? Towards a Differentiated Regional Innovation Policy Approach. *Research Policy*, Vol. 34, No. 8, pp. 1203-1219.

[102]　Tödtling, F., M. Trippl, 2012. Transformation of Regional Innovation Systems: From Old Legacies Towards New Development Paths. *Reframing Regional Development: Evolution, Innovation and Transition*. Routledge.

[103]　Trippl, M., S. Baumgartinger-Seiringer, A. Frangenheim *et al.*, 2020. Unravelling Green Regional Industrial Path Development: Regional Preconditions, Asset Modification and Agency. *Geoforum*, Vol. 111, pp. 189-197.

[104]　Trippl, M., M. Grillitsch, A. Isaksen, 2018. Exogenous Sources of Regional Industrial Change: Attraction and Absorption of Non-Local Knowledge for New Path Development. *Progress in Human Geography*, Vol. 42, No. 5, pp. 687-705.

[105]　Trippl, M., E. Zukauskaite, A. Healy, 2019. Shaping Smart Specialization: The Role of Place-Specific Factors in Advanced, Intermediate and Less-Developed European Regions. *Regional Studies*, Vol. 54, No. 10, pp. 1328-1340.

[106]　Trippl, M., E. Zukauskaite, A. Healy, 2020. Shaping Smart Specialization: The Role of

Place-Specific Factors in Advanced, Intermediate and Less-Developed European Regions. *Regional Studies*, Vol. 54, No. 10, pp. 1328-1340.

[107] Virkkala, S., 2007. Innovation and Networking in Peripheral Areas — A Case Study of Emergence and Change in Rural Manufacturing. *European Planning Studies*, Vol. 15, No. 4, pp. 511-529.

[108] Walker, R., M. Storper, 1989. *The Capitalist Imperative: Territory, Technology and Industrial Growth*. Oxford: Basil Blackwell.

[109] Weber, K., K. L. Heinze, M. DeSoucey, 2008. Forage for Thought: Mobilizing Codes in the Movement for Grass-Fed Meat and Dairy Products. *Administrative Science Quarterly*, Vol. 53, No. 3, pp. 529-567.

[110] Yeung, H. W. -C., N. Coe, 2015. Toward a Dynamic Theory of Global Production Networks. *Economic Geography*, Vol. 91, No. 1, pp. 29-58.

[111] Zhu, S., Q. Guo, C. He, 2021. Strong Links and Weak Links: How Do Unrelated Industries Survive in an Unfriendly Environment? *Economic Geography*, Vol. 97, No. 1, pp. 66-88.

[112] Zhu, S., R. Li, 2017. Economic Complexity, Human Capital and Economic Growth: Empirical Research Based on Cross-Country Panel Data. *Applied Economics*, Vol. 49, No. 38, pp. 3815-3828.

[113] Zhu, S., J. Pickles, C. He, 2017. *Geographical Dynamics and Firm Spatial Strategy in China*. Springer.

[114] Zucker, L., M. Darby, M. Brewer, 2000. Intellectual Human Capital and the Birth of US Biotechnology Enterprises. *Economic Review*, Vol. 88, No. 1, pp. 290-306.

[115] 韩永辉、黄亮雄、王贤彬：“产业政策推动地方产业结构升级了吗?——基于发展型地方政府的理论解释与实证检验”，《经济研究》，2017 年第 8 期，第 33—48 页。

[116] 贺灿飞：“区域产业发展演化：路径依赖还是路径创造?”，《地理研究》，2018 年第 7 期，第 1253—1267 页。

[117] 贺灿飞、董瑶、周沂：“中国对外贸易产品空间路径演化”，《地理学报》，2016 年第 6 期，第 970—983 页。

[118] 贺灿飞、黎明：“演化经济地理学”，《河南大学学报（自然科学版）》，2016 年第 4 期，第 387—391 页。

[119] 贺灿飞、李伟：“区域高质量发展：演化经济地理学视角”，《区域经济评论》，2022 年第 2 期，第 33—42 页。

[120] 贺灿飞、任卓然、叶雅玲：“中国产业地理集聚与区域出口经济复杂度”，《地理研究》，2021 年第 8 期，第 2119—2140 页。

[121] 金璐璐、贺灿飞、周沂等：“中国区域产业结构演化的路径突破”，《地理科学进展》，2017 年第 8 期，第 974—985 页。

[122] 李宏彬、李杏、姚先国等：“企业家的创业与创新精神对中国经济增长的影响”，《经济研究》，2009 年第 10 期，第 99—108 页。

[123] 李伟、贺灿飞：“城市新产业与城市经济增长：演化经济地理学视角”，《城市发展研

究》，2020 年第 6 期，第 51—60 页。

[124] 李伟、贺灿飞："中国区域产业演化路径——基于技术关联性与技术复杂性的研究"，《地理科学进展》，2021 年第 4 期，第 620—634 页。

[125] 李新春、苏琦、董文卓："公司治理与企业家精神"，《经济研究》，2006 年第 2 期，第 57—68 页。

[126] 刘志高、张薇："中国大都市区高新技术产业分叉过程及动力机制——以武汉生物产业为例"，《地理研究》，2018 年第 7 期，第 1349—1363 页。

[127] 毛蕴诗、姜岳新、莫伟杰："制度环境、企业能力与 OEM 企业升级战略——东菱凯琴与佳士科技的比较案例研究"，《管理世界》，2009 年第 6 期，第 135—145 页。

[128] 任卓然、贺灿飞、王文宇："演化经济地理视角下的经济复杂度与区域经济发展研究进展"，《地理科学进展》，2021 年第 12 期，第 2101—2115 页。

[129] 王克敏、刘静、李晓溪："产业政策、政府支持与公司投资效率研究"，《管理世界》，2017 年第 3 期，第 113—124 页。

[130] 徐梦冉、贺灿飞、李伟："中国开发区政策对制造业产品出口的效应研究"，《区域经济评论》，2020 年第 4 期，第 89—99 页。

[131] 张三保、张志学："区域制度差异，CEO 管理自主权与企业风险承担——中国 30 省高技术产业的证据"，《管理世界》，2012 年第 4 期，第 101—114 页。

[132] 郑江淮、冉征："走出创新'舒适区'：地区技术多样化的动态性及其增长效应"，《中国工业经济》，2021 年第 5 期，第 19—37 页。

[133] 周亚虹、蒲余路、陈诗一等："政府扶持与新型产业发展——以新能源为例"，《经济研究》，2015 年第 6 期，第 147—161 页。

[134] 周沂、贺灿飞："中国城市出口产品演化"，《地理学报》，2019 年第 6 期，第 1097—1111 页。

[135] 庄子银："企业家精神、持续技术创新和长期经济增长的微观机制"，《世界经济》，2005 年第 12 期，第 32—43+80 页。

[136] 庄子银："创新、企业家活动配置与长期经济增长"，《经济研究》，2007 年第 8 期，第 82—94 页。

第六章　区域产业创新

当前，创新成为实现可持续增长、推动产业升级最为关键的因素。近期部分学者在演化经济地理学和区域创新系统及创新网络的概念之间建立了联系，以更好地理解某些区域特定类型路径变化的出现以及区域特征对路径更新和创造的影响等问题（Isaksen and Trippl，2017；Isaksen *et al.*，2018；Baumgartinger-Seiringer *et al.*，2021）。伊萨克森等根据组织厚度和行业专业化程度将区域分为三类，并认为由于内生潜力的显著差异以及吸引和吸收外来资源的能力不同，各地区发展新产业路径的先决条件和能力各不相同（Tödtling and Trippl，2005）。也有学者将区域划分成核心地区和边缘区域来研究区域新路径发展的特点（Isaksen and Trippl，2017）。这两种分类方法均旨在理解区域创新系统的质量和类型如何影响区域内产业的发展路径。以往区域路径发展的概念主要基于大城市地区的经验，事实证明在欠发达的边缘地区也出现了新的产业发展道路并持续发展，这些地区往往不具备产业内生能力，与核心地区在产业结构、创新类型、社会资本、支持性机构等方面具有不同的特点，因此，边缘地区的新路径发展逐渐受到关注（He and Zhu，2019；Zhu *et al.*，2019；He *et al.*，2021）。对于不同类型区域创新系统的划分，弥补了当前区域新产业发展模型在边缘地区的认识不足问题。考虑到不同类型区域的优缺点与基础条件，伊萨克森提出应针对特定问题和需求对特定类型区域制定相应的创新政策（Isaksen，2014）。

新兴产业倾向于在组织密集且多样化的核心地区兴起，这些区域具有数量众多的大学和研究机构、以科学为基础的产业以及丰富的熟练劳动力与社会资本等，存在大量解析型知识。因此目前大多数研究都指出，新兴产业主要通过核心区域中已有知识重新组合或者已有产业产生分支来实现路径创造（Zhu *et al.*，2017；He *et al.*，2018）。但在新路径发展的过程中，区域需要维持强大的应变能力和足够的灵活性以应对新的变化。同时，过多的创新可能会导致区域缺乏产业发展的重点，对于资源的争夺可能反而会限制新兴产业达到临界规模。因此，对于核心区域来说，政策制定者需要选择最有前途的新研究领域并进行投资，同时需要及时针对新的行业需求进行制度重构。边缘地区在推动创新和增长方面的有利条件较少，新路径发展的内生动力较弱，表现出研发和创新水平低、知识和支持性组织的结构薄弱且专业化程度较低的特点（Isaksen and Trippl，2017）。

组织厚度较高且专业化的区域往往已经形成强大的专业化产业集群，缺乏刺激新的产业发展道路所需的多样性产业、知识基础、支持性组织，通过知识重组创新的可能性较小，由于认知和政治锁定容易产生停滞与衰退（Giustolisi *et al.*，2023）。组织薄弱的区域缺乏大学或科研机构，产业集群较弱，本地知识较少，通常以传统产业和资源行业的中小企业为主导，新路径发展的限制性条件较多。而相对边缘地区，本地知识来源有限，本地大学主要为企业提供熟练劳动力而不是创新技术。为了维持较高的创新率，政策制定者需要构建本地与外部创新能力更强地区的链接，同时强化非本地对本地的知识溢出，使其真正融入本地产业环境并做出贡献（Isaksen，2014）。

第一节　区域创新系统

区域创新系统概念认为，区域组织厚度、制度结构、正式非正式激励、创新与合作的文化氛围，会影响对新奇的创造、吸收和发展（Zukauskaite *et al.*，2017；Trippl *et al.*，2020）。制度厚度与四个因素有关：①强有力的地方机构，包括公司集团、金融机构、治理组织、工会、协会、商业服务组织等；②地方组织之间的高水平互动，包括正式非正式的知识交流与合作，通常嵌入在特定的规则、规范、惯例中；③统治结构或联盟模式，指当地的权利结构和基础；④参与同一事业的合作意识，是前三个因素的结果，表现为所有人认同他们对同一议程的参与（Amin and Thrift，1994；Zukauskaite *et al.*，2017）。基于新路径是否基于本地原有产业分类，将产业路径分为路径延伸与路径创造。正式非正式制度可以促进不同行为主体之间的协作，降低创新过程中的不确定性和成本，使得区域内和区域间的知识与创新交流更为顺畅（Strambach，2010；Rodríguez-Pose，2013），从而能够促进跨部门的知识流动，促进路径延伸与多样化（Boschma *et al.*，2013）。技术创新系统理论认为正当性、市场形成和对搜寻的引导是路径创造的关键。对搜寻的引导指通过期望和未来愿景、标准规章和政策来引导可能的技术选择（Bergek *et al.*，2008）。

一、区域创新系统与区域产业发展路径

区域创新系统认为，区域结构不仅能够促进或抑制行为主体的行动，也可以通过系统选择，影响它们重构创新体系和吸收利用资源的能力。而区域创新系统也不是一成不变的，需要随产业协同演化，以支撑新产业的发展路径（Miörner *et al.*，2018；Miörner，2020；Trippl *et al.*，2020；Trippl *et al.*，2020；贺灿飞、谭卓立，2020）。区域可以被划分为组织密集且专业化的区域创新系统、组织薄弱的区域创新系统和组织密集且多样化的区域创新系统。由于内生潜力的显著差异以及吸收外来资源的能力不同，各地区发展新产业路径的先决条件和能力各不相同，因此会产生不同的路径发展形式（表6–1）。

表 6–1 不同类型区域特点与新路径发展的条件

	组织密集且多样化的区域创新系统	组织密集且专业化的区域创新系统	组织薄弱的区域创新系统
特征	强大的组织及多样化行业，不具有专业性	强大的专业化产业结构	具有一些薄弱的组织
典型地区	大都市区、创新中心	旧工业区、专业集群	农村或落后地区、周边地区
路径发展的有利条件	创新支持组织多，具备内生产业分化能力；强大的吸引区外新技能的能力	强大的社会资本；有限的知识库；成熟的产业基础；较强的专业化服务能力	—
路径发展的挑战	需要维持其强大的能力；新路径较多，缺乏重点新产业；环境难以适应新兴领域	内源性转化能力有限；吸收区域外知识的能力较低；制度相对僵化	创新能力弱；生产基础设施薄弱

续表

	组织密集且多样化的区域创新系统	组织密集且专业化的区域创新系统	组织薄弱的区域创新系统
常见路径发展形式	路径升级； 路径分支； 路径创建	路径延伸； 路径升级	路径延伸； 路径导入
对应的政策措施	决策者确定最有前途的领域并提供支持；改变环境以适应新兴产业的要求；强化各类参与者的创新能力	刺激路径延伸和升级的干预措施，加强外部联系，将外生动力作为转型的关键来源	加强外部联系，在本地企业间建立网络，增强企业的吸引能力，培养领先企业

资料来源：苏灿、曾刚（2021）。

二、制度环境特征与区域产业路径创造

路径创造、路径多样化与路径分化主要发生在组织密集且多样化的区域，可以基于现有产业基础与创新进行发展。而制度雄厚且多样化的非本地地区也可能对本地形成溢出效应，促进本地路径分化与路径移植。路径延伸与升级多发生在组织密集且专业化的区域（Isaksen，2014），制度雄厚且专业化非本地地区也可以促进价值链攀升。而制度薄弱的区域更加依赖于路径延伸或历史偶然下的路径创造（表6–2）。

表6–2　制度环境与新产业路径创造

	本地区域	非本地区域
制度雄厚且专业化	路径延伸； 路径升级（路径革新、利基市场拓展）	路径升级（全球价值链攀升）
制度雄厚且多样化	路径分化； 路径多样化； 路径创造	路径分化； 路径移植
制度薄弱	路径延伸； 历史偶然下的路径创造	—

三、区域产业路径与制度环境协同演化

新产业路径与区域原有制度环境可能契合也可能存在冲突。制度环境并非一成不变的，而是可以发生协同演化的（表6–3）。路径延伸、路径升级与路径分化有更大的概率更新企业原有制度，可以基本不改变原有制度，嵌入其中，产业与制度协同演化。但路径多样化、路径移植与路径创造有更大的概率与原有制度不符，在这种情况下，新产业可以改变自身以适应原有制度环境，获取正当性，也可以主动出击改变原有环境，构建新的制度，建立新的正当性标准以契合新产业的需求。

表 6–3　产业路径与制度动态变迁

制度动态变化	路径类型	演化方式
新产业路径与原有制度较为契合	路径延伸；路径升级；路径分化	基本不改变原制度，新产业嵌入原有制度，共同演化
新产业路径与原有制度不符	路径多样化；路径移植；路径创造	新产业改变自身以适应原有制度环境，获取正当性；新产业主动改变原有环境，以构建新的制度，建立新的正当性标准以契合新产业的需求

第二节　区域创新网络演化

创新网络演化指在内外部创新环境不断变化的背景下，为了提升技术创新竞争力，节点及节点间关系不断调整所导致的创新网络组织形态的变化。这种变化在微观上表现为网络节点及节点间联结关系的演化，在宏观上表现为网络空间尺度及网络结构的演化。演化经济地理学的新奇、惯例、路径依赖与共同演化等思想，为创新网络研究提供了新的视角，有助于挖掘创新网络的演化规律及动力机制（贺灿飞、黎明，2016；贺灿飞、李伟，2020；贺灿飞、李文韬，

2022）。

一、创新网络研究主体

创新网络研究主要包含创新网络主体、创新合作关系、创新网络尺度、创新网络结构四个维度。创新网络主体涉及知识生产和扩散机构（大学、研究机构、中介组织、行业协会等）、知识应用和开发机构（供应商、客户、同行合作者和竞争者等）、创新环境优化机构（政府、孵化器、劳动组织等）；创新合作关系涉及通过所有权、战略联盟、技术转让、联合开发、委托开发、共建实体等正式或非正式方式所形成的垂直合作、水平合作、产学研合作等；创新网络尺度涉及本地、区域、国家、全球等不同空间尺度以及多空间尺度耦合的创新合作；创新网络结构涉及从个体网络（中心性、结构洞）、整体网络（密度、最短路径、聚集系数）、网络复杂性（同配型、异配型）等层面解析网络拓扑结构和空间结构形态及特征。

创新网络是"主体-关系-尺度-结构"动态演变的协同创新体系。受演化经济地理学中路径依赖效应的影响，创新伙伴、空间尺度、合作关系的选择是路径依赖、路径锁定和路径创造相互制约、相互促进的复杂自适应过程。邻近性是创新网络演化的重要驱动力，由于技术创新生命周期阶段和演化路径的异质性，创新网络对认知、组织、社会、制度和地理等维度邻近性具有差异化、动态性需求（图6-1）。

创新网络演化研究热点主要涉及三个方面：

（1）创新网络形成与演化的多维邻近性机制。社会网络分析方法的引入在一定程度上为创新网络研究带来了方法论革命，经济地理学者从企业、产业、集群等不同层面，关注创新网络拓扑结构变化、创新网络空间组织形态及演化轨迹，取得了诸多有益成果。认知、组织、社会、制度和地理五个维度邻近性组成了创新网络的分析框架（Boschma，2005）。之后研究证明，地理、组织和制度邻近性能够促进全球卫星导航系统研发合作网络的形成与演化，而认知和社会邻近性的影响则不显著（Balland，2012）。而在荷兰知识网络的形成发展过程中，认知、社会、组织和地理等维度邻近性发挥了重要作用，但过度邻近会对企业创新绩效产生负面影响（Broekel and Boschma，2012；Broekel，2015）。

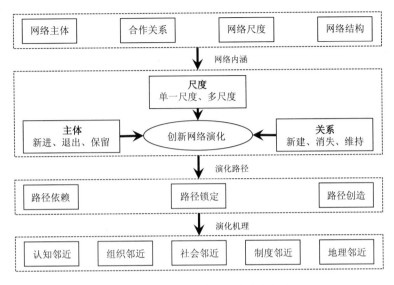

图 6-1 创新网络演化理论分析框架

资料来源：周灿等（2019）。

（2）创新结网的多空间尺度耦合。围绕知识联系和创新网络的地理空间问题，经济地理学界形成了新区域主义、全球创新网络、关系经济地理三大学派，研究尺度逐渐从本地、全球二分的单一尺度到全球-地方联结的多尺度耦合。单一尺度知识流动的观点被学者质疑，取而代之的是将本地视角和跨界视角结合起来的，知识流动、创新合作的"本地蜂鸣-全球管道"（local buzz-global pipe-line）模型（Bathelt *et al.*，2004）。之后研究进一步推进了尺度创新互动的探讨，识别出了"本地-跨界"网络中的重要行为主体——知识守门员（knowledge gatekeeper）（Morrison，2008）。

（3）以产业集群为重点的创新网络研究。西方经济地理学"演化转向"助推了学者从企业异质性、企业惯例、生命周期、网络结构、路径依赖、区域情境和共同演化等视角深化产业集群创新网络演化研究。相关研究包括智利葡萄酒集群企业的知识吸收能力与多空间尺度知识联系，意大利制鞋集群网络结构与创新绩效（Giuliani and Bell，2005；Giustolisi *et al.*，2023）。相关研究发展网络密度、网络中心度和地理开放性对集群企业创新绩效有正向影响（Boschma and Wenting，2007）。同时，学者也构建了集群生命周期模型，探讨了不同生命周期阶段集群演化的驱动力（Menzel *et al.*，2007；Menzel and Fornahl，2007，2010）。

二、演化经济地理学视角下的区域创新网络发展

基于演化经济地理学提出的路径依赖与路径创造理论，相关学者对区域创新网络发展进行了分析研究。路径依赖理论是演化经济学的基本理论，重视历史对现行和未来经济社会系统运行轨迹的影响，强调路径产生的随机性和偶然性、路径产生之后的自我强化和自我积累机制以及路径锁定的风险。但学者认为区域经济演化过程都是路径依赖的，而真正的演化应该是能够实现创新和新路径创造的路径依赖机制（Martin and Sunley，2006）。为避免区域经济因过度路径依赖而失去弹性，陷入僵化锁定，演化经济地理学者提出了路径创造、路径突破和路径重构等概念。路径创造关注路径自身变化和路径转变的可能性，强调创新主体之间、创新主体与区域情境之间的互动关系对于路径演化的重要性，是打破区域锁定、实现创新升级的重要选择（张伟峰等，2003）。相关学者将路径依赖、路径锁定和路径创造等理论应用于创新网络研究，主要涉及路径依赖与集群企业知识网络地理边界的互动关系，集群网络演化路径依赖与路径创造机制，路径依赖与路径创造视角下集群创新网络演化路径分异（魏江、徐蕾，2014；陈肖飞等，2019）。

而基于邻近性视角，学者也对创新网络演化机理进行了探讨，相关研究从多种邻近性视角展开（图 6-2）。地理邻近具有增加面对面交流机会、强化集体学习的优势，从而促进隐性知识溢出，成为创新合作的重要驱动力（Hoekman et al.，2010）。认知邻近有助于创新主体对技能、技巧、诀窍等非编码化和复杂化知识的理解与掌握，能够提高知识溢出效率，是创新主体以新观念、新方法整合异质性和互补性知识的必要条件（Balland et al.，2016）。组织邻近则是整合多方主体的信息、知识、技术，促使其在未知和不确定性环境中转移交换的重要保障（D'Este et al.，2013）。社会邻近能够提供可靠的潜在创新合作伙伴，减少信息不对称，促进敏感性知识交流，优化知识传播通道（Agrawal et al.，2006；Agrawal et al.，2008）。制度邻近是保护创新主体利益、避免机会主义行为、激励创新合作的重要力量（Broekel and Hartog，2013）。然而，邻近性因素对创新合作的影响并非静态的，不同维度邻近性的重要程度因产业知识基础和生命周期而异（Menzel et al.，2007；Balland et al.，2013；Ter Wal，2014）。同时，过

度邻近会导致关系锁定，妨碍创新网络演化，造成恶性竞争与空间锁定、知识异质性降低、封闭内向锁定网络、机会主义风险低估、新成员被排挤等消极后果（Li *et al.*，2012；李琳、雒道政，2013）。同时，多维邻近性并非相互独立，认知、组织、社会、制度等维度邻近性基于临时性地理邻近、成本机制、关系资本、信任机制等，对地理邻近性具有替代效应，"关系空间"在一定程度上能够补充或替代实体"地理空间"的作用，推动远距离主体间开展创新合作（Bunnell and Coe，2001；Asheim and Isaksen，2002；Torre and Rallet，2005）。

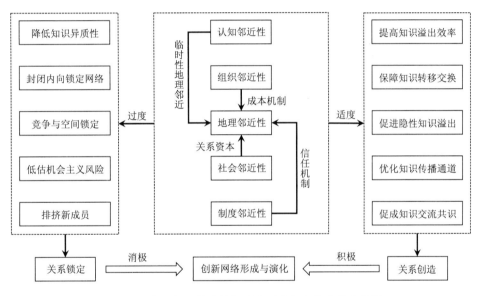

图 6-2　多维邻近性对创新网络形成与演化的影响机制

资料来源：周灿等（2019）。

　　总体上，如何基于创新主体的进入、成长、衰落、退出以及合作关系的建立、强化、锁定、解散等动态过程，阐释创新网络演化是路径依赖抑或是路径创造的研究还有待深化。

第三节　区域绿色转型

　　随着人们对环境问题及绿色可持续发展的关注，区域绿色转型与绿色技术发展成为学界关注的重点问题（Carraro and Siniscaico，1994；Popp *et al.*，2010；Bansal and Hoffman，2012；He and Mao，2020）。研究者重点关注了环境创新的决定因素，包括监管、需求和成本节约的基本作用（Horbach，2008；Demirel and Kesidou，2011；Kesidou and Demirel，2012）以及环境规制工具与企业组织能力等（Wagner，2007；He *et al.*，2012；Antonioli *et al.*，2016；贺灿飞、毛熙彦，2021）。而自马歇尔提出集聚外部性以来，地理集群与空间集聚的溢出效应被认为是创新和经济增长的关键驱动因素（Acs *et al.*，2009；Acs *et al.*，2013）。

一、绿色产业定义

绿色产业不是单一的概念，而是一个发展中且模糊的概念，它融合了各种物质空间和功能领域内部及之间的多种含义与实践（Caprotti and Bailey，2014；He *et al.*，2016；贺灿飞等，2021；毛熙彦、贺灿飞，2022）。关于绿色产业的讨论不仅限于可再生能源和绿色制造，如风能、太阳能，更是拓展到了绿色农业和绿色金融（He *et al.*，2018；Köhler *et al.*，2019）。因此，针对绿色产业和绿色转型的研究，应该审视绿色产业的范围、结构、实践和话语如何塑造其身份与轨迹。同时，相比于传统绿色产业，一些新兴绿色产业需要考虑到特定材料的提取、加工和分配问题，因而更加受到地理位置的深刻影响（Bridge *et al.*，2020）。因此，区域绿色产业发展不仅存在路径依赖，还存在地点依赖（Madsen and Andersen，2010；Tanner，2014；Tanner *et al.*，2015）。而已经存在绿色专业化的地区更容易在现有基础上进行多样化发展，通过产业多元化实现区域绿色发展（Frenken and Boschma，2007；Frenken *et al.*，2007）。所以，将演化经济地理学与产业绿色转型相结合为研究绿色产业发展转型提供了新的视角和思路。

二、演化经济地理学视角下的绿色路径创造

演化经济地理学主要将历史视角引入产业发展，并强调新奇的影响。同时，演化经济地理学认为制度环境与产业发展存在协同演化关系（He *et al.*，2022）。相比于经典的绿色创新研究，演化经济地理学将空间及历史视角引入研究，并与制度地理学相结合，探究了制度与制度创新协同演化对促进区域绿色产业转

型的影响（Binz *et al*.，2014；Corradini and De Propris，2017），通过绿色路径创建的概念来理解绿色产业的空间动态（Trippl *et al*.，2020）。绿色技术的进入和绿色产业的发展转型在空间上分布并不均衡，而更可能出现在技术活动水平较高、知识溢出和技术进入更为活跃的地区（Corradini，2019）。区域能力可以解释区域绿色创新者的出现。绿色创新者更有可能出现在技术活动水平较高、知识溢出和技术进入更具活力的地区。而区域对环境技术的认知邻近程度能够促进互动学习与知识溢出，为产业绿色发展转型奠定了基础。

三、环境、行为主体对绿色产业发展的影响

空间环境的特征对新技术型企业的出现起到了至关重要的作用，初创企业通过吸收本地的知识溢出，从而获得创意和技术机会（Maurseth and Verspagen，2002；Moreno *et al*.，2005；Sonn and Storper，2008）。因此，绿色产业转型更容易出现在具备适当能力的地区（Lehmann，2006；Smith，2007；Corradini，2019）。近年来，研究文献开始强调不同空间及地理尺度动态互动对区域产业发展的影响，包括对外商直接投资、跨国企业区位选择等的影响（Binz *et al*.，2016；Trippl *et al*.，2018）。例如，针对英国可再生能源技术的讨论，就需要将英国作为整体放在世界范围内进行讨论，仅针对英国本地进行讨论无法彻底理解英国新能源技术的发展（Essletzbichler，2012）。

而相关行为主体在促进区域产业发展中的作用在绿色转型中也获得了强调（Boschma *et al*.，2017）。不同行为主体对区域系统会产生不同的回应，而企业及非企业行为主体会对区域产业发展产生不同的影响（Steen and Hansen，2018；Kyllingstad and Rypestøl，2019），包括熊彼特式企业家、制度企业家、制度拥护者、政策制定者、非政府组织等（Grillitsch，2019；MacKinnon *et al*.，2019；Rossiter，2023）。通过英国和德国的风能产业发展可以看出，在两个不同区域的行为主体的响应影响了区域新能源技术的发展，从而导致在德国更早出现清洁能源技术转型（Simmie *et al*.，2014）。

政策对于区域产业路径创造的影响也同样成为近年来学者讨论的重点（Tödtling and Trippl，2018；Grillitsch，2019）。根据政策制定针对的主体和实行的方式，可以将其分为自下而上的、针对大量行为主体的拼贴型政策，以及

自上而下的、针对少数行为主体的突破性政策。拼贴型政策主要将各方势力协调重组，促进渐进式创新，组合破碎市场。例如，西班牙的风能产业发展中，国家及地方政府就通过提供市场信号、资金支持、激励政策调动了不同行为主体的参与（Matti *et al.*，2017）。突破性政策则针对少量主体，将资源集中于少量企业非企业，促进突破式的技术创新。中国的制造业产业政策同样经历了从加快工业发展到促进绿色转型的过程。新中国成立初期，基于扩大生产与复苏经济的需要，中国工业长期处于资源消耗型发展阶段，之后"九五"计划纲要提出要加快转变工业增长方式，改造传统产业，实现节能降耗，拉开了中国制造业进入资源节约型发展的新阶段（图6-3）。而随着环保节能意识的加强以及对绿色优质生活需求的提升，中国出台了一系列政策推动制造业绿色转型发展，推行创新、协调、绿色、开放、共享五大发展理念，促进中国制造业向绿色转型发展阶段转变（图6-4）。所以，政府政策在多种产业路径萌芽过程中均会产生影响（Garud and Karnøe，2001，2003；Berchicci，2013；朱向东等，2018）。

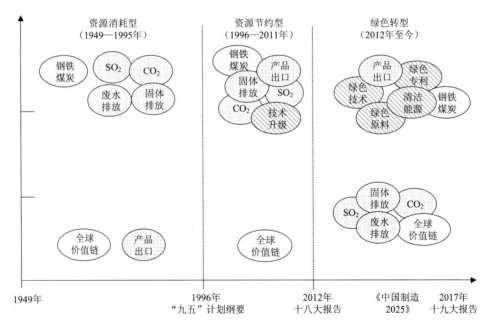

图6-3 中国制造业绿色转型发展过程

注：图中表示在制造业发展的不同阶段，废水及废气排放量、钢铁煤炭消耗、"绿色"原料使用量、产品出口量以及在全球价值链中的位置的分布情况。

资料来源：李胜会、戎芳毅（2021）。

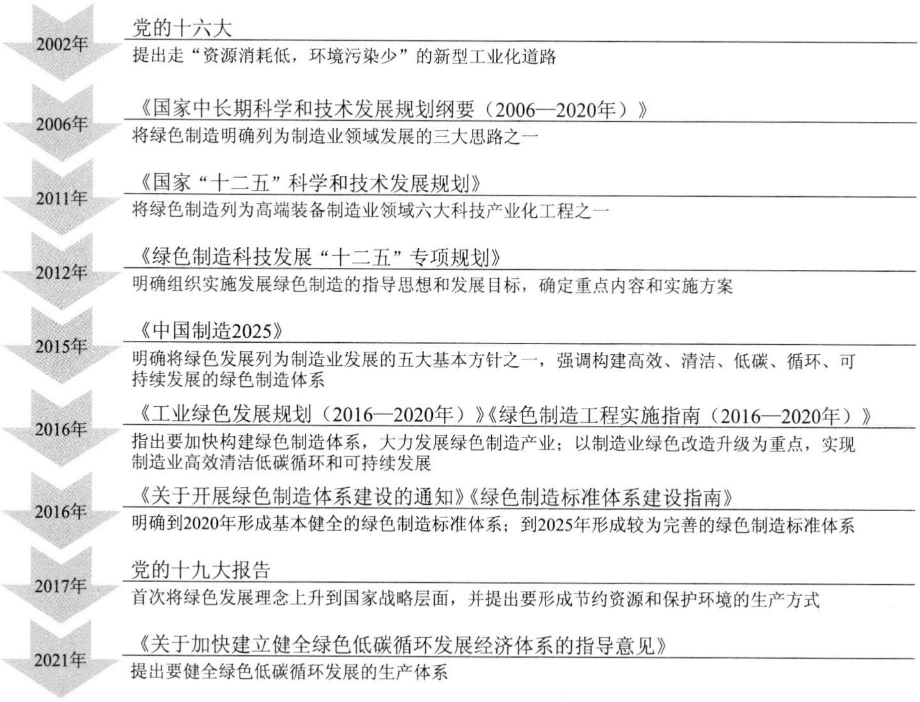

2002年	党的十六大
	提出走"资源消耗低，环境污染少"的新型工业化道路
2006年	《国家中长期科学和技术发展规划纲要（2006—2020年）》
	将绿色制造明确列为制造业领域发展的三大思路之一
2011年	《国家"十二五"科学和技术发展规划》
	将绿色制造列为高端装备制造业领域六大科技产业化工程之一
2012年	《绿色制造科技发展"十二五"专项规划》
	明确组织实施发展绿色制造的指导思想和发展目标，确定重点内容和实施方案
2015年	《中国制造2025》
	明确将绿色发展列为制造业发展的五大基本方针之一，强调构建高效、清洁、低碳、循环、可持续发展的绿色制造体系
2016年	《工业绿色发展规划（2016—2020年）》《绿色制造工程实施指南（2016—2020年）》
	指出要加快构建绿色制造体系，大力发展绿色制造产业；以制造业绿色改造升级为重点，实现制造业高效清洁低碳循环和可持续发展
2016年	《关于开展绿色制造体系建设的通知》《绿色制造标准体系建设指南》
	明确到2020年形成基本健全的绿色制造标准体系；到2025年形成较为完善的绿色制造标准体系
2017年	党的十九大报告
	首次将绿色发展理念上升到国家战略层面，并提出要形成节约资源和保护环境的生产方式
2021年	《关于加快建立健全绿色低碳循环发展经济体系的指导意见》
	提出要健全绿色低碳循环发展的生产体系

图6-4 促进制造业绿色转型的重要举措

资料来源：孙菁靖（2022）。

但研究认为，演化经济地理所探究的促进创新的政策是无方向性的，可以促进任何创新，而并不必然促进创新向某个特定方向演化，如向绿色化方向转型（Tödtling and Trippl，2018；Sjøtun and Njøs，2019）。因此，演化经济地理学针对政策的讨论更多是中性化的讨论，这些政策并不一定能够推动区域产业向绿色化发展，也不一定会促进新型绿色产业的出现（Grillitsch，2019；Sjøtun and Njøs，2019）。但持久的国家级和地方级产业政策、对基础设施的公共投资和对技术发展的支持仍然是促进潜在市场开拓的必要因素。而公众对于环境污染的认知和对绿色环境的需求，也是促进绿色产业转型及相关绿色技术发展的重要影响因素（Njøs et al.，2020）。

四、绿色产业路径突破式发展

相关讨论不应该仅局限于路径依赖效应与邻近性影响，过度的相关性和认知邻近性可能反而会导致技术锁定（Nooteboom，2000；Boschma，2005）。技术多样化程度更高的地区存在更为广泛且异质性的参与群体，可能会激活不同的知识以相互重叠并产生作用。在新行业发展的早期阶段，不同行业的知识组合更能产生激进式创新（Storper，1995；Neffke *et al.*，2011；Tanner，2014；Corradini and De Propris，2015）。看似不相关的技术组合通常可以推动新的创新技术的出现，这在绿色技术的出现中同样至关重要（Corradini，2019）。因此，区域绿色技术发展与区域技术关联性同样存在倒 U 形关系，区域与环境及绿色产业相关的技术能力在支持绿色发展方面存在显著优势，可以促进绿色产业转型发展，但广度的关联性可能会限制与其他技术领域重组的机会，从而降低绿色技术进入的可能性（Corradini，2019）。

本来并不具备绿色产业基础的地区则面临强烈的锁定效应，要违背现有专业化，突破既得利益者限制发展绿色产业相对较难。如何实现路径突破式发展是尚不具备绿色产业基础区域需要考虑的问题。常见的方式为通过外部链接引入外部资源与政府政策介入。通过引入区域外部的新技术可以迅速实现本地产业绿色升级，减少对环境的影响，例如新能源汽车、天然气产业的发展（Steen，2016；Coenen *et al.*，2017）。另一个实现绿色产业路径创造的方式为绿色产业政策。产业政策需要建立区域产业发展的共同愿景，强调对绿色产业的重视，并且具体化实施措施，为绿色产业发展提供有针对性的支持（Kivimaa and Kern，2016）。同时，需要对本地化需求进行深入了解，并在漫长且不确定的绿色产业发展过程中，协调政策与产业发展路径的关系（Hansen and Mattes，2018；Capasso *et al.*，2019）。

不同类型地区如何影响绿色产业发展是未来研究的重点，过去关于绿色产业的研究主要集中在北方国家，而关于南方国家的研究相对较少（Pike，2022）。北方国家和南方国家在区域能力、产业基础、资源禀赋、政府政策方面存在较大差异，南方国家如何制定绿色增长政策，提高竞争力，跨越性发展更加清洁的技术，通过环境技术创新在经济和环境上进行追赶仍然研究较少（Herman，

2023）。对区域发展不均衡性与不同背景下的多视角探究是绿色产业地域布局新的研究方向（Zhou *et al.*，2023）。

小　　结

区域产业创新是推动区域产业升级和可持续增长的关键。演化经济地理学和区域创新系统及创新网络的研究为我们理解区域产业创新的规律和动力机制提供了重要视角。区域创新系统概念认为，区域组织厚度、制度结构、正式非正式激励、创新与合作的文化氛围，会影响对新奇的创造、吸收和发展。网络结构对创新绩效存在多方面的影响，网络密度、网络中心度、地理开放性等网络结构特征均会对集群创新有积极影响。不同类型区域具有不同特点，从而发展出不同的产业路径。

此外，基于演化经济地理学，相关学者对创新网络本身的演化进行了相关探索。演化经济地理学的新奇、惯例、路径依赖与共同演化等思想，为创新网络研究提供了新的视角，有助于挖掘创新网络的演化规律及动力机制。创新网络中的创新伙伴、空间尺度、合作关系的选择是路径依赖、路径锁定和路径创造相互制约、相互促进的复杂自适应过程，而多维邻近性是创新网络演化的重要驱动力。

同时，近年来区域绿色转型与绿色技术发展也成为学术界关注的重点问题。相比于传统产业，一些新型绿色产业更加深刻地受到了地理位置的影响。因此，演化经济地理学将历史视角与新奇引入绿色产业研究，通过绿色路径创建的概念来理解绿色产业的空间动态。区域对环境技术的认知邻近程度能够促进互动学习与知识溢出，为产业绿色发展转型奠定了基础。因此，演化经济地理学为区域产业创新和绿色转型研究引入了新的研究视角，进一步加深了学界对创新及绿色转型机制的认识。

参 考 文 献

[1] Acs, Z. J., D. B. Audretsch, E. E. Lehmann, 2013. The Knowledge Spillover Theory of Entrepreneurship. *Small Business Economics*, Vol. 41, No. 4, pp. 757-774.

[2] Agrawal, A., I. Cockburn, J. McHale, 2006. Gone but Not Forgotten: Knowledge Flows, Labor Mobility, and Enduring Social Relationships. *Journal of Economic Geography*, Vol. 6, No. 5, pp. 571-591.

[3] Agrawal, A., D. Kapur, J. McHale, 2008. How Do Spatial and Social Proximity Influence Knowledge Flows? Evidence from Patent Data. *Journal of Urban Economics*, Vol. 64, No. 2, pp. 258-269.

[4] Amin, A., N. J. Thrift, 1994. *Living in the Global. Globalisation, Institutions and Regional Development in Europe*. Oxford University Press, pp. 1-22.

[5] Antonioli, D., S. Borghesi, M. Mazzanti, 2016. Are Regional Systems Greening the Economy? Local Spillovers, Green Innovations and Firms' Economic Performances. *Economics of Innovation and New Technology*, Vol. 25, No. 7, pp. 692-713.

[6] Asheim, B. T., A. Isaksen, 2002. Regional Innovation Systems: The Integration of Local "Sticky" and Global "Ubiquitous" Knowledge. *The Journal of Technology Transfer*, Vol. 27, No. 1, pp. 77-86.

[7] Balland, P. -A., 2012. Proximity and the Evolution of Collaboration Networks: Evidence from Research and Development Projects Within the Global Navigation Satellite System (GNSS) Industry. *Regional Studies*, Vol. 46, No. 6, pp. 741-756.

[8] Balland, P. -A., J. A. Belso-Martínez, A. Morrison, 2016. The Dynamics of Technical and Business Knowledge Networks in Industrial Clusters: Embeddedness, Status, or Proximity? *Economic Geography*, Vol. 92, No. 1, pp. 35-60.

[9] Balland, P. -A., M. De Vaan, R. Boschma, 2013. The Dynamics of Interfirm Networks Along the Industry Life Cycle: The Case of the Global Video Game Industry, 1987-2007. *Journal of Economic Geography*, Vol. 13, No. 5, pp. 741-765.

[10] Bansal, P., A. J. Hoffman, 2012. *The Oxford Handbook of Business and the Natural Environment*. Oxford University Press.

[11] Bathelt, H., A. Malmberg, P. Maskell, 2004. Clusters and Knowledge: Local Buzz, Global Pipelines and the Process of Knowledge Creation. *Progress in Human Geography*, Vol. 28, No. 1, pp. 31-56.

[12] Baumgartinger-Seiringer, S., J. Miörner, M. Trippl, 2021. Towards a Stage Model of Regional Industrial Path Transformation. *Industry and Innovation*, Vol. 28, No. 2, pp. 160-181.

[13] Berchicci, L., 2013. Towards an Open R&D System: Internal R&D Investment, External Knowledge Acquisition and Innovative Performance. *Research Policy*, Vol. 42, No. 1, pp. 117-127.

[14] Bergek, A., S. Jacobsson, B. Carlsson *et al.*, 2008. Analyzing the Functional Dynamics of Technological Innovation Systems: A Scheme of Analysis. *Research Policy*, Vol. 37, No. 3, pp. 407-429.

[15] Binz, C., B. Truffer, L. Coenen, 2014. Why Space Matters in Technological Innovation

Systems — Mapping Global Knowledge Dynamics of Membrane Bioreactor Technology. *Research Policy*, Vol. 43, No. 1, pp. 138-155.

[16] Binz, C., B. Truffer, L. Coenen, 2016. Path Creation as a Process of Resource Alignment and Anchoring: Industry Formation for On-Site Water Recycling in Beijing. *Economic Geography*, Vol. 92, No. 2, pp. 172-200.

[17] Boschma, R., 2005. Proximity and Innovation: A Critical Assessment. *Regional Studies*, Vol. 39, No. 1, pp. 61-74.

[18] Boschma, R., L. Coenen, K. Frenken *et al.*, 2017. Towards a Theory of Regional Diversification: Combining Insights from Evolutionary Economic Geography and Transition Studies. *Regional Studies*, Vol. 51, No. 1, pp. 31-45.

[19] Boschma, R., A. Minondo, M. Navarro, 2013. The Emergence of New Industries at the Regional Level in Spain: A Proximity Approach Based on Product Relatedness. *Economic Geography*, Vol. 89, No. 1, pp. 29-51.

[20] Boschma, R. A., R. Wenting, 2007. The Spatial Evolution of the British Automobile Industry: Does Location Matter? *Industrial and Corporate Change*, Vol. 16, No. 2, pp. 213-238.

[21] Braunerhjelm, P., Z. J. Acs, D. B. Audretsch *et al.*, 2010. The Missing Link: Knowledge Diffusion and Entrepreneurship in Endogenous Growth. *Small Business Economics*, Vol. 34, No. 2, pp. 105-125.

[22] Bridge, G., H. Bulkeley, P. Langley *et al.*, 2020. Pluralizing and Problematizing Carbon Finance. *Progress in Human Geography*, Vol. 44, No. 4, pp. 724-742.

[23] Broekel, T., 2015. The Co-Evolution of Proximities — A Network Level Study. *Regional Studies*, Vol. 49, No. 6, pp. 921-935.

[24] Broekel, T., R. Boschma, 2012. Knowledge Networks in the Dutch Aviation Industry: The Proximity Paradox. *Journal of Economic Geography*, Vol. 12, No. 2, pp. 409-433.

[25] Broekel, T., M. Hartog, 2013. Explaining the Structure of Inter-Organizational Networks Using Exponential Random Graph Models. *Industry and Innovation*, Vol. 20, No. 3, pp. 277-295.

[26] Bunnell, T. G., N. M. Coe, 2001. Spaces and Scales of Innovation. *Progress in Human Geography*, Vol. 25, No. 4, pp. 569-589.

[27] Capasso, M., T. Hansen, J. Heiberg *et al.*, 2019. Green Growth — A Synthesis of Scientific Findings. *Technological Forecasting and Social Change*, Vol. 146, pp. 390-402.

[28] Caprotti, F., I. Bailey, 2014. Making Sense of the Green Economy. *Geografiska Annaler: Series B, Human Geography*, Vol. 96, No. 3, pp. 195-200.

[29] Carraro, C., D. Siniscaico, 1994. Environmental Policy Reconsidered: The Role of Technological Innovation. *European Economic Review*, Vol. 38, No. 3-4, pp. 545-554.

[30] Coenen, L., B. Asheim, M. M. Bugge *et al.*, 2017. Advancing Regional Innovation Systems: What Does Evolutionary Economic Geography Bring to the Policy Table? *Environment and*

Planning C: Politics and Space, Vol. 35, No. 4, pp. 600-620.

[31] Corradini, C., 2019. Location Determinants of Green Technological Entry: Evidence from European Regions. *Small Business Economics*, Vol. 52, No. 4, pp. 845-858.

[32] Corradini, C., L. De Propris, 2015. Technological Diversification and New Innovators in European Regions: Evidence from Patent Data. *Environment and Planning A*, Vol. 47, No. 10, pp. 2170-2186.

[33] Corradini, C., L. De Propris, 2017. Beyond Local Search: Bridging Platforms and Inter-Sectoral Technological Integration. *Research Policy*, Vol. 46, No. 1, pp. 196-206.

[34] D'Este, P., F. Guy, S. Iammarino, 2013. Shaping the Formation of University-Industry Research Collaborations: What Type of Proximity Does Really Matter? *Journal of Economic Geography*, Vol. 13, No. 4, pp. 537-558.

[35] Demirel, P., E. Kesidou, 2011. Stimulating Different Types of Eco-Innovation in the UK: Government Policies and Firm Motivations. *Ecological Economics*, Vol. 70, No. 8, pp. 1546-1557.

[36] Essletzbichler, J., 2012. Evolutionary Economic Geographies1. *The Wiley-Blackwell Companion to Economic Geography*. Wiley-Blackwell, pp. 183-198.

[37] Frenken, K., R. A. Boschma, 2007. A Theoretical Framework for Evolutionary Economic Geography: Industrial Dynamics and Urban Growth as a Branching Process. *Journal of Economic Geography*, Vol. 7, No. 5, pp. 635-649.

[38] Frenken, K., F. Van Oort, T. Verburg, 2007. Related Variety, Unrelated Variety and Regional Economic Growth. *Regional Studies*, Vol. 41, No. 5, pp. 685-697.

[39] Garud, R., P. Karnøe, 2001. Path Creation as a Process of Mindful Deviation. *Path Dependence and Creation*. Psychology Press, pp. 1-38.

[40] Garud, R., P. Karnøe, 2003. Bricolage Versus Breakthrough: Distributed and Embedded Agency in Technology Entrepreneurship. *Research Policy*, Vol. 32, No. 2, pp. 277-300.

[41] Giuliani, E., M. Bell, 2005. The Micro-Determinants of Meso-Level Learning and Innovation: Evidence from a Chilean Wine Cluster. *Research Policy*, Vol. 34, No. 1, pp. 47-68.

[42] Giustolisi, A., M. Benner, M. Trippl, 2023. Smart Specialisation Strategies: Towards an Outward-Looking Approach. *European Planning Studies*, Vol. 31, No. 4, pp. 738-757.

[43] Grillitsch, M., 2019. Following or Breaking Regional Development Paths: On the Role and Capability of the Innovative Entrepreneur. *Regional Studies*, Vol. 53, No. 5, pp. 681-691.

[44] Hansen, T., J. Mattes, 2018. Proximity and Power in Collaborative Innovation Projects. *Regional Studies*, Vol. 52, No. 1, pp. 35-46.

[45] He, C., T. Chen, X. Mao *et al.*, 2016. Economic Transition, Urbanization and Population Redistribution in China. *Habitat International*, Vol. 51, pp. 39-47.

[46] He, C., T. Chen, S. Zhu, 2021. Do Not Put Eggs in One Basket: Related Variety and Export Resilience in the Post-Crisis Era. *Industrial and Corporate Change*, Vol. 30, No. 6, pp.

1655-1676.

[47] He, C., S. He, E. Mu *et al.*, 2022. Environmental Economic Geography: Recent Advances and Innovative Development. *Geography and Sustainability*, Vol. 3, No. 2, pp. 152-163.

[48] He, C., X. Mao, 2020. *Environmental Economic Geography in China*. Springer.

[49] He, C., X. Mao, X. Zhu, 2018. Industrial Dynamics and Environmental Performance in Urban China. *Journal of Cleaner Production*, Vol. 195, No. 26, pp. 1512-1522.

[50] He, C., F. Pan, Y. Yan, 2012. Is Economic Transition Harmful to China's Urban Environment? Evidence from Industrial Air Pollution in Chinese Cities. *Urban Studies*, Vol. 49, No. 8, pp. 1767-1790.

[51] He, C., Y. Yan, D. Rigby, 2018. Regional Industrial Evolution in China. *Papers in Regional Science*, Vol. 97, No. 2, pp. 173-198.

[52] He, C., S. Zhu, 2019. *Evolutionary Economic Geography in China*. Springer.

[53] Herman, K. S., 2023. Green Growth and Innovation in the Global South: A Systematic Literature Review. *Innovation and Development*, Vol. 13, No. 1, pp. 43-69.

[54] Hoekman, J., K. Frenken, R. J. W. Tijssen, 2010. Research Collaboration at a Distance: Changing Spatial Patterns of Scientific Collaboration Within Europe. *Research Policy*, Vol. 39, No. 5, pp. 662-673.

[55] Horbach, J., 2008. Determinants of Environmental Innovation — New Evidence from German Panel Data Sources. *Research Policy*, Vol. 37, No. 1, pp. 163-173.

[56] Isaksen, A., 2014. Industrial Development in Thin Regions: Trapped in Path Extension? *Journal of Economic Geography*, Vol. 15, No. 3, pp. 585-600.

[57] Isaksen, A., F. Tödtling, M. Trippl, 2018. *Innovation Policies for Regional Structural Change: Combining Actor-Based and System-Based Strategies*. Springer.

[58] Isaksen, A., M. Trippl, 2017. Exogenously Led and Policy-Supported New Path Development in Peripheral Regions: Analytical and Synthetic Routes. *Economic Geography*, Vol. 93, No. 5, pp. 436-457.

[59] Kesidou, E., P. Demirel, 2012. On the Drivers of Eco-Innovations: Empirical Evidence from the UK. *Research Policy*, Vol. 41, No. 5, pp. 862-870.

[60] Kivimaa, P., F. Kern, 2016. Creative Destruction or Mere Niche Support? Innovation Policy Mixes for Sustainability Transitions. *Research Policy*, Vol. 45, No. 1, pp. 205-217.

[61] Köhler, J., F. W. Geels, F. Kern *et al.*, 2019. An Agenda for Sustainability Transitions Research: State of the Art and Future Directions. *Environmental Innovation and Societal Transitions*, Vol. 31, No. 2, pp. 1-32.

[62] Kyllingstad, N., J. O. Rypestøl, 2019. Towards a More Sustainable Process Industry: A Single Case Study of Restructuring Within the Eyde Process Industry Cluster. *Norsk Geografisk Tidsskrift-Norwegian Journal of Geography*, Vol. 73, No. 1, pp. 29-38.

[63] Marris, E., 2006. Putting the Carbon Back: Black Is the New Green. *Nature*, Vol. 442, No. 7103, pp. 624-626.

[64] Li, P. -F., H. Bathelt, J. Wang, 2012. Network Dynamics and Cluster Evolution: Changing Trajectories of the Aluminium Extrusion Industry in Dali, China. *Journal of Economic Geography*, Vol. 12, No. 1, pp. 127-155.

[65] MacKinnon, D., S. Dawley, A. Pike *et al.*, 2019. Rethinking Path Creation: A Geographical Political Economy Approach. *Economic Geography*, Vol. 95, No. 2, pp. 113-135.

[66] Madsen, A. N., P. D. Andersen, 2010. Innovative Regions and Industrial Clusters in Hydrogen and Fuel Cell Technology. *Energy Policy*, Vol. 38, No. 10, pp. 5372-5381.

[67] Martin, R., P. Sunley, 2006. Path Dependence and Regional Economic Evolution. *Journal of Economic Geography*, Vol. 6, No. 4, pp. 395-437.

[68] Matti, C., D. Consoli, E. Uyarra, 2017. Multi Level Policy Mixes and Industry Emergence: The Case of Wind Energy in Spain. *Environment and Planning C: Politics and Space*, Vol. 35, No. 4, pp. 661-683.

[69] Maurseth, P. B., B. Verspagen, 2002. Knowledge Spillovers in Europe: A Patent Citations Analysis. *Scandinavian Journal of Economics*, Vol. 104, No. 4, pp. 531-545.

[70] Menzel, H. C., I. Aaltio, J. M. Ulijn, 2007. On the Way to Creativity: Engineers as Intrapreneurs in Organizations. *Technovation*, Vol. 27, No. 12, pp. 732-743.

[71] Menzel, M. -P., D. Fornahl, 2007. Cluster Life Cycles-Dimensions and Rationales of Cluster Development. *Jena Economic Research Paper*, No. 2007-076.

[72] Menzel, M. -P., D. Fornahl, 2010. Cluster Life Cycles — Dimensions and Rationales of Cluster Evolution. *Industrial and Corporate Change*, Vol. 19, No. 1, pp. 205-238.

[73] Miörner, J., 2020. The Road Towards Autonomous Driving — A Differentiated View of Institutional Agency in Path Transformation. *Norsk Geografisk Tidsskrift-Norwegian Journal of Geography*, Vol. 74, No. 5, pp. 283-295.

[74] Miörner, J., E. Zukauskaite, M. Trippl *et al.*, 2018. Creating Institutional Preconditions for Knowledge Flows in Cross-Border Regions. *Environment and Planning C: Politics and Space*, Vol. 36, No. 2, pp. 201-218.

[75] Moreno, R., R. Paci, S. Usai, 2005. Geographical and Sectoral Clusters of Innovation in Europe. *The Annals of Regional Science*, Vol. 39, No. 4, pp. 715-739.

[76] Morrison, K., 2008. Educational Philosophy and the Challenge of Complexity Theory. *Educational Philosophy and Theory*, Vol. 40, No. 1, pp. 19-34.

[77] Neffke, F., M. Henning, R. Boschma, 2011. How Do Regions Diversify over Time? Industry Relatedness and the Development of New Growth Paths in Regions. *Economic Geography*, Vol. 87, No. 3, pp. 237-265.

[78] Njøs, R., S. G. Sjøtun, S. -E. Jakobsen *et al.*, 2020. Expanding Analyses of Path Creation: Interconnections between Territory and Technology. *Economic Geography*, Vol. 96, No. 3, pp. 266-288.

[79] Nooteboom, B., 2000. Learning by Interaction: Absorptive Capacity, Cognitive Distance and Governance. *Journal of Management and Governance*, Vol. 4, No. 1-2, pp. 69-92.

[80] Pike, A., 2022. Coping with Deindustrialization in the Global North and South. *International Journal of Urban Sciences*, Vol. 26, No. 1, pp. 1-22.

[81] Popp, D., R. G. Newell, A. B. Jaffe, 2010. Energy, the Environment, and Technological Change. *Handbook of the Economics of Innovation*. Elsevier, pp. 873-937.

[82] Rodríguez-Pose, A., 2013. Do Institutions Matter for Regional Development? *Regional Studies*, Vol. 47, No. 7, pp. 1034-1047.

[83] Rossiter, W., 2023. *The Role of State Actors, Policy and Agency in Development Path Creation: Evidence from the English Midlands*. Nottingham Trent University.

[84] Simmie, J., R. Sternberg, J. Carpenter, 2014. New Technological Path Creation: Evidence from the British and German Wind Energy Industries. *Journal of Evolutionary Economics*, Vol. 24, No. 4, pp. 875-904.

[85] Sjøtun, S. G., R. Njøs, 2019. Green Reorientation of Clusters and the Role of Policy: "The Normative" and "the Neutral" Route. *European Planning Studies*, Vol. 27, No. 12, pp. 2411-2430.

[86] Smith, A., 2007. Translating Sustainabilities Between Green Niches and Socio-Technical Regimes. *Technology Analysis & Strategic Management*, Vol. 19, No. 4, pp. 427-450.

[87] Sonn, J. W., M. Storper, 2008. The Increasing Importance of Geographical Proximity in Knowledge Production: An Analysis of US Patent Citations, 1975-1997. *Environment and Planning A*, Vol. 40, No. 5, pp. 1020-1039.

[88] Steen, M., 2016. Reconsidering Path Creation in Economic Geography: Aspects of Agency, Temporality and Methods. *European Planning Studies*, Vol. 24, No. 9, pp. 1605-1622.

[89] Steen, M., G. H. Hansen, 2018. Barriers to Path Creation: The Case of Offshore Wind Power in Norway. *Economic Geography*, Vol. 94, No. 2, pp. 188-210.

[90] Storper, M., 1995. The Resurgence of Regional Economies, Ten Years Later: The Region as a Nexus of Untraded Interdependencies. *European Urban and Regional Studies*, Vol. 2, No. 3, pp. 191-221.

[91] Strambach, S., 2010. Path Dependence and Path Plasticity: The Co-Evolution of Institutions and Innovation — The German Customized Business Software Industry. *The Handbook of Evolutionary Economic Geography*. Edward Elgar Publishing.

[92] Tanner, A. N., 2014. Regional Branching Reconsidered: Emergence of the Fuel Cell Industry in European Regions. *Economic Geography*, Vol. 90, No. 4, pp. 403-427.

[93] Tanner, T., D. Lewis, D. Wrathall *et al.*, 2015. Livelihood Resilience in the Face of Climate Change. *Nature Climate Change*, Vol. 5, No. 1, pp. 23-26.

[94] Ter Wal, A. L., 2014. The Dynamics of the Inventor Network in German Biotechnology: Geographic Proximity Versus Triadic Closure. *Journal of Economic Geography*, Vol. 14, No. 3, pp. 589-620.

[95] Tödtling, F., M. Trippl, 2005. One Size Fits All? Towards a Differentiated Regional Innovation Policy Approach. *Research Policy*, Vol. 34, No. 8, pp. 1203-1219.

[96] Tödtling, F., M. Trippl, 2018. Regional Innovation Policies for New Path Development — Beyond Neo-Liberal and Traditional Systemic Views. *European Planning Studies*, Vol. 26, No. 9, pp. 1779-1795.

[97] Torre, A., A. Rallet, 2005. Proximity and Localization. *Regional Studies*, Vol. 39, No. 1, pp. 47-59.

[98] Trippl, M., S. Baumgartinger-Seiringer, A. Frangenheim *et al.*, 2020. Unravelling Green Regional Industrial Path Development: Regional Preconditions, Asset Modification and Agency. *Geoforum*, Vol. 111, No. 4, pp. 189-197.

[99] Trippl, M., M. Grillitsch, A. Isaksen, 2018. Exogenous Sources of Regional Industrial Change: Attraction and Absorption of Non-Local Knowledge for New Path Development. *Progress in Human Geography*, Vol. 42, No. 5, pp. 687-705.

[100] Trippl, M., E. Zukauskaite, A. Healy, 2020. Shaping Smart Specialization: The Role of Place-Specific Factors in Advanced, Intermediate and Less-Developed European Regions. *Regional Studies*, Vol. 54, No. 10, pp. 1328-1340.

[101] Wagner, J., 2007. Exports and Productivity: A Survey of the Evidence from Firm-Level Data. *World Economy*, Vol. 30, No. 1, pp. 60-82.

[102] Zhou, Z., C. K. L. Chung, J. Xu, 2023. Geographies of Green Industries: The Interplay of Firms, Technologies, and the Environment. *Progress in Human Geography*, Vol. 47, No. 5, pp. 680-698.

[103] Zhu, S., C. He, Y. Zhou, 2017. How to Jump Further and Catch Up? Path-Breaking in an Uneven Industry Space. *Journal of Economic Geography*, Vol. 17, No. 3, pp. 521-545.

[104] Zhu, S., W. Jin, C. He, 2019. On Evolutionary Economic Geography: A Literature Review Using Bibliometric Analysis. *European Planning Studies*, Vol. 27, No. 4, pp. 639-660.

[105] Zukauskaite, E., M. Trippl, M. Plechero, 2017. Institutional Thickness Revisited. *Economic Geography*, Vol. 93, No. 4, pp. 325-345.

[106] 陈肖飞、郭建峰、胡志强等:"汽车产业集群网络演化与驱动机制研究——以奇瑞汽车集群为例",《地理科学》,2019 年第 3 期,第 467—476 页。

[107] 贺灿飞、黎明:"演化经济地理学",《河南大学学报(自然科学版)》,2016 年第 4 期,第 387—391 页。

[108] 贺灿飞、李伟:"演化经济地理学与区域发展",《区域经济评论》,2020 年第 1 期,第 39—54 页。

[109] 贺灿飞、李文韬:"中国国际科研合作网络的时空演化特征与驱动力",《中国软科学》,2022 年第 7 期,第 70—81 页。

[110] 贺灿飞、毛熙彦:"中国环境经济地理的研究主题展望",《地理科学》,2021 年第 9 期,第 1497—1504 页。

[111] 贺灿飞、毛熙彦、彭建:"环境经济地理研究的理论演进与展望",《经济地理》,2021 年第 10 期,第 70—78 页。

[112] 贺灿飞、谭卓立:"全球-地方互动与中国城市产业创新",《城市与环境研究》,2020

年第 2 期，第 3—23 页。

[113]　李琳、雒道政："多维邻近性与创新：西方研究回顾与展望"，《经济地理》，2013
　　　　年第 6 期，第 1—7+41 页。

[114]　李胜会、戎芳毅："中国制造业绿色转型升级：政策、实践与趋势"，《全球化》，2021
　　　　年第 5 期，第 103—114+136 页。

[115]　毛熙彦、贺灿飞："环境经济地理学的研究现状与挑战"，《地理研究》，2022 年第 1
　　　　期，第 4—17 页。

[116]　苏灿、曾刚："演化经济地理学视角下区域新路径发展的研究评述与展望"，《经济
　　　　地理》，2021 年第 2 期，第 23—34 页。

[117]　孙菁靖："异质性环境规制对中国制造业绿色转型的影响与机制"（博士论文），华
　　　　南理工大学，2022 年。

[118]　魏江、徐蕾："知识网络双重嵌入、知识整合与集群企业创新能力"，《管理科学学
　　　　报》，2014 年第 2 期，第 34—47 页。

[119]　张伟峰、慕继丰、万威武："基于企业创新网络的技术路径创造"，《科学学研究》，
　　　　2003 年第 6 期，第 657—661 页。

[120]　周灿、曾刚、尚勇敏："演化经济地理学视角下创新网络研究进展与展望"，《经济
　　　　地理》，2019 年第 5 期，第 27—36 页。

[121]　朱向东、贺灿飞、李茜等："地方政府竞争、环境规制与中国城市空气污染"，《中
　　　　国人口・资源与环境》，2018 年第 6 期，第 103—110 页。

第七章 区域经济韧性

面临金融危机、中美贸易战、新冠疫情的冲击，区域经济韧性已经成为当前广受关注的研究热点，众多学者从不同角度探究了区域经济韧性及其影响因素。区域经济在发展过程中会受到各种危机的冲击，而区域如何面临不良干扰，适应危机冲击，实现经济恢复是各界关注的重点问题（胡晓辉，2012）。区域经济韧性这一隐喻源于工程力学、生态学对系统均衡的思考，旨在从均衡论与演化论视角揭示区域经济系统受到冲击后如何抵御危机、实现恢复、创造发展路径的过程（Hudson，2010）。区域经济韧性不仅是发展的结果，也是发展的动态过程，是时间维度与空间尺度的统一。但现有研究大都关注区域本身的特性，而缺乏从动态性、多主体互动性、多尺度融合视角审视区域经济韧性的形成过程。演化经济地理学为研究区域经济韧性提供了新的动态性视角，认为区域经济的发展路径并非单一的、均衡的，而是处于复杂动态过程中的（Christopherson *et al.*，2010；Hudson，2010）。动态性视角将区域经济韧性视作一个过程，考察区域经济系统应对危机、经济恢复、路径突破等动态特征；多主题互动性视角重点关注经济主体相互作用对区域经济韧性的影响；多尺度融合视角在探讨不同空间尺度上区域经济韧性表征的同时，还尝试从微观网络结构研究区域经济韧性的形成机制。区域经济韧性研究对经济发展具有深远的意义，尤其在当前世界变局之下，面临不确定环境，研究区域经济韧性有利于增强对中国经济的理解。

第一节 区域经济韧性概念

"韧性"多用于工程力学领域，其主要含义是物体受到压力后恢复到初始状态的能力（胡晓辉，2012；孙久文、孙翔宇，2017）。韧性概念最早被引入生态系统的承载力研究，认为韧性是生态系统在受到破坏以后恢复原有平衡状态的能力（Holling，1973）。随后，韧性概念被广泛运用于心理创伤修复、自然灾害应对和社会生态系统调适等研究领域。同时，一些区域研究学者也开始关注区域复兴韧性问题。在后续的研究中，学者将"韧性"视为隐喻，引入生态学、城市规划、经济学与经济地理等领域研究（Martin，2012；彭翀等，2015；苏杭，2015）。有些学者认为，区域韧性是区域面对外部干扰或冲击所体现出来的参与、准备、应对和修复的能力（Foster，2007）。还有学者认为区域是一种社会经济系统，而区域韧性是区域在不改变其系统结构和功能的情况下恢复原来状态或改变原来轨迹并进入某种新状态的特性（Hill *et al.*，2008）。随着研究对象和目的的不断变化，韧性概念的研究呈现出多样化特征。具体而言，经济韧性描述了不同经济主体在经济周期、外部冲击影响下抵御冲击与恢复重生能力的差异，而区域经济韧性进一步加入了空间尺度考量，其研究对象是多尺度空间系统应对外部冲击的能力（Modica，2015）。

一、工程韧性

工程韧性是一个物理学或工程学概念，指系统受压后恢复或返回原状态的能力，强调系统响应后状态的均衡稳定性。工程弹性体现了系统抵御冲击的物理属性以及恢复原有均衡状态的速度（Holling，1973）。也有学者将工程韧性等同于物理学中的"回弹"，认为工程韧性反映系统受到冲击后恢复到原来状态的能力（McGlade *et al.*，2006）。因此，在工程韧性思想影响下，部分学者认为区域经济发展也是存在单一均衡状态的，即外部冲击可能在不同程度上使得某一区域偏离其发展路径，但是随着时间推移，区域发展又会回到初始的均衡状态（Modica and Reggiani，2015）。然而，地方或区域的经济发展永远不会达到一种均衡的状态，更不会在遭受冲击后完全恢复原来状态和发展轨迹（Martin，2012）。区域发展单一均衡的思想与现实严重不符。例如，自然灾害、经济危机等冲击既可能导致区域持续性衰退，也可能带来发展的新机遇。同时，区域经济在发展过程中可能出现熊彼特式的"创造性破坏"，即局部性偶然事件容易促使创新的产生，从而引发区域经济发展出现"路径创造"或"路径分叉"，而无法恢复到原来的状态。因此，区域经济发展应当是一个具有多重轨迹的过程，不能简单地用单一均衡进行分析（Hassink，2010；Martin，2012）。

二、生态韧性

与工程韧性不同，生态韧性在多重均衡的前提下承认了某一系统受到冲击后进入新稳态的可能性，即系统在承受干扰或波动后超越"回弹门槛"，进入另一发展轨迹的可能性。西姆等指出，在多重均衡的思想下，区域发展路径被赋予多元化可能，即某一区域可能会因为无法抵御冲击而衰退，或是通过内生重组创造新的发展路径并最终达到相对稳定的状态（Pike *et al.*，2010；Simmie and Martin，2010）。类似的，马丁等结合经济学家汉密尔顿（Hamilton）的观点，认为外部冲击会导致区域经济发展的稳态转换（regime shift）（Martin and Gardiner，2019）。系统可能会吸收部分干扰而进入低于原水平的稳定状态，也可能无法适应外来冲击的影响而走上衰退之路，还可能通过重组系统结构超越原来水平并进入更好的发展状态（图7–1）。这种多重均衡性符合生物演化的特点，也驱使经济学者从演化视角出发，把选择、新奇、适应性、适应能力与弹性等概念结合起来，针对区域经济适应力差异和地方经济演化的多重轨迹进行富有建设性的探讨（Hassink，2010；Pike *et al.*，2010）。尽管生态韧性思想较工程韧性思想在区域发展路径分析上更具包容性，但是其始终没有跳出主流经济学均衡框架的限制（Dawley *et al.*，2010；Pike *et al.*，2010）。生态弹性强调的仍然是系统从一种稳定状态转变到另一种稳定状态（Dawley *et al.*，2010；Martin，2012）。基于生态弹性视角的区域经济演化被认为是间断式均衡的发展过程，即虽然区域经济的演化过程会因为各种冲击而中断，但长远来看仍然是一个均衡稳定的过程。

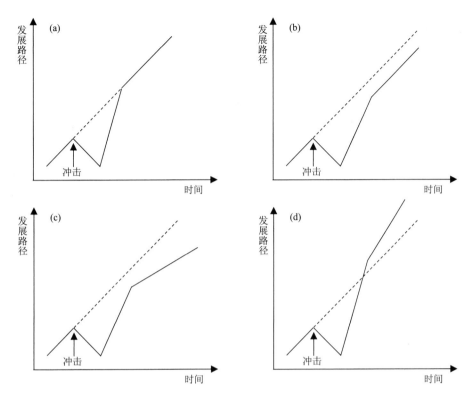

图 7-1 冲击后的发展路径

资料来源：Simmie and Martin（2010）。

三、适应韧性

面对频繁发生的各类外来冲击，如经济危机、技术变革、贸易战、新冠疫情等等以及能源危机与人口老龄化问题，如何应对、消解不同的冲击或干扰，适应性地推动区域经济的不断发展，理解区域应对危机的能力和潜力等问题，使得区域经济韧性成为研究的热点。研究视角从过去单一、均衡的静态观念转变到复杂、非均衡的动态观念。在复杂适应系统理论的启发下，学者提出了适应弹性的概念，并将区域经济发展的适应韧性定义为区域经济内部各要素，如产业、企业、技术和制度，通过相互调适和共同演化来确保区域经济实现适应性发展的能力（Martin，2012）。同时，适应韧性不仅凸显了区域经济适应过程和发展轨迹的路径依赖性，而且强调偶然事件破坏区域经济现有发展路径或创造新路径的可能性（Martin，2010）。结合复杂适应系统和演化经济地理的相关思想，适应韧性为研究当前复杂局势下的区域经济演化与转型问题提供了新的视角。

第二节　区域经济韧性的演化视角

以适应韧性为代表的演化论韧性新视角为研究区域经济发展提供了新的思考，区域发展路径是复杂、非均衡的过程（Christopherson *et al.*，2010；Hudson，2010）。区域经济发展的复杂性与非均衡性在于区域内部成分和结构会随着外部环境改变而变化，从而存在区域对外部冲击的适应过程，促成所谓的适应性韧性（adaptative resilience）（Martin and Sunley，2006）。以适应性韧性为代表的演化论视角没有受到传统区域分析中新古典经济学均衡理论的限制，进一步认为外部冲击对区域经济发展可能是风险，也可能是机遇；其重点关注区域经济韧性与路径依赖、多样化（variety）以及迟滞（hysteresis）等概念的关系（Boschma and Martin，2007）。

一、路径依赖与区域经济韧性

经典的路径依赖理论强调"依赖"与"锁定"的概念，表示一个经济体锁定特定经济发展轨迹的过程；路径依赖理论指出区域新产业的进入或新发展路径的形成不全是偶然，而是与现有技术、产业基础、历史要素等密切相关的（Hassink，2010；Boschma *et al.*，2017）。适应性视角下的区域经济韧性同样根植于区域本身的历史、产业结构、关系网络等（Tsiapa *et al.*，2018）。马丁等认为，路径依赖与区域经济韧性构成了"过程-结果"组合体（Simmie and Martin，2010），区域经济发展路径依赖的"过程"以及抵御经济波动的"结果"是在区域尺度涌现的，很大程度上具有区域依赖性（regional-dependence）。然而，哈辛克（Hassink，2010）等强调，区域经济系统由于规模报酬递增出现自强化的现象，从而将发展模式锁定在一个特定路径上。路径锁定可能给区域发展带来巨大的利益，但如果因锁定形成制度僵化或过度依赖某种资源，则可能导致区域衰败。因此，单纯从路径依赖出发审视区域经济韧性的形成缺乏一定的说服力。一方面，路径依赖从历史偶然性角度解释了区域经济韧性的形成；另一方面，路径锁定可能削弱区域的创新能力，错失路径转换或路径突破的机会，从而更易受到外部冲击的干扰（Bristow，2010）。

二、多样化与区域经济韧性

路径依赖理论着眼于区域产业宏观布局，而更为微观尺度的产业结构本身对区域经济韧性也有重要影响（Ascani *et al.*，2021）。区域产业结构多样化是产生经济外部性的源泉，可能调节或放大外部冲击对区域经济系统的作用（Dawley *et al.*，2010）。现有研究中较为主流的观点是以弗伦肯等根据认知邻近与经济外部性提出的相关多样化（related variety）与不相关多样化（unrelated variety）为出发点（Frenken and Boschma，2007；Frenken *et al.*，2007），探讨产业结构对区域经济韧性的影响。相关多样化能够促进区域关联企业、行业、产业之间的知识溢出，增加技术、思想、实践的跨行业互动、复制、修改与重组（Boschma and Iammarino，2009），在冲击发生后实现技能、能力、技术可以迅速在共享相同知识库的本地不同行业之间重新分配，提高地方系统应对外部冲击的能力（Cainelli and Ganau，2019）。然而，这种产业部门间致密的关联也可能加速危机、风险在区域经济系统中的传递（He *et al.*，2021），使得外部冲击对本地网络产生不可逆转的传染效应，对网络节点产生多米诺骨牌崩塌式的影响（Tóth *et al.*，2022）。因此，学者借鉴金融风险管理、产业组织等领域相关理论与实践，提出通过区域产业结构不相关多样化有能力分散、吸收不对称冲击造成的影响。从宏观尺度看，不相关多样化有助于培育新的产业结构，减轻劳动力流失压力，维持区域经济韧性（林耿等，2020）；从微观机制看，不相关多样化的网络结构连结更为松散，在外部冲击下网络间风险传导相对较弱（He *et al.*，2021）。由此可见，多样化对区域经济韧性的影响渠道具有两面性。宏观视角下的产业结构选择需通过以网络传导为核心的微观机制，共同作用于区域经济韧性的形成与动态（Xiao *et al.*，2018）。

三、迟滞与区域经济韧性

区域经济韧性的形成与表征并非发生在某个特定时点，而是一个区域经济系统长期作用的过程。马丁等基于演化经济地理视角对区域经济韧性进行探讨的过程中强调了区域经济系统的复杂性，其对外部异质性冲击会产生自组织、自维系等作用，因此需要借鉴复杂系统科学中"迟滞"的概念加以分析（Martin and Sunley，2015；Balland et al.，2016）。危机发生后区域经济系统由于经济韧性的影响，并不一定会迅速反应，从而在经济发展轨迹上可能出现偏离危机前发展路径的过程，而形成"正迟滞"与"负迟滞"两种状态（图 7-2）。在正迟滞中，区域受到危机冲击后进入增长率更高的恢复过程；而在负迟滞中，区域经济系统经历了严重的经济衰退，如果危机造成的影响无法消除，区域经济系统则可能陷入低增长率负迟滞路径。总之，区域经济韧性与迟滞相结合，重点解释了区域转型升级的能力以及经济发展活力的持续，旨在说明为什么有的区域能够适应冲击并在冲击后形成新的发展模式，但有的区域则在经历了冲击后长期衰败（MacKinnon et al.，2009）。

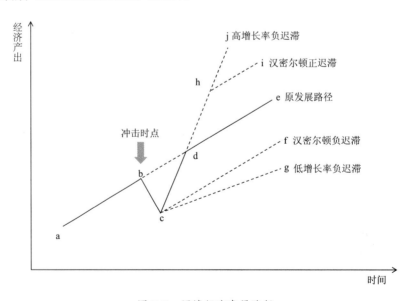

图 7-2   区域经济发展路径

资料来源：Martin and Gardiner（2019）。

韧性研究经历了从均衡论视角向演化论视角的演变。与此同时，"韧性"这一来源于工程力学的术语也在多学科研究中被赋予独特的隐喻。例如，胡晓辉指出，工程韧性更适用于分析物理系统，生态韧性更适用于分析生态系统，而适应性韧性更适用于分析经济系统（Bristow，2010；胡晓辉，2012）。然而，均衡论视角与演化论视角下的区域经济韧性理论仍存在进一步发展的空间。第一，区域经济韧性均衡论视角容易锁定于"回弹"，从而简化了社会经济变动的复杂性、无序性，因此，其更多被运用于区域经济韧性的测算而非真实现象的全面解释（Modica and Reggiani，2015）。第二，区域经济韧性演化论视角在形成之初多借鉴演化经济地理、复杂系统理论，较少考虑不同空间尺度区域经济韧性形成机制，尚未将企业、劳动者、政府等经济主体行为纳入区域经济韧性的研究框架（Frenken *et al.*，2007；Martin，2021）。近年来，部分学者在演化论视角基础上进一步发展了区域经济韧性的研究框架，着力探讨区域经济韧性形成的动态性过程、区域主体互动对区域经济韧性形成的重要作用以及微观-宏观尺度、空间尺度的区域经济韧性表征。

第三节　区域经济韧性研究进展

部分学者基于适应性韧性的概念对区域经济韧性理论框架进行了深化。第一，动态性视角，例如，西姆和马丁（Simmie and Martin，2010）在继续吸收演化经济地理学、复杂理论的基础上提出了区域经济韧性阶段性模型。第二，多主体互动性视角，例如，尼夫克等（Neffke *et al.*，2011）指出以区域经济韧性为代表的区域能力形成依赖于企业、劳动力、政府等经济主体的互动过程，哈辛克、胡晓辉等将区域经济韧性与战略耦合框架相结合（Hassink，2010；胡晓辉、张文忠，2018；胡晓辉等，2021）。第三，多尺度融合视角，例如，莫迪卡和雷贾尼（Modica and Reggiani，2015）提出的空间经济韧性，进一步丰富了区域经济韧性的空间尺度特征。另外，部分学者开始从复杂网络视角尝试解释区域经济韧性形成的微观机理，从而推动区域经济韧性研究宏观与微观尺度的统一。

一、动态性

　　均衡论与演化论视角下的区域经济韧性均蕴含了时间变量，即考察了经济系统从危机发生前的准备，到危机发生中的应对，再到危机发生后的恢复过程。基于演化经济地理以及复杂系统理论，西姆等提出了区域复杂适应性系统四阶段循环模型（Simmie and Martin，2010），进一步深化了区域经济韧性的动态性视角。该模型包括开发阶段（exploitation phase）、维持阶段（conservation phase）、释放阶段（release phase）以及重组阶段（reorganization phase）（图 7–3）。

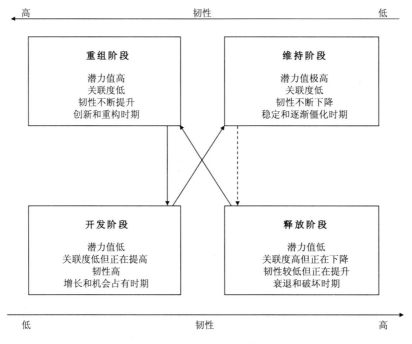

图 7–3　区域复杂适应性系统四阶段

资料来源：Simmie and Martin（2010）。

　　在四个阶段之间，存在两个适应性循环（adaptive cycle）：第一，区域经济系统会经历从重组阶段到开发阶段再到维持阶段的累积增长；第二，该系统也会经历从维持阶段到释放阶段再到重组阶段的经济衰退或转型过程（图 7–4）。当区域经济系统从重组阶段走向维持阶段时，区域内部资本、技术、制度的厚度加深，系统内部要素关联程度提高，区域经济韧性也达到峰值；而在区域经济衰退或转型过程中，系统内部已有关联被打破，开始对原有的要素进行重组，此时由于经济韧性的减弱，系统更易受到外部冲击；一旦区域经济系统能形成发展新路径，进入新一轮的重构阶段，则区域经济韧性又将提高。该模型揭示了区域经济系统的复杂演化过程，强调了区域经济韧性非线性变化的特点（胡晓辉，2012），也说明区域系统是在危机影响下不断进行要素重组从而实现动态演化的（陈梦远，2017）。

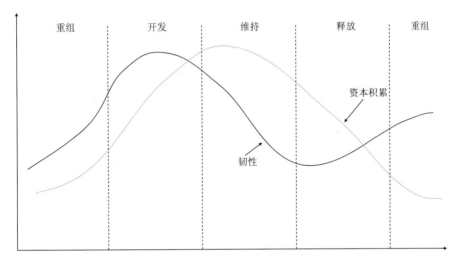

图 7-4 适应性循环中区域经济韧性的变化过程

资料来源：Simmie and Martin（2010）。

马丁在前人研究基础上更关注区域经济韧性本身的维度，提出了区域经济韧性四维度分析模型（Martin，2012）（图 7-5）。在该模型中，区域经济韧性通过抵抗能力（resistance）、恢复能力（recovery）、更新能力（renewal）和重定向能力（reorientation）来衡量。在后续的研究中，马丁等对已有框架进行了修改和完善（Martin，2010），认为区域经济韧性表征为脆弱性（vulnerability）、抵抗力（resistance）、稳健性（robustness）和恢复力（recoverability）四个维度。与西姆等提出的模型有所不同，该模型结合了经济韧性研究中均衡论与演化论的思想，既看到经济系统抵御冲击、实现恢复的过程，也看到其产生新发展路径的可能性。

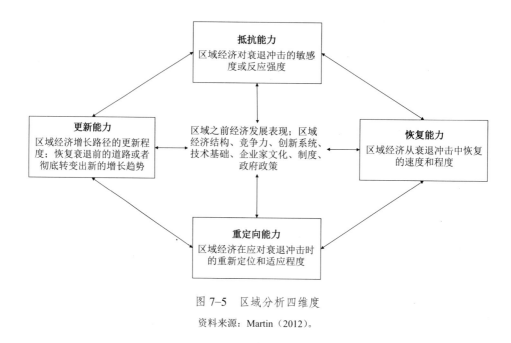

图 7–5　区域分析四维度

资料来源：Martin（2012）。

区域经济韧性动态性视角的实证研究多从时间维度探讨区域经济韧性影响因素的变迁。第一，由于经济危机的特性与影响范围不同，区域应对不同类型危机的韧性表征也具有多变性。例如，谭俊涛等的研究表明，在 1997 年亚洲金融危机期间第二产业专业化程度有助于提升区域经济韧性，加快经济恢复力，而 2008 年全球金融危机爆发后第三产业专业化程度对区域经济韧性的正向影响更为显著（谭俊涛等，2020）。第二，区域经济系统抵御风险的能力也是动态演化的。以城市群为例，2011—2018 年，京津冀城市群、长三角城市群对外部风险的适应能力逐年递增，而珠三角城市群的适应调整能力则波动上升（巩灿娟等，2022）。第三，区域经济系统存在内生动态变化过程，因此，区域新增长路径形成或外部政策干预可能会对区域经济韧性产生长期影响。例如，王鹏飞等基于迟滞理论的实证研究表明，区域经济系统中新增长点的形成以及增长点的持续扩大能有效提升区域经济韧性，但是如果刺激增长点的行政手段过猛，则可能导致产业结构异变，从而不利于长期保持区域经济韧性（王鹏飞、李红波，2022）。

二、多主体互动性

区域经济韧性并不是孤立于区域特征存在的，而是在区域系统中由多经济主体互动形成的。马丁等所提出的区域经济韧性动态性模型融合了产业结构与行业特征、劳动力市场、金融制度安排、区域发展政策等要素，并进一步强调了上述四大要素及其对应的如企业、劳动者、政府机构等经济主体在互动中塑造了区域经济韧性（Martin，2010）。尼夫克等（Neffke *et al.*，2018）进一步指出，包括韧性在内的区域能力不是天然给定的，而是依赖于企业、劳动力、政府等主体引进新的生产能力并让旧的生产能力退出。在这个过程中，区域主体需要不断获取区域资源，其获取区域资源的能力与该主体在当地经济中的嵌入程度密切相关。

区域经济韧性与企业行为密切相关。一方面，企业密切关注区域经济韧性动态。企业面临广泛的风险与不确定性，其内部与外部不确定性的重要来源是不断变化的市场调节以及技术、社会变革的不连续性（Ardito *et al.*，2016），因此，具有韧性的市场环境有助于企业提高对风险的容忍度和主动适应环境不确定性的能力（Del Giudice *et al.*，2016）。另一方面，企业组织的行为也塑造了区域经济韧性。通过合理利用资源，提高创新能力（Billington *et al.*，2017），增强组织管理与风险防范（Santoro *et al.*，2021），企业行为能够有效抵御、切断产业网络间的风险传导。

劳动者行为关系到企业发展，影响区域经济韧性；与此同时，劳动者根据外部就业环境变化做出就业选择。迪奥达托和韦特林斯（Diodato and Weterings，2015）将其影响机制归结为根植性（embeddedness）、技能相关性（skill-relatedness）和区域连通性（connectivity）。根植性被定义为一个地区供需关系的紧密程度。当危机发生时，劳动力供给与本地需求结合更紧的地区能够表现出更强的经济韧性（McCann and Ortega-Argilés，2018）。技能相关性和区域连通性与危机后经济恢复程度密切相关：首先，本地劳动力多样化技能组合能够使得危机后失业规模下降；其次，跨区域劳动力流动也能弥补部分行业劳动力缺口，从而增强区域经济韧性（Neffke and Henning，2013）。

区域对外部冲击做出的反应及后续的恢复往往需要依托政府治理、政策干预。公共管理（Shaw and Maythorne，2013）、行政管理（朱正威、刘莹莹，2020）等领域已经注意到政府效能在区域经济韧性形成过程中的重要作用。公共管理框架强调构建集企业化、掌舵性、顾客服务型于一体的协同政府，通过综合视角下的政府决策、合作包容的社会治理等提高区域经济韧性（陈玉梅、李康晨，2017）；行政管理框架则进一步聚焦政府本身应对外部风险的能力，强调政府应急能力、治理方法多样性、自治性、冗余性等对区域经济韧性的积极作用（仇保兴，2018；朱正威、刘莹莹，2020）。政府治理能力是多主体互动的重要纽带。艾祖拉和里奥斯（Ezcurra and Rios，2019）的研究指出，政府表现能够影响区域经济所受冲击的类型、频率与强度；宏观经济中不确定性水平进一步影响投资与就业的动态路径，从而影响私营部门的活力。里奥斯和詹纳莫尔（Rios and Gianmoena，2020）的研究进一步认为，政府治理能力也体现在公共财政的有效性中。有效的公共投资能够从区域硬实力（基础设施等）与区域软实力（金融与司法效率、生活保障等）方面综合提高区域经济韧性。除政府行政因素外，政府内部微观主体如地方官员也处在多主体互动循环中。考虑到中国特有的政治体制，周黎安（2018）提出了"官场＋市场"理论模型，即政府与企业分工协作、优势互补，其互动效果受制于地方官员晋升激励与外部市场竞争环境。

　　新冠疫情大流行以及随之而来的经济波动使得越来越多的研究者意识到政府行为对区域韧性的重要作用（Dzigbede *et al.*，2020；Gong *et al.*，2020；Gong *et al.*，2021）。现有研究表明，政府治理能力显著提高了区域经济韧性水平（Ezcurra and Rios，2019；Rios and Gianmoena，2020）。具体的政策制定也直接关系到政府与其他经济主体的互动，从而影响区域经济韧性。例如，龚等（Gong *et al.*，2021）将战略耦合与区域经济韧性相结合，分析了浙江省提出的"链长制"供应链管理模式对新冠疫情下区域经济恢复的重要作用。"链长制"强调政府主体对企业主体的定制化政策服务。研究表明，由地方政府主导、协调的"链长制"能够从价值链调整（value chain adaptation）、价值增益和捕获（value enhancement and capture）以及市场形成（market formation）三大角度整合战略耦合与适应性韧性分析框架。在战略耦合过程中，"链长"需密切关注企业动态、劳动者动态和劳资关系动态，从产品生产、进出口贸易、劳动力匹配、惠企政策、央地关系等角度实现区域经济系统的完善、重构，提高价值链韧性，从而更好地应对外部不确定性带来的挑战。

三、多尺度融合

区域经济韧性作为一个地理学、经济学交叉领域内的概念，应当具有地理上的空间尺度性与经济意义上的宏观-微观尺度统一性。然而，马丁等提出的框架虽然看到了时间尺度变化下区域发展的演化机制，但是缺乏对区域经济韧性空间尺度的关注。基于克里斯托弗森等（Christopherson *et al.*，2010）的研究，莫迪卡和雷贾尼（Modica and Reggiani，2015）提出了"空间经济韧性"（spatial economic resilience）的概念。他们认为，不论区域被视作行为发生的容器（action container）或人类社会交往（social interactions interactions）的产物，它自然地受制于时间的流动，在时间尺度上产生持续的转型。莫迪卡等并不反对适应性韧性的提出，他们认为区域经济韧性同样是一个动态过程，即从危机发生到空间经济系统反应、区域动态演化，再到政策制定形成反馈，整个过程塑造了区域经济韧性。与此同时，空间属性是研究区域问题必不可缺的，即"区域"是具有地理尺度特征的，在具体的研究中可以表现为地区（region）、地方（local）乃至更小尺度的社区（community）、集群（cluster）等。

区域经济韧性的"多尺度"性还包括其宏观、微观尺度表征的丰富性。在宏观尺度上，如前文所述，区域经济韧性表现为特定空间尺度经济系统在危机发生前后的反应，如抵抗、回弹、衰退、路径创造等，可以视为区域核心竞争力的一种表征。然而从网络科学角度，不同空间尺度单元的区域经济韧性表征具有统一的微观组织机制（魏冶、修春亮，2020），即复杂网络中的风险扩散与传染。一些学者从物理学、复杂科学引入网络韧性（也称网络鲁棒性）的概念，指出经济活动网络中特定节点、特定边受到冲击可能诱发网络结构崩溃（Reggiani，2022）；其反映到宏观层面可能表现为经济衰退、恢复缓慢等。网络韧性的测度以及外部冲击在其中的扩散传染可以借助经典的传染病模型加以模拟。由此一来，以往多在宏观尺度探讨的区域经济韧性能被解构为高度抽象的微观过程（O'Kelly，2015）。

首先，网络韧性代表区域内部要素相互联结的能力，重要节点承担了串联全局的作用。托特等（Tóth *et al.*，2022）基于欧洲 269 个大都市区的研究发现，区域专利合作网络韧性很大程度上影响了区域经济韧性；如果在仿真过程中抹去特定节点，区域知识合作网络将瓦解，严重破坏当地经济内部的相互依赖关系，从而阻碍经济表现。相似结论在交通网络、电力网络等对区域经济韧性影响作用研究中也有体现（Dey *et al.*，2019；郭卫东等，2022）。其次，复杂网络本身的结构对区域经济韧性有显著影响。基于上市公司股权网络、交通与信息网络、城市经济网络的实证研究均表明，层级性、异配性、连通性等网络特征通过影响危机、风险的传递方式，从而对区域经济韧性形成与维持具有重要作用（魏石梅、潘竟虎，2021；侯兰功、孙继平，2022；李博、曹盖，2022）。

综上所述，现有区域经济韧性理论研究已不仅仅局限于"回弹"的思想或过度依赖演化经济地理有关路径依赖、多样化、迟滞的理论基础，在力学、生态学、演化经济地理、复杂系统理论、战略耦合等基础上，区域经济韧性研究越来越关注韧性形成的动态性视角、多主体互动视角。

小　　结

区域经济韧性研究逐步从均衡论视角下的工程韧性、生态韧性，转向演化论视角下的适应性韧性，并且产生了区域经济韧性动态性、多主体互动性以及多尺度融合视角。区域经济韧性研究在工程学、生态学、演化经济地理等理论框架基础上形成了多元研究视角。在实证研究上，大量文献以金融危机为切入点，系统分析区域经济系统在危机冲击下的抵抗力与恢复力，并探讨了产业结构、劳动力市场、地方制度等因素对经济韧性的影响。在以新冠疫情为背景的研究中，越来越多的学者提出需要重视政策制定者对区域经济韧性的作用。他们通过将经济韧性与战略耦合等框架相结合，为经济韧性研究提供了新的活力。总之，区域经济韧性领域的理论、实证研究正呈现出动态性、多主体互动性、多尺度融合等新视角。

目前的区域经济韧性研究也存在继续发展的空间。第一，区域经济韧性研究文献对于危机本身性质的讨论不够充分，导致区域经济韧性的形成机制尚未厘清；尤其是现有实证研究面对不同的外部冲击往往采用相似的方法测度经济韧性。第二，现有文献对区域经济韧性框架下行为主体互动的探讨相对较少，大多文献倾向于从市场角度阐释区域经济韧性的决定性因素，少有文献集中在政府治理能力对经济韧性的影响作用上，没有系统性展现政府、政策作用在区域经济韧性问题上的影响效力。未来的研究需要加强对行政主体等非市场主体的研究，继续挖掘战略耦合视角下区域主体相互作用。第三，现有研究对区域经济韧性的动态性、多尺度融合视角关注不够。部分研究虽然指出区域经济韧性的影响因素随宏观经济大背景变化，但较少聚焦区域主体本身对危机的学习与防范，也没有厘清特定尺度上微观网络层面韧性形成机制。未来的研究需进一步将区域经济韧性视为一种区域资产，分析区域经济系统及其内在网络结构如何在危机下自组织、自调节，并积累防范危机的经验。

区域经济韧性研究对中国的发展具有深远影响。中国幅员辽阔，区域经济差异较大，面临风险挑战各不相同。而面对当今全球化时代的不确定性，国际摩擦、逆全球化、后疫情时代带来了一系列的突发事件，波及面广且复杂性强，未来提高区域韧性、抵御外部冲击将成为中国区域发展的重要议题。在中国独特的制度中政府发挥了重要的作用，且政府作为行为主体深度参与了中国区域经济发展，政府政策将成为影响中国区域经济韧性的重要主体。

参 考 文 献

[1] Ardito, L., A. M. Petruzzelli, U. Panniello, 2016. Unveiling the Breakthrough Potential of Established Technologies: An Empirical Investigation in the Aerospace Industry. *Technology Analysis & Strategic Management*, Vol. 28, No. 8, pp. 916-934.

[2] Ascani, A., A. Faggian, S. Montresor, 2021. The Geography of Covid-19 and the Structure of Local Economies: The Case of Italy. *Journal of Regional Science*, Vol. 61, No. 2, pp. 407-441.

[3] Balland, P. -A., J. A. Belso-Martínez, A. Morrison, 2016. The Dynamics of Technical and Business Knowledge Networks in Industrial Clusters: Embeddedness, Status, or Proximity? *Economic Geography*, Vol. 92, No. 1, pp. 35-60.

[4] Billington, M. G., J. Karlsen, L. Mathisen *et al.*, 2017. Unfolding the Relationship Between Resilient Firms and the Region. *European Planning Studies*, Vol. 25, No. 3, pp. 425-442.

[5] Boschma, R., L. Coenen, K. Frenken *et al.*, 2017. Towards a Theory of Regional Diversification: Combining Insights from Evolutionary Economic Geography and Transition Studies. *Regional Studies*, Vol. 51, No. 1, pp. 31-45.

[6] Boschma, R., S. Iammarino, 2009. Related Variety, Trade Linkages, and Regional Growth in Italy. *Economic Geography*, Vol. 85, No. 3, pp. 289-311.

[7] Boschma, R., R. Martin, 2007. Constructing an Evolutionary Economic Geography. *Journal of Economic Geography*, Vol. 7, No. 5, pp. 537-548.

[8] Bristow, G., 2010. Resilient Regions: Re-Placeing Regional Competitiveness. *Cambridge Journal of Regions, Economy and Society*, Vol. 3, No. 1, pp. 153-167.

[9] Cainelli, G., R. Ganau, 2019. Related Variety and Firm Heterogeneity. What Really Matters for Short-Run Firm Growth? *Entrepreneurship & Regional Development*, Vol. 31, No. 9-10, pp. 768-784.

[10] Christopherson, S., J. Michie, P. Tyler, 2010. Regional Resilience: Theoretical and Empirical Perspectives. *Cambridge Journal of Regions, Economy and Society*, Vol. 3, No. 1, pp. 3-10.

[11] Dawley, S., A. Pike, J. Tomaney, 2010. Towards the Resilient Region? *Local Economy*, Vol. 25, No. 8, pp. 650-667.

[12] Del Giudice, M., F. Campanella, L. Dezi, 2016. The Bank of Things: An Empirical Investigation on the Profitability of the Financial Services of the Future. *Business Process Management Journal*, Vol. 22, No. 2, pp. 324-340.

[13] Dey, A. K., Y. R. Gel, H. V. Poor, 2019. What Network Motifs Tell Us About Resilience and Reliability of Complex Networks. *Proceedings of the National Academy of Sciences*, Vol. 116, No. 39, pp. 19368-19373.

[14] Diodato, D., A. B. Weterings, 2015. The Resilience of Regional Labour Markets to Economic Shocks: Exploring the Role of Interactions Among Firms and Workers. *Journal of Economic Geography*, Vol. 15, No. 4, pp. 723-742.

[15] Dzigbede, K. D., S. B. Gehl, K. Willoughby, 2020. Disaster Resiliency of US Local Governments: Insights to Strengthen Local Response and Recovery from the Covid-19 Pandemic. *Public Administration Review*, Vol. 80, No. 4, pp. 634-643.

[16] Ezcurra, R., V. Rios, 2019. Quality of Government and Regional Resilience in the European Union. Evidence from the Great Recession. *Papers in Regional Science*, Vol. 98, No. 3, pp. 1267-1290.

[17] Foster, K. A., 2007. *A Case Study Approachto Understanding Regional Resilience*. UC Berkeley: Institute of Urban and Regional Department.

[18] Frenken, K., R. A. Boschma, 2007. A Theoretical Framework for Evolutionary Economic Geography: Industrial Dynamics and Urban Growth as a Branching Process. *Journal of Economic Geography*, Vol. 7, No. 5, pp. 635-649.

[19] Frenken, K., F. Van Oort, T. Verburg, 2007. Related Variety, Unrelated Variety and Regional Economic Growth. *Regional Studies*, Vol. 41, No. 5, pp. 685-697.

[20] Gong, H., R. Hassink, J. Tan *et al.*, 2020. Regional Resilience in Times of a Pandemic Crisis: The Case of Covid-19 in China. *Tijdschrift voor Economische en Sociale Geografie*, Vol. 111, No. 3, pp. 497-512.

[21] Gong, H., R. Hassink, C. Wang, 2021. Strategic Coupling and Regional Resilience in Times of Uncertainty: The Industrial Chain Chief Model in Zhejiang, China. PEGIS. No. geo-disc-2021_06. Institute for Economic Geography and GIScience, Department of Socioeconomics, Vienna University of Economics and Business.

[22] Hassink, R., 2010. Regional Resilience: A Promising Concept to Explain Differences in Regional Economic Adaptability? *Cambridge Journal of Regions, Economy and Society*, Vol. 3, No. 1, pp. 45-58.

[23] He, C., T. Chen, S. Zhu, 2021. Do Not Put Eggs in One Basket: Related Variety and Export Resilience in the Post-Crisis Era. *Industrial and Corporate Change*, Vol. 30, No. 6, pp. 1655-1676.

[24] Hill, E., H. Wial, H. Wolman, 2008. Exploring Regional Economic Resilience. Annual Meeting of the Urban Affairs Association.

[25] Holling, C. S., 1973. Resilience and Stability of Ecological Systems. *Annual Review of Ecology and Systematics*, Vol. 4, No. 1, pp. 1-23.

[26] Hudson, R., 2010. Resilient Regions in an Uncertain World: Wishful Thinking or a Practical Reality? *Cambridge Journal of Regions, Economy and Society*, Vol. 3, No. 1, pp. 11-25.

[27] MacKinnon, D., A. Cumbers, A. Pike *et al.*, 2009. Evolution in Economic Geography: Institutions, Political Economy, and Adaptation. *Economic Geography*, Vol. 85, No. 2, pp. 129-150.

[28] Martin, R., 2010. Roepke Lecture in Economic Geography — Rethinking Regional Path Dependence: Beyond Lock-In to Evolution. *Economic Geography*, Vol. 86, No. 1, pp. 1-27.

[29] Martin, R., 2012. Regional Economic Resilience, Hysteresis and Recessionary Shocks. *Journal of Economic Geography*, Vol. 12, No. 1, pp. 1-32.

[30] Martin, R., 2021. Rebuilding the Economy from the Covid Crisis: Time to Rethink Regional Studies? *Regional Studies, Regional Science*, Vol. 8, No. 1, pp. 143-161.

[31] Martin, R., B. Gardiner, 2019. The Resilience of Cities to Economic Shocks: A Tale of Four Recessions (and the Challenge of Brexit). *Papers in Regional Science*, Vol. 98, No. 4, pp. 1801-1832.

[32] Martin, R., P. Sunley, 2006. Path Dependence and Regional Economic Evolution. *Journal of Economic Geography*, Vol. 6, No. 4, pp. 395-437.

[33] Martin, R., P. Sunley, 2015. On the Notion of Regional Economic Resilience: Conceptualization and Explanation. *Journal of Economic Geography*, Vol. 15, No. 1, pp. 1-42.

[34] McCann, P., R. Ortega-Argilés, 2018. *Smart Specialization, Regional Growth and Applications to European Union Cohesion Policy. Place-Based Economic Development and the New EU Cohesion Policy*. Routledge, pp. 51-62.

[35] McGlade, J., R. Murray, J. Baldwin *et al.*, 2006. Industrial Resilience and Decline: A Co-Evolutionary Framework. *Complexity and Co-Evolution: Continuity and Change in Socio-Economic Systems*. Edward Elgar, pp. 147-176.

[36] Modica, M., A. Reggiani, 2015. Spatial Economic Resilience: Overview and Perspectives. *Networks and Spatial Economics*, Vol. 15, No. 2, pp. 211-233.

[37] Modica, P., 2015. *Sustainable Tourism Management and Monitoring: Destination, Business*

and Stakeholder Perspectives. Franco Angeli.

[38] Neffke, F., M. Hartog, R. Boschma *et al.*, 2018. Agents of Structural Change: The Role of Firms and Entrepreneurs in Regional Diversification. *Economic Geography*, Vol. 94, No. 1, pp. 23-48.

[39] Neffke, F., M. Henning, 2013. Skill Relatedness and Firm Diversification. *Strategic Management Journal*, Vol. 34, No. 3, pp. 297-316.

[40] Neffke, F., M. Henning, R. Boschma, 2011. How Do Regions Diversify over Time? Industry Relatedness and the Development of New Growth Paths in Regions. *Economic Geography*, Vol. 87, No. 3, pp. 237-265.

[41] O'Kelly, M. E., 2015. Network Hub Structure and Resilience. *Networks and Spatial Economics*, Vol. 15, No. 2, pp. 235-251.

[42] Pike, A., S. Dawley, J. Tomaney, 2010. Resilience, Adaptation and Adaptability. *Cambridge Journal of Regions, Economy and Society*, Vol. 3, No. 1, pp. 59-70.

[43] Reggiani, A., 2022. The Architecture of Connectivity: A Key to Network Vulnerability, Complexity and Resilience. *Networks and Spatial Economics*, Vol. 22, No. 3, pp. 415-437.

[44] Rios, V., L. Gianmoena, 2020. The Link Between Quality of Government and Regional Resilience in Europe. *Journal of Policy Modeling*, Vol. 42, No. 5, pp. 1064-1084.

[45] Santoro, G., A. Messeni-Petruzzelli, M. Del Giudice, 2021. Searching for Resilience: The Impact of Employee-Level and Entrepreneur-Level Resilience on Firm Performance in Small Family Firms. *Small Business Economics*, Vol. 57, No. 1, pp. 455-471.

[46] Shaw, K., L. Maythorne, 2013. Managing for Local Resilience: Towards a Strategic Approach. *Public Policy and Administration*, Vol. 28, No. 1, pp. 43-65.

[47] Simmie, J., R. Martin, 2010. The Economic Resilience of Regions: Towards an Evolutionary Approach. *Cambridge Journal of Regions, Economy and Society*, Vol. 3, No. 1, pp. 27-43.

[48] Tóth, G., Z. Elekes, A. Whittle *et al.*, 2022. Technology Network Structure Conditions the Economic Resilience of Regions. *Economic Geography*, Vol. 98, No. 4, pp. 355-378.

[49] Tsiapa, M., D. Kallioras, N. G. Tzeremes, 2018. The Role of Path-Dependence in the Resilience of EU Regions. *European Planning Studies*, Vol. 26, No. 6, pp. 1099-1120.

[50] Xiao, J., R. Boschma, M. Andersson, 2018. Resilience in the European Union: The Effect of the 2008 Crisis on the Ability of Regions in Europe to Develop New Industrial Specializations. *Industrial and Corporate Change*, Vol. 27, No. 1, pp. 15-47.

[51] 陈梦远："国际区域经济韧性研究进展——基于演化论的理论分析框架介绍",《地理科学进展》, 2017 年第 11 期, 第 1435—1444 页。

[52] 陈玉梅、李康晨："国外公共管理视角下韧性城市研究进展与实践探析",《中国行政管理》, 2017 年第 1 期, 第 137—143 页。

[53] 巩灿娟、张晓青、徐成龙："中国三大城市群经济韧性的时空演变及协同提升研究",《软科学》, 2022 年第 5 期, 第 38—46 页。

[54] 郭卫东、钟业喜、冯兴华："基于脆弱性视角的中国高铁城市网络韧性研究",《地理

研究》，2022 年第 5 期，第 1371—1387 页。

[55] 侯兰功、孙继平："复杂网络视角下的成渝城市群网络结构韧性演变"，《世界地理研究》，2022 年第 3 期，第 561—571 页。

[56] 胡晓辉："区域经济弹性研究述评及未来展望"，《外国经济与管理》，2012 年第 8 期，第 64—72 页。

[57] 胡晓辉、董柯、杨宇："战略耦合演化视角下的区域经济韧性分析框架"，《地理研究》，2021 年第 12 期，第 3272—3286 页。

[58] 胡晓辉、张文忠："制度演化与区域经济弹性——两个资源枯竭型城市的比较"，《地理研究》，2018 年第 3 期，第 1308—1319 页。

[59] 李博、曹盖："基于涉海 A 股上市公司的中国沿海地区海洋经济网络结构韧性演化研究"，《地理科学进展》，2022 年第 6 期，第 945—955 页。

[60] 林耿、徐昕、杨帆："佛山市产业专业化、多样化与经济韧性的关系研究"，《地理科学》，2020 年第 9 期，第 1493—1504 页。

[61] 彭翀、袁敏航、顾朝林等："区域弹性的理论与实践研究进展"，《城市规划学刊》，2015 年第 1 期，第 84—92 页。

[62] 仇保兴："基于复杂适应系统理论的韧性城市设计方法及原则"，《城市发展研究》，2018 年第 10 期，第 1—3 页。

[63] 苏杭："经济韧性问题研究进展"，《经济学动态》，2015 年第 8 期，第 144—151 页。

[64] 孙久文、孙翔宇："区域经济韧性研究进展和在中国应用的探索"，《经济地理》，2017 年第 10 期，第 1—9 页。

[65] 谭俊涛、赵宏波、刘文新等："中国区域经济韧性特征与影响因素分析"，《地理科学》，2020 年第 2 期，第 173—181 页。

[66] 王鹏飞、李红波："基于产业结构关联视角的区域经济韧性作用机理研究——以江苏省为例"，《地理科学进展》，2022 年第 2 期，第 224—238 页。

[67] 魏石梅、潘竟虎："中国地级及以上城市网络结构韧性测度"，《地理学报》，2021 年第 6 期，第 1394—1407 页。

[68] 魏冶、修春亮："城市网络韧性的概念与分析框架探析"，《地理科学进展》，2020 年第 3 期，第 488—502 页。

[69] 周黎安："'官场+市场'与中国增长故事"，《社会》，2018 年第 2 期，第 1—45 页。

[70] 朱正威、刘莹莹："韧性治理：风险与应急管理的新路径"，《行政论坛》，2020 年第 5 期，第 81—87 页。

第八章　演化经济地理学
与精明专业化

　　本章聚焦区域政策，利用演化经济地理学相关知识和理论制定相应政策，以促进区域发展。精明专业化（Smart Specialization）战略是演化经济地理学理论在区域政策上应用的典型例子，由欧盟"知识驱动增长"（Knowledge for Growth，K4G）专家组弗瑞（Foray）等人在 2009 年提出。2011 年，经欧盟委员会研究商讨，该概念正式成为一项针对欧盟所有 28 个成员国的政策方案，即"面向精明专业化的研究和创新战略"（Research and Innovation Strategy for Smart Specialization，RIS3）。该政策的"精明"之处在于：它并非一个自上而下的结构化政策，而是一个自下而上、基于本地实际条件（place-based）的方案，旨在引导地方制定符合自身条件的创新发展之路。该政策的"专业化"并非指锁定在某一产业上的专业化发展，而是根据地方的特有知识和经济结构特点，来推动地方知识溢出、互动和重组，激发潜在的创新行为。

　　这与演化经济地理学中强调历史的重要性相一致，地方基于本地知识基础发展新产业，以此为"新奇"推动区域发展。那么，如何基于本地知识基础选择新产业？波特（Porter，2003）指出，与本地存在技术关联的产业的专业化比该产业自身专业化更能促进区域发展。弗伦肯和博什马（Frenken and Boschma，2007）、博什马和伊玛里诺（Boschma and Iammarino，2009）进一步发现，相关产业多样性比不相关产业多样化更有利于区域实现经济增长和技术创新。演化经济地理学在上述方面的研究硕果累累，为精明专业化的实施提供了理论和实践上的支持。因此，本章将聚焦区域政策与精明专业化，阐述演化经济地理学理论在精明专业化中的应用。

第一节 区域政策与精明专业化

一、精明专业化与精明专业化战略

精明专业化也被称为智慧专业化。弗瑞（Foray，2007）指出，精明专业化的思想旨在"优先发展区域内在国际市场上具有潜在竞争力和跨区域凝聚能力的经济产业和技术"。精明专业化战略则是将精明专业化的内涵用于指导政策制定，以实现区域可持续发展。经济合作与发展组织（OECD）在 2013 年进一步将精明专业化战略定位为"区域经济发展产业和创新框架"，它作用于区域技术研发和创新，进一步促进区域生产力和竞争力提升。精明专业化战略在欧盟地区得到广泛宣传与认可，因为该战略与欧盟 2020 战略目标具有内在一致性，即实现智慧发展、可持续发展和包容性增长。一方面，精明专业化支持区域高效利用资源，加速区域经济向低碳经济转型；另一方面，精明专业化有利于发展知识经济，通过高端创新强化地区凝聚力，以实现智慧发展。由此，精明专业化开始从概念构想转向战略部署和政策实施阶段（沈婕、钟书华，2019）。

二、精明专业化战略的发展历程

从二战结束到 20 世纪 80 年代，新古典经济学一直是制定区域政策的理论基础。该理论认为自由市场可以实现资源的最优配置，而政府干预会降低资源配置效率和扭曲市场价格，但外部性、垄断、信息不完全等现象发生时会导致市场失灵。尤其是对于创新活动而言，技术和知识具有明显的公共品属性，常面临知识泄露和资本不足的问题（Tassey，2004），需要政府通过补贴、投资、税收减免等政策干预来进行修复，促进本地创新研发。内亚里（Neary，1998）的研究指出，政府可以通过政策干预激励本地企业进行创新投资，提升地方的创新氛围。阿尔克-卡斯特尔斯（Arqué-Castells，2013）发现，研发补贴对 1998—2009 年西班牙制造业公司的创新活动具有诱发作用，对于小企业而言效果更加明显。

这种基于新古典经济学理论制定的政策在地理学领域被形象地概括为"空间中性"（spatially-neutral），强调区域均衡过程中的经济效益，认为鼓励人口向经济水平高的区域流动是提升居民生活水平，促进国家经济增长的最佳方式。这种不均衡发展理论在中国改革开放后占据上风，因为优先发展的地区能够带动周边区域发展。相似地，非均衡发展理论还包括缪尔达尔的累积循环因果论、赫希曼的不平衡增长论、佩鲁的增长极理论、弗里德曼的核心-边缘理论、威廉姆森的倒 U 形理论等，这些理论无一例外地强调优先发展的区域能够通过涓滴效应和扩散效应带动周边落后区域的发展。在实践中，法国、英国、意大利、韩国等通过运用"增长极""梯度转移"等战略较好地开发了落后区域，实现了国家经济的增长。但区域间的过度差距会造成一系列的负面影响，例如不同群体通过攻击对方强化己方的归属感，分裂倾向得到加强等等。

因此，"空间中性"区域政策往往以损失落后区域的发展权利和效益为代价。当经济发展到一定水平时，为防止区域贫富差距的进一步扩大，政府需要制定一系列政策来激励落后区域的发展。自此，区域政策由"空间中性"转向"空间干预"，这些"空间干预"式的区域政策通过打破产业发展门槛、培育区域发展环境、实现规模效应和突破路径依赖等，最终促进区域发展。但这种"空间干预"式的区域政策往往采用"一刀切"的手法、以自上而下的方式管理区域，在提升区域短期经济效益方面成效较好，但长期来看无益于提升本地创新能力，而创新才是区域经济发展的根本动力（Pater and Lewandowska，2015）。随着对创新需求的增长和对地方嵌入性认识的加深，越来越多的学者认识到提升本地创新能力才是区域实现可持续和高质量发展的关键。20 世纪 90年代，欧洲经济地理学者提出"基于空间"的区域政策，这种思想源于经济地理学的区域主义，强调"量身定制"，地方政府为提高其管辖范围内的经济表现，通过挖潜地方特征制定相应的政策以实现整体均衡发展。

精明专业化是"基于空间"的区域政策的典型代表，强调识别地方知识积累和比较优势，实现高水平发展，至今已被欧盟委员会和经济合作与发展组织等组织所采用（陈奕嘉、谭俊涛，2022）。精明专业化政策提出之前，美国爆发了第一波互联网革命，欧盟与美国的经济实力和产业竞争力差距不断扩大。欧盟的知识驱动增长专家小组认为，欧盟竞争力不足的原因主要体现在两个方面：一是欧盟的投资过于分散，缺乏集聚效应；二是欧盟成员国的发展方向大多是生物医药、信息技术和纳米科技等，产业重叠程度很高（陈奕嘉、谭俊涛，2022）。为此，欧盟的知识驱动增长专家小组提出了"精明专业化"策略来解决以上问题。精明专业化旨在利用一个区域的现有能力，沿着具有潜在价值的新增长轨迹实现多元化。该策略强调"基于空间"的基本理念，但区域政策并非一开始就是因地制宜的。

第二节　精明专业化理论基础

一、精明专业化的内涵

精明专业化概念的新颖之处在于，其提倡的一些原则打破了传统政策方法和实践，将公共资源用于优先事项，倡导利益相关者共同参与优先级排序过程，体现了政策从自上而下到自下而上的转变，这与目前流行的大多数区域政策建议大相径庭，因为后者往往非常强调高技术部门的重要性。因此，精明专业化为当代政策思维提供了一个新的视角，国内外学者及组织对精明专业化的战略内涵进行了详细讨论，并梳理出两个关键内容：

一是优势领域的界定。选择优势发展领域是智慧专业化战略实施的先决条件。弗瑞（Foray，2014）指出，精明专业化隐含地假设不同国家和区域将根据自身知识基础优先发展相关的技术与产业，以促进经济发展，这种选择过程是通过企业家发现来完成。在此基础上，坎普顿（Kempton，2015）认为优势发展领域的规模同样重要。最佳的优势发展领域规模是新技术能够最大程度得到应用，也最能从知识外溢中获益（Foray，2014）。麦肯和奥尔特加-阿吉莱斯（McCann and Ortega-Argilés，2013）进一步强调，优势发展领域间的关联性在区域智慧专业化战略实施方面具有凝聚作用，优势发展领域之间联系程度越紧密，彼此间相互学习的可能性和倾向性越高（沈婕、钟书华，2019）。

二是区域类型的界定。在制定具体区域的精明专业化战略时，需要明确区域类型。经济合作与发展组织基于区域创新系统文献提出了一种区分区域类型的方法，即将区域划分为知识型区域、工业生产区或非科技驱动型区域，后者通常代表落后区域。这种分类方法有助于显示一个区域创新体系的主要特征，也有助于突出不同类型区域所面临的主要创新挑战。在大型、高度多样化的城市中心和领先的知识区域，几乎所有部门和技术领域都存在，精明专业化的论点几乎用不上，这也意味着知识型区域不会成为区域政策资助的目标。然而，对于同时拥有城市和农村区域的中间区域以及许多拥有城市中心的较小规模区域，精明专业化大有用武之地。其中，工业生产区域因其规模而特别适合研发、培训和网络计划的组合。但对于非常偏僻的区域，缺乏规模可能会降低政策的有效性。在这种情况下，优先事项可能不是资助研发，而是促进某些自然环境或旅游活动的连通性，例如，通过无线信息和通信技术系统与更中心的核心区域连通，从而促进关键部门的非研发驱动创新。总之，没有"放之四海而皆准"的政策，需要根据区域活动以及机构和部门的嵌入性、关联性、连通性特征，建立一个以促进区域技术多样化机会为基础的政策优先化过程。

二、精明专业化的逻辑结构

精明专业化最初关注部门创新系统（Sectoral Systems of Innovation，SIS）的构建，后来才逐渐转向解决区域增长问题。该概念的支持者为了让精明专业化逻辑适用于区域背景，从区域的角度解释了优势发展领域的概念，并以这种方式应用精明专业化战略。哈维等（Harvey et al.，2012）指出，大多数欧洲区域的研发能力、专业培训及其产业结构之间的相关性较弱。因此，精明专业化支持者强调，政府不应推行"一刀切"的职业技能培训政策，也不能总是优先考虑高科技行业，而应促进人力资本形成，以满足该区域传统产业对于新技术和新知识的需求。这一论点强调了知识在部门、活动和职业之间传播的关键作用，并从更广泛的系统角度出发，明确避免自动考虑优先发展高科技产业的思路。借助经济地理学概念，将基于部门的精明专业化转化为基于区域的精明专业化，需要关注三个关键要素（表 8-1），即嵌入性、关联性和连通性（McCann and Ortega-Argilés，2015）。

嵌入性注重对本地资源的挖掘和评价，突破地方中性政策。这一过程与企业家发现（entrepreneurial discovery）密切相关。企业家发现反映了一个区域或国家从市场活动中进行研发和创新的能力。豪斯曼和罗德里克（Hausmann and

表 8-1　经济地理学概念在精明专业化中的应用

精明专业化	演化经济地理学
企业家发现	嵌入性
领域的范围	关联性
领域互通	连通性

Rodrik，2003）强调，企业家发现能根据本地资源和生产能力进行基于区域的研发与创新，进而有利于挖掘区域发展优势领域。这一过程作为精明专业化战略的首要步骤，应当与传统方式区别开来（Foray *et al.*，2011）。尽管政策指导经济发展的传统方式具有其内在逻辑性和可操作性，但事实上这种方式由于缺少企业家知识而显得不够理性。企业家知识涵盖了对科学和技术的理解，对市场增长潜力评估、潜在竞争者识别，以及平衡创新活动投入和产出的能力，而这正是企业家发现作为精明专业化战略基础的原因。知识经济环境中企业家精神发掘了经济个体活动的附加值，例如知识的外溢作用、互联网的补充作用和相对优势等。但企业家发现中信息的不确定性、风险性和不对称性，需要一个跨区域、多维度的政策机制来整合信息资源和提供发展平台（沈婕、钟书华，2019）。基于多样性与风险规避等因素的考虑，区域通常会选择与本地现有基础相关的新领域进行拓展。

关联性为实现区域多样化提供思路。演化经济地理学指出，当两个领域在资源、知识、技术、组织等方面存在较多的相似性时，则称两个领域存在较强的关联性。虽然关联性也强调发展特定产业需基于本地情况，但嵌入性注重历史基础，关联性更关注未来。由于知识、技术、劳动力等生产要素更容易在技术关联性强的领域间流动，一个区域实现经济增长的最有效率和前途的方式是研究与现有知识基础密切相关的多样化路径发展（Frenken and Boschma，2007），这一论点获得大量强有力的实证研究支持（Boschma and Iammarino，2009；Neffke *et al.*，2011；Broekel and Boschma，2012）。这可以使区域资产更容易地在不同领域之间转换，实现资源的重新组合。例如，外来企业的进入和本地企业的成立更容易出现在与区域现有主导领域密切相关的领域，而在与区域现有知识基础不相关的领域，则更容易发生企业外流或倒闭（Neffke *et al.*，2011）。

连通性是指本地的人流、物流、知识流、技术流、资本流和信息流等动态资源，强调的是新领域对旧领域活动的带动。总之，精明专业化的执行策略是，企业家利用自己对科学和技术的理解，对市场增长潜力评估、潜在竞争者的识别，挖掘本地高发展潜力的新领域或新产业。这些产业具有一定的关联性，能够对当地产生复合影响。例如，法国图卢兹区域在航空领域实现智慧专业化后，又延伸到了卫星和 GPS 等领域。最后，通过动态资源在新领域与旧领域的互动，让原有低增长活动通过某一领域研发与创新的应用，焕发新的活力。再如，意大利佛罗伦萨将信息技术应用于考古和历史遗产的管理与维护。

三、精明专业化中的演化经济地理学思想

精明专业化的三要素都能在演化经济地理学中找到对应的理论支撑。

从嵌入性来看，演化经济地理学认为，区域经济的发展受到路径依赖的影响，运用演化经济地理学知识有助于识别本地能力。这意味着，一旦一个区域选择了某个特定的发展路径，例如专注于某个特定产业或技术，那么，这个路径可能会自我强化，该区域在未来的发展中继续专注于这个路径。因此，企业家只能在特定区域背景下搜寻有发展潜力的新领域。

从关联性来看，演化经济地理学旨在培育相关多样化的产业结构，推动多样化区域产业演化路径，提升区域产业发展韧性与可持续发展能力。运用演化经济地理学有助于识别本地可能的创新潜力，并在精明专业化战略中加以利用。例如，如果一个区域在汽车制造方面拥有悠久的专业历史，那么，该区域专门从事电动汽车技术可能是有益的。

从连通性来看，演化经济地理学重视新旧产业之间的知识溢出，认为新领域充分利用地方潜能的重要渠道是与旧领域互动。但互动的潜力往往与新旧领域的连通性有关。当新产业与旧产业的关联性越强，认知距离越小，这种知识溢出效率越高。

因此，精明专业化的三要素反映了新产业与本地旧产业互动的两个关键内容。新领域的复杂性反映了它的创新潜力和收益，即高复杂意味着高收益。而关联性和连通性反映了它的风险性，即强关联意味着低风险。演化经济地理学从技术复杂性和关联性两个方面识别不同区域的发展路径。如图 8-1 所示，发展高关联高复杂技术为最理想的路径，不用承担高风险就可获得高收益。但现

实情况下，大部分区域要么面临高风险，要么存在低收益的问题。

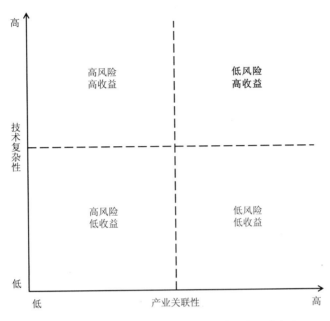

图 8-1 用演化经济地理学术语展示精明专业化框架

资料来源：*Balland et al.*（2019）。

精明专业化框架中将区域划分为知识型区域、工业生产区或非科技驱动型区域，不同区域合适的战略路径有所差异。知识型区域通常实施低风险高收益的精明专业化战略。该区域往往是人口稠密、产业多样化程度较高的区域，这种规模与多样性的结合往往意味着，知识型区域在与代理人、行动者、活动的学习、共享和匹配相关的知识方面持续表现出较大优势（Duranton and Puga，2004），这为企业家发现过程提供了较高的潜在回报，因此，企业家在低风险高收益的诱惑下，更频繁地创新创业。除城市规模和产业多样化以外，大型垄断企业较少（Chinitz，1961）、跨国公司较多（McCann and Acs，2011）、市场潜力较大以及通信技术较为发达（McCann，2008；McCann and Acs，2011）的区域通常表现出更高的创新创业率。

工业生产区或非科技驱动型区域往往具有更加单一的产业结构，通常实施低风险低收益的精明专业化战略。这类区域由范围较小的部门主导，这些部门高度嵌入该区域，即它们在当地的投入产出联系紧密且长期存在。因此，为了减少这类区域的技能不匹配问题，按照精明专业化的逻辑，技能提升计划应该专业化并与当地现有产业的要求紧密结合，这些产业已经高度嵌入该区域，这样也可以提高当地劳动力和当地产业的整体嵌入性。但相应地，新领域区域带来的经济收益和创新增益都不会太高。综上所述，精明专业化中的演化经济地理学思想强调路径依赖、多样性以及创新对经济发展的影响。这些思想可以为区域经济的发展提供指导，帮助区域更好地适应市场变化和技术发展，实现可持续发展。

第三节　精明专业化战略实际应用

一、精明专业化战略的制定步骤

讨论嵌入性、关联性和连通性问题，有助于让政策设计者和潜在的资金接受者明确正在纠正的市场失灵是什么，并明确说明如何应用、监测和评估精明专业化方法来定制公共产品。因此，公共和私营部门之间必须建立伙伴关系，以便了解主要的增长障碍、缺失环节和最佳补救措施。这种形式的政策制定还需要精心选择适当的评价指标，以便在方案和项目的整个生命周期内对其进行跟踪，有助于避免可能破坏资源优先化和集中化的分散及局部部门的寻租行为。总之，精明专业化政策基于区域系统失灵的情况和本地发展优势制定。在制定精明专业化战略时，主要涉及以下三个步骤：

首先，识别系统失灵。系统失灵是指系统层面上导致创新活动不力的缺陷。研究系统失灵有助于识别创新系统相对落后的原因，也能识别创新系统发挥作用的部分。伍尔图斯等（Woolthuis *et al.*，2005）区分出四类系统失灵，分别是能力失灵、协调失灵、制度失灵和基础设施失灵。能力失灵表明企业、知识和配套组织等区域创新系统的行为主体缺乏适当的能力。协调失灵一方面是由于稳定的行为主体之间的信息和知识交流太多，另一方面是由于区域创新系统中行为主体之间缺乏互动和知识交流。精明专业化需要完善多级治理布局和水平政策协调机制。拥有高质量治理、垂直和水平政策协调的运作机期以及某些具有丰富资产的区域更能充分实施精明专业化。制度失灵通常发生在正式制度（法律、法规等）和非正式制度（规范、隐含的游戏规则）阻碍创新的情况下。基础设施失灵特别包括知识基础设施及高质量的信息和通信技术基础设施的薄弱或不足。这些系统失灵阻碍了区域创新系统有效地支持现有区域产业的创新活动。通过纠正系统失灵，可以改善产业现状。

不同区域系统失灵的方式各有不同。如图 8-2 所示，缺乏内部资金、缺乏高技能劳动力、不确定的市场需求等都会导致系统失灵。特德特林和特里普尔（Tödtling and Trippl，2005）将这些因素总结为三类，即组织薄弱性、负面锁定和碎片化，这些是系统失灵的典型表现。

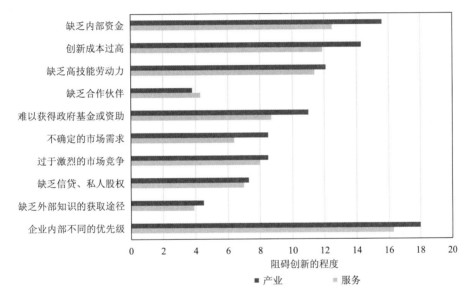

图 8-2　2016—2018 年各部门阻碍创新活动的因素

资料来源：Central Statistics Office Ireland。

（1）组织薄弱性。由于传统行业中小企业占据主导地位，缺乏可培育创新活动的资产，从区域外部吸收知识的能力较弱，以及支持性组织的结构薄弱等原因，使得这类区域的研发和创新水平存在明显不足。

（2）负面锁定。成熟产业和过时技术的过度融合导致了一些负面影响，包括功能性、认知性和政策性锁定。例如，欠发达区域效率低下和腐败的政府会对本地创新能力产生负面影响，过去的政策路径依赖限制了精明专业化的采用，进而削弱了政策效果。

（3）碎片化。碎片化通常是过度多样化但又缺乏联系的结果。大都市区最容易发生碎片化问题，它们虽然有丰富的知识探索和开发机构，但区域内知识交流、集体学习和创新水平却低于预期。

其次，识别区域优势。虽然该政策概念的提出者深知创新和技术在区域发展中的重要性，但他们并不认为所有区域均应发展高科技产业，或要求所有区域都以科技创新来驱动区域经济发展，而是按照精明专业化政策的要求，来激励并启发欧盟成员国，理性找出适合自身地方经济发展条件的创新之道，帮助地方政策制定者更好地理解创新源自哪里，通过何种方式才能最大化孵化地方创新的可能性。区域优势的构建需要结合演化经济地理学相关知识。演化经济地理学家认为产业间关联是促进创新并成为新发展路径的源头，因此，产业间关联在构建区域优势上发挥重要作用，尤其是那些激进型创新，通常需要结合不同的知识基础。此外，构建区域优势方法不仅关注促进现有产业的创新，同时也关注通过激发知识基础的创新结合，来促进创新性区域结构变化和新路径开发的问题。

最后，与地方精英接触，汲取地方知识，量身定制政策。区域层面的政策设计不仅涉及外部性问题，还涉及信息不对称和与地方精英接触相关的委托代理问题。精明专业化政策逻辑的专业化多样化方面意味着新颖性、变化和差异化，而这些特点可能会削弱地方精英的某些垄断地位。因此，即使政策确实以本文所述的方式转化为明确的空间和区域术语，也有必要确保政策设计、政策交付及政策评估系统的架构是开放和包容的，并允许广泛的利益相关者和有关各方参与。否则，它们可能会被地方精英租用，他们会通过限制公开性和将追求新颖性与变异性的范围限制在他们所控制的领域来颠覆这一进程。正如世界银行、经济合作与发展组织和欧盟委员会在多个场合所主张的那样，实现这一目标的方法是使用附加条件和成果指标。相应地，精明专业化在实施方面也会出现一些新问题。例如，资金和预算承诺不明确阻碍精明专业化；中等区域和发达区域的财务权力下放程度有限，从而限制了精明专业化战略的实施；治理变革和复杂性也对战略的实施有影响，政策不稳定会导致实施过程的延迟和中断等等。

二、演化经济地理在精明专业化战略中的应用

一是关联度与复杂度在精明专业化战略中的应用。不同区域在精明专业化框架中的位置有所差异，而这种差异体现在企业、技术、科学和资本等各个维度。从企业尺度来看，里格比等（Rigby *et al.*，2022）描绘了欧盟各城市在精明专业化框架中占据的位置，巴黎、慕尼黑和柏林等最具创造力的城市中，新进入的企业往往集中在精明专业化框架的右上象限（图 8-1）。其他创新城市，如埃因霍温、斯德哥尔摩、亚琛和尼斯正在开发高度复杂的技术，尽管这些技术与其现有技术的联系不太紧密。阿姆斯特丹、鲁尔区、罗伊特林根和巴塞罗那（西班牙）等老工业中心正在基于其现有优势技术制定区域贸易协定，但这些技术通常复杂性较低。相对较多的小城市正在进入与其现有优势不太相关的技术类别，这些是在城市入口面板中相关密度值为负的都市区，包括乌普萨拉、布里斯托尔、雷根斯堡等，或复杂性较低的曼彻斯特、门兴格拉德巴赫等。

从技术尺度来看，巴兰德等（Balland *et al.*，2019）展示了四类典型区域的精明专业化路径，包括核心主导区（法兰西岛）、高科技区（荷兰北布拉邦省）、老工业区（英国兰开夏郡）和滞后外围区（西班牙埃斯特雷马杜拉）。核心区低风险高收益（右上象限）的技术较多，高科技区倾向于发展高风险高收益（左上象限）的技术，而老工业区基本上不存在低风险高收益的精明专业化路线，外围区几乎只有高风险路径，唯一的跳板可能是化学技术，这些知识和能力有望部署到更复杂的技术中。

二是创新网络研究在精明专业化战略中的应用。一方面，演化经济地理关注多行为主体互动对区域发展的影响。精明专业化战略的三螺旋框架，强调大学、企业和政府机构的作用，在特定区域或行业内协同工作，促进创新（Etzkowitz and Leydesdorff，2000；Dzisah and Etzkowitz，2008；Ranga *et al.*，2013）。而演化经济地理研究构建全球-地方创新网络，讨论了多主体在尺度内和跨尺度的互动如何影响区域创新能力。另一方面，精明专业化关注地方企业网络结构对区域创新能力的影响。演化经济地理通过解析创新网络的多种结构特征，挖掘其对应的运作逻辑。例如，特纳（Turner，2010）用网络数据揭示了英国葡萄酒行业运作中的四种生产逻辑（图 8-3）：①新进入或规模较小的葡萄园之间往往

会形成紧密的社团结构或群落特征，通过非正式的联系共享资源；②财力雄厚的两家企业选择转战香槟赛道，减少对英国葡萄酒集群内知识来源的依赖，也被称为网络中的孤岛结构；③集群内大量葡萄园没有酿酒设施，需要依靠专门的酿酒厂进行加工，这种以几个酿酒厂为核心的网络具有无标度结构特征，即网络中少数企业与大量其他企业关联，也被称为组织分包网络；④大型企业有能力完成葡萄种植、葡萄酒生产和分销等全环节生产，因此不再依赖通过网络学习。如此，演化经济地理学者基于网络结构，进一步解释了网络形成、持续和消失的原因，有助于区域制定精明专业化策略时，考虑如何有效部署企业位置，以获得长期稳定的互动。

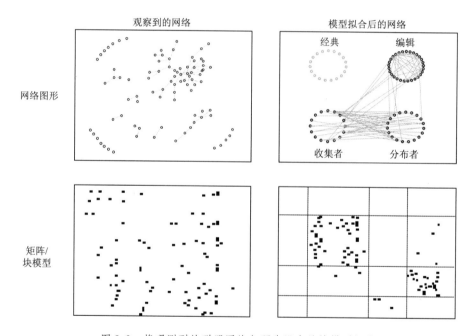

图 8-3　将观测到的联盟网络与预先设定的块模型拟合

资料来源：Glückler and Panitz（2016）。

三是区域韧性和外部链接在精明专业化战略中的应用。精明专业化策略的第三个要素即连通性，也在演化经济地理学中得到大量讨论。例如，德瓦恩（De Vaan，2014)使用全球视频游戏行业 1385 家开发商和 190 家发行商的动态数据，探究了与企业间的跨国联系如何影响本地企业的生存。分析表明，开发商和发行商之间的网络联系对开发商生存概率的影响受到行业技术动荡水平的影响。因此，演化经济地理学对外部链接的关注有助于让精明专业化更好地利用外部资源。同样，这些外部链接既可能是正向的，也可能给区域发展带来负向冲击。作为一种演化理论，演化经济地理学也强调韧性的重要性。德瓦恩（De Vaan，2014）进一步研究发现，外部合作伙伴的失败会对企业生存产生影响，其影响方向取决于关系的强度。强关联网络合作伙伴的失败在稳定时期对开发者不利，在动荡时期使开发者受益，而弱关联网络合作伙伴则不存在这种关系。网络合作伙伴多样性在技术动荡时期对企业绩效产生积极影响，而在稳定环境中这种效应对企业生存没有显著影响。总之，对适应性的关注鼓励各区域根据新的经济和技术趋势不断更新其精明专业化战略。例如，随着人工智能的兴起，一个专门从事信息技术的区域可能需要将重点转向人工智能相关产业。

小　　结

　　精明专业化战略由欧盟提出，目的是避免区域间盲目模仿和复制，以提高区域创新能力和质量，最终实现区域经济的包容性和可持续发展。精明专业化的理论基础体现在嵌入性、关联性和连通性三个方面，与演化经济地理学的依赖式路径创造思想如出一辙，即基于区域实际，发展与本地存在关联的新领域，打通新旧领域、新新领域甚至旧旧领域之间的交流壁垒，从而实现区域结构升级。实施精明专业化战略的关键步骤有三：一是鼓励区域进行事先的（ex-ante）、基于本地条件的创新潜力评估；二是鼓励多方参与（政府、企业、大学及其他利益群体等）区域政策制定过程；三是根据地方上报的预先方案，有针对性地进行项目资助，其资助重点在于帮助申请区内的知识资源在产业间（内）得以顺利传播和重组，以此培育新知识、新技术和新的推广市场。演化经济地理学在精明专业化战略中的应用逐渐增多，主要体现在三个方面：一是关联度与复杂度；二是创新网络；三是区域韧性和外部链接。总之，将演化经济地理学相关成果应用于精明专业化，可以更细致、更动态地了解区域经济发展，从而制定更有效、更可持续的创新战略。

参 考 文 献

[1] Arqué-Castells, P., 2013. Persistence in R&D Performance and Its Implications for the Granting of Subsidies. *Review of Industrial Organization*, Vol. 43, No. 3, pp. 193-220.

[2] Balland, P.-A., R. Boschma, J. Crespo *et al.*, 2019. Smart Specialization Policy in the European Union: Relatedness, Knowledge Complexity and Regional Diversification. *Regional Studies*, Vol. 53, No. 9, pp. 1252-1268.

[3] Boschma, R., S. Iammarino, 2009. Related Variety, Trade Linkages, and Regional Growth in Italy. *Economic Geography*, Vol. 85, No. 3, pp. 289-311.

[4] Broekel, T., R. Boschma, 2012. Knowledge Networks in the Dutch Aviation Industry: The Proximity Paradox. *Journal of Economic Geography*, Vol. 12, No. 2, pp. 409-433.

[5] Chinitz, B., 1961. Contrasts in Agglomeration: New York and Pittsburgh. *The American Economic Review*, Vol. 51, No. 2, pp. 279-289.

[6] De Vaan, M., 2014. Interfirm Networks in Periods of Technological Turbulence and Stability. *Research Policy*, Vol. 43, No. 10, pp. 1666-1680.

[7] Duranton, G., D. Puga, 2004. Micro-Foundations of Urban Agglomeration Economies. *Handbook of Regional and Urban Economics*, Vol. 4. Elsevier, pp. 2063-2117.

[8] Dzisah, J., H. Etzkowitz, 2008. Triple Helix Circulation: The Heart of Innovation and Development. *International Journal of Technology Management & Sustainable Development*, Vol. 7, No. 2, pp. 101-115.

[9] Etzkowitz, H., L. Leydesdorff, 2000. The Dynamics of Innovation: From National Systems and "Mode 2" to a Triple Helix of University-Industry-Government Relations. *Research Policy*, Vol. 29, No. 2, pp. 109-123.

[10] Foray, D., 2007. Tacit and Codified Knowledge. *Elgar Companion to Neo-Schupeterian Economics*. Edward Elgar Publishing, pp. 235-247.

[11] Foray, D., 2014. From Smart Specialisation to Smart Specialisation Policy. *European Journal of Innovation Management*, Vol. 17, No. 4, pp. 492-507.

[12] Foray, D., P. David, B. Hall, 2009. Knowledge for Growth: Prospects for Science, Technology and Innovation. Selected Papers from Research Commissioner Janez Potočnik's Expert Group. Publications Office of the European Union.

[13] Foray, D., P. A. David, B. H. Hall, 2011. Smart Specialisation from Academic Idea to Political Instrument, the Surprising Career of a Concept and the Difficulties Involved in Its Implementation. Integration Process in the New Region and Global Settings.

[14] Frenken, K., R. A. Boschma, 2007. A Theoretical Framework for Evolutionary Economic Geography: Industrial Dynamics and Urban Growth as a Branching Process. *Journal of Economic Geography*, Vol. 7, No. 5, pp. 635-649.

[15] Glückler, J., R. Panitz, 2016. Unpacking Social Divisions of Labor in Markets: Generalized Blockmodeling and the Network Boom in Stock Photography. *Social Networks*, Vol. 47, pp.

156-166.

[16] Harvey, D. C., H. Hawkins, N. J. Thomas, 2012. Thinking Creative Clusters Beyond the City: People, Places and Networks. *Geoforum*, Vol. 43, No. 3, pp. 529-539.

[17] Hausmann, R., D. Rodrik, 2003. Economic Development as Self-Discovery. *Journal of Development Economics*, Vol. 72, No. 2, pp. 603-633.

[18] Kempton, L., 2015. Delivering Smart Specialization in Peripheral Regions: The Role of Universities. *Regional Studies, Regional Science*, Vol. 2, No. 1, pp. 489-496.

[19] McCann, P., 2008. Globalization and Economic Geography: The World Is Curved, Not Flat. *Cambridge Journal of Regions, Economy and Society*, Vol. 1, No. 3, pp. 351-370.

[20] McCann, P., Z. J. Acs, 2011. Globalization: Countries, Cities and Multinationals. *Regional Studies*, Vol. 45, No. 1, pp. 17-32.

[21] McCann, P., R. Ortega-Argilés, 2013. Modern Regional Innovation Policy. *Cambridge Journal of Regions, Economy and Society*, Vol. 6, No. 2, pp. 187-216.

[22] McCann, P., R. Ortega-Argilés, 2015. Smart Specialization, Regional Growth and Applications to European Union Cohesion Policy. *Regional Studies*, Vol. 49, No. 8, pp. 1291-1302.

[23] Neary, J. P., 1998. Pitfalls in the Theory of International Trade Policy: Concertina Reforms of Tariffs, and Subsidies to High-Technology Industries. *Scandinavian Journal of Economics*, Vol. 100, No. 1, pp. 187-206.

[24] Neffke, F., M. Henning, R. Boschma, 2011. How Do Regions Diversify over Time? Industry Relatedness and the Development of New Growth Paths in Regions. *Economic Geography*, Vol. 87, No. 3, pp. 237-265.

[25] Pater, R., A. Lewandowska, 2015. Human Capital and Innovativeness of the European Union Regions. *Innovation: The European Journal of Social Science Research*, Vol. 28, No. 1, pp. 31-51.

[26] Porter, M., 2003. The Economic Performance of Regions. *Regional Studies*, Vol. 37, No. 6-7, pp. 549-578.

[27] Ranga, M., C. Hoareau, N. Durazzi *et al.*, 2013. *Study on University-Business Cooperation in the US*. LSE Enterprise.

[28] Rigby, D. L., C. Roesler, D. Kogler *et al.*, 2022. Do EU Regions Benefit from Smart Specialisation Principles? *Regional Studies*, Vol. 56, No. 12, pp. 1-16.

[29] Tassey, G., 2004. Underinvestment in Public Good Technologies. *The Journal of Technology Transfer*, Vol. 30, No. 1-2, pp. 89-113.

[30] Tödtling, F., M. Trippl, 2005. One Size Fits All? Towards a Differentiated Regional Innovation Policy Approach. *Research Policy*, Vol. 34, No. 8, pp. 1203-1219.

[31] Turner, S., 2010. Networks of Learning Within the English Wine Industry. *Journal of Economic Geography*, Vol. 10, No. 5, pp. 685-715.

[32] Woolthuis, R. K., M. Lankhuizen, V. Gilsing, 2005. A System Failure Framework for

Innovation Policy Design. *Technovation*, Vol. 25, No. 6, pp. 609-619.

[33] 陈奕嘉、谭俊涛："欧洲经济地理学区域创新政策研究进展"，《世界地理研究》，2022 年第 2 期，第 259—269 页。

[34] 沈婕、钟书华："国外'智慧专业化战略'研究述评"，《科研管理》，2019 年第 9 期，第 48—56 页。

第九章 演化经济地理学融合发展

相关学者认为过去演化经济地理学自成一派，与制度经济地理学、关系经济地理学和地理政治经济学（geographical political economy）[①]等其他分支领域存在着割裂，而如果将演化经济地理学发展成为自成一派的分支学科，对经济地理学整体学科理论体系建设的贡献有限。当前诸多学者试图将演化经济地理学与制度经济地理学、关系经济地理学和地理政治经济学等领域的内容进行融合发展，以研究区域经济景观的演化过程和机制，更好地与区域差异、区域特性、区域外生动力、多元行为主体和制度环境进行整合，以强化对真实世界中区域产业演化的解释力（Martin，2010；MacKinnon，2012；Castaldi *et al.*，2015；Boschma *et al.*，2017；胡晓辉、张文忠，2018；He *et al.*，2019）。

21 世纪 10 年代末期以来，在演化经济地理学研究议题多元化和持续纵深的基础上，伴随世界政治经济局势和全球生态环境的快速变化，例如中美贸易摩擦与新冠疫情冲击下的全球生产网络重构和区域经济韧性构建，生态环境危机倒逼产业绿色转型，新一轮科技革命加速区域新兴产业涌现等，演化经济地理学与地理政治经济学、制度经济学、关系经济学、区域经济韧性和复杂性科学等多元理论框架的互动持续加深，推动了学科边界不断拓展，理论和实证研究成果迈向繁荣（Hassink *et al.*，2019；Martin and Sunley，2020；Yeung，2021；Boschma，2022；Rigby *et al.*，2022）。

诸多学者梳理了演化经济地理学与相邻学科，包括地理政治经济学、制度经济地理学、关系经济地理学等学科的关系（图 9-1），指出了演化经济地理学

[①] 地理政治经济学是一个小众的分支研究，来自政治经济学的一个变体，将资本主义概念化为一个以地理发展不平衡为特征的不稳定的经济体。

的发展方向（Hassink *et al.*，2014；贺灿飞，2018；贺灿飞、李伟，2020）。地理政治经济学旨在探讨资本主义与政府、劳动力和资本的关系如何导致区域不平衡性。通过与地理政治经济学的融合，演化经济地理学可以强化外部投资、跨国公司与本地企业的不对等权力关系、劳资关系和政府管制（MacKinnon *et al.*，2009；Pike *et al.*，2009）。路径创造和路径依赖嵌入在区域制度中，通过与制度经济地理学的结合，演化经济地理学可以强化区域中个体能动性的分析，内生和外生制度之间的相互作用及其演化，强调不同地理尺度的差异性（Gertler，2010）。关系经济地理学能够更加综合地讨论制度、权力、行为主体及其在不同尺度上的互动关系（Bathelt and Glückler，2003；Yeung，2005）。关系经济地理学认为企业嵌入在不同尺度的社会关系和制度安排中，进而探讨正式和非正式制度对产业演化及区域经济发展的影响（Yeung，2005）。

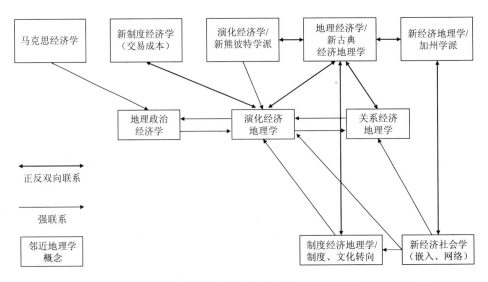

图 9-1　演化经济地理学与其他理论框架的联系

资料来源：Hassink *et al.*（2014）。

第一节　制度经济地理学与演化经济地理学

尽管一直以来制度在演化经济地理学研究中扮演着重要的角色，但对于区

域新路径发展的研究却没有充分意识到制度的重要性（Malmberg and Maskell，
2010；贺灿飞，2018），相关领域仍然存在重大研究空白。鉴于演化经济地理学
这一局限性，一些学者建议借鉴制度经济地理学，更详细地讨论制度与新路径
发展之间的关系。参与者被嵌入多尺度的制度环境中，从而实现并限制他们的
行动和策略。新的产业发展路径的成长通常需要对区域组织和制度环境进行重
大重组。虽然制度通常被认为是稳定与秩序的根源，但路径的创建通常涉及制
度的适应与变化（Murmann，2003；Martin，2010）。制度指的是"经济主体之
间在规则和法规基础上发展的相关且相对稳定的社会互动"（Bathelt and
Glückler，2014；Bathelt and Li，2014）。僵化的制度环境中现有企业和政策制
定往往会保护其既得利益，这往往出现在专业化的区域中。多样化的区域中包
容性的制度环境为尝试新事物提供了有利的条件，因此，自由市场制度下的国
家更容易进行不相关的活动（Boschma，2015；Boschma and Capone，2015；
Grillitsch et al.，2018）。同样，制度的僵化与锁定也可能阻碍新路径的发展，某
些规制、规范和文化认知机构可能更倾向于支持既有参与者的发展道路
（Martin，2012）。过去演化经济地理学主要关注静态的制度环境对区域新产业
发展的影响，而对行为者与制度环境的相互作用及协同演化研究较少（Maskell
and Malmberg，2007；Gertler，2010；Schamp，2010）。

　　但制度并非一成不变，而是随着时间与区域内的产业一起协同演化，相互
作用（Nelson，1994；Gertler，2010；Coenen et al.，2017；He et al.，2016；Trippl
et al.，2018）。制度经济学、政治经济学、社会学对制度都有较为深入的分析与
解读，对演化经济地理学的研究产生了极大的启发（Belussi and Sammarra，2005；
MacKinnon et al.，2009）。制度可以分为正式制度与非正式制度，正式制度是以
明确形式确定下来，由相关组织监督和强制实施的制度，主要为成文法规。非
正式制度是不成文的限制，与法规等正式制度相对，包括规范、文化认同等
（Scott，1995；Guiso et al.，2006）。

　　理解制度演化过程可以帮助演化经济地理学理解市场的行为与需求侧的变
化，从而准确把握消费者的选择与偏好，解释产业演化路径的变化（毛蕴诗等，
2009；Weber et al.，2008）。同时，对制度演化的研究有利于增加对社会和文化
问题的理解。而社会和文化问题深刻影响着消费者行为偏好与消费意愿，从而
影响产品类别的变化与新产品路径的出现（Rosa and Scott，1999；Schneiberg and

Bartley，2001；Binz *et al.*，2012；Sotarauta and Pulkkinen，2011）。同时，制度演化的过程和制度环境的稳定性、完善性、开放性均会影响新产品的诞生与产业路径的发展（Kotler，1986；贺灿飞等，2014）。稳定完善的制度环境有利于创新的产生与新技术的出现，从而提高企业绩效，促进产业路径创造（张三保、张志学，2012）。

一、正当化研究

制度环境研究的一个重要方向是正当化研究。如何创建新的市场，满足消费者需求或者出现新的科技创新，过去更多地被看作是外生的机遇，但研究同样需要关注消费者的需求是如何确立并随时间演化的。在这个过程中，不仅是满足消费者的需求，也涉及大环境的改变，合法性地位的获得过程，包括文化、社会、多行为主体的参与。蓝牙耳机、核电等都经历了获取正当化的过程（Gamson and Modigliani，1989；Humphreys，2010）。正当化过程就是令一个行为或者制度在社会上、文化上、政治上都于某种情境下变得可以接受（Johnson，2006）。

正当性代表了区域对新技术、新产业的接受程度（Johnson *et al.*，2006）。如果一个主体的行为在某些社会建构的规范、价值观、信仰、定义体系中是恰当的、符合社会期望的（Suchman，1995），则认为其具有正当性。而获取正当性的过程称为正当化。如果一个产业不为区域社会所接受，则会阻碍新产业的萌芽。这种正当性不是一成不变的，而是可以通过一些方式进行改变的，如积极的媒体引导。政策制定者，比如金融机构、企业、宣传媒体等，在其中扮演了重要角色（Njøs *et al.*，2020）。例如，风能企业通过调整话语与社会政治议程相契合，符合国家对于清洁能源、气候变化和经济发展的需求，以获得正当性（MacKinnon *et al.*，2022；MacKinnon *et al.*，2022）。

正当化也会存在溢出效应和历史影响。区域过去相关产业的正当化程度会影响新产业的进入，如区域过去对健康组织的正当化程度会影响新的健康组织的进入。积极的溢出能够促进新产业的进入，而负面影响则会阻碍新产业的进入。正当化过程涉及文化、政治、社会、技术等各方面，涉及本地非本地多方主体，通过愿景、期望、规章等影响产业发展。区域产业正当化受到区域其他产业（产业间竞争与合作）、区域其他部门（社会、法律、政治系统）、产业在其他地理区域的发展情况（例如日本核电站泄露对其他区域核电发展的影响）以及政治背景（政治意识形态、政治文化、政治传统）等的影响（Jolly and Hansen，2022）。而正如合法化会推动新产业路径的形成，当一种产业路径失去了合法性，即使已经积累了大量的知识、金融、市场资源，也无法阻止这个产业的衰败（Jolly *et al.*，2019）。

对于新产业路径而言，有些新产业最初可能并不符合现有的惯例、规范和通常的方式，有可能被相关受众怀疑、误解甚至反对（Battilana *et al.*，2009；Isaksen *et al.*，2019）。因此，新产业必须调整自己的特征以适应现有的社会结构，或者主动去改变现有结构，令其与新产业更为契合（Markard *et al.*，2016；Freeman，2019）。正当化可以通过六种方式进行，包括：①提高公平性；②参与决策与审议，提高角色的被接受程度；③提高透明度，增加信息的可获取性；④通过明确责任增加权威的响应；⑤通过条理性提高政策一致性；⑥通过有效性促进结果的达成（图9–2）。社会学认为产业正当化主要包括四个阶段：①创新，在众多可能中选取几个可行方向进行深入研究；②本地生效，将众多方向缩小到一种框架，与领域内外建立联系，形成交易组织，构建与金融投资机构

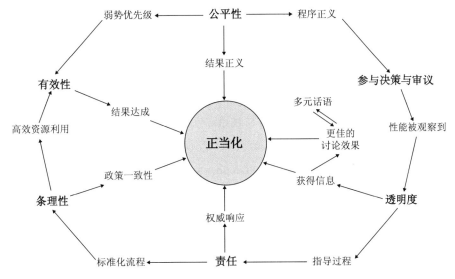

图 9–2　正当化的六种方式

资料来源：*Lebel et al.*（2017）。

关系，获取政府机构的支持；③扩散，获取规范合法性，建立基础设施，对消费者灌输合法性；④广泛生效，关键是获取对立群体的合作，现在产品或行为已经被清晰定义，对立面也有了完全清晰的架构，要与对立机构建立连接（Humphreys，2010）。

改变制度是一个非常复杂的过程，并不是单一主体所能完成的，而是牵涉到多方面的主体网络。学者认为这个过程涉及系统层面的行动，需要企业非企业主体共同行动，且涉及供给端（知识溢出、金融支持、研发投入）和需求端（市场结构、正当化话语权）两方面（Aghion *et al.*，2021；Binz and Gong，2022）。同时，学者提出了制度企业家的概念，即那些打破了现有的制度规则、逻辑，塑造了新制度的主体。制度企业家往往是不同的行为主体，包括能够调动资源、能力和权利来创造新的制度或改变现有制度的企业、个人或组织（Battilana，2006；Garud *et al.*，2007；Sotarauta and Pulkkinen，2011）。与此相似的概念是路径倡导者（path advocates），指那些旨在令新出现的区域产业路径在更广阔环境下获得正当性并嵌入地区的主体（MacKinnon *et al.*，2019）。可以看出，行为主体在改变制度、获取正当性的过程中发挥了不同的作用。

二、社会网络研究

因为制度改变过程中涉及了多种行为主体，而行为主体嵌入在社会网络的不同位置，所以社会学研究的另一个重要方向就是从社会网络角度进行的。在非正式制度中，信任和社会资本是研究的重点对象。社会资本被定义为由共同的规范和价值观所维系的社会网络与联系，包括结构性的社会资本（社会网络）和认知上的社会资本（社会规范、价值观、意识形态、信任）（马光荣、杨恩艳，2011；Malecki，2012；Westlund and Kobayashi，2013）。而基于集团和组织内部的网络与跨组织的网络，可以将节点间的链接分为联结（bonding）和架桥（bridging），联结令同一个社群内部关系更为紧密，而架桥则沟通了不同的社群（Westlund and Kobayashi，2013）。组织内部的链接能够促进路径延伸、升级、分化的产生，而组织之间的链接能够沟通不同知识、信息、技能，带来路径多样化、创造和移植。社会资本是区域所独有的特质，会影响到区域产业发展路径（图9-3）。美国渔业管理委员会、国家海洋渔业署、国家海洋和大气管理局与渔业部门之间的联结构成了信息共享关系，其与公共资源之间的架桥也促进了相关产业的发展（图9-4）。联结会促进一个部门内部的联系与合作，而架桥

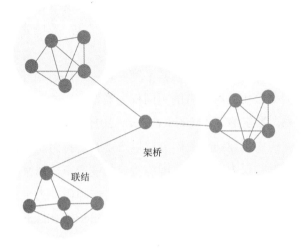

图 9-3　联结与架桥

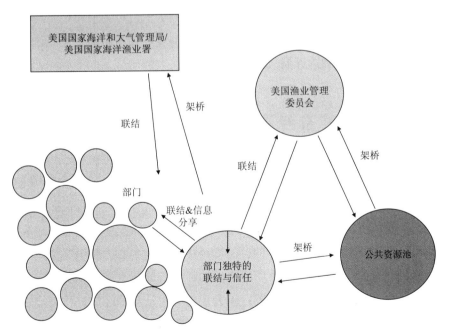

图 9-4　美国渔业发展中的联结与架桥

资料来源：Holland *et al.*（2013）。

会促进部门间的交流与合作，从而促进信息流通和年度捕捞权的分配。非正式制度其实也会随着产业发展而不停演化。核心区往往有更加优化的制度基础、更加开放频繁的交流以及更加灵活的制度制定与改变（Isaksen and Trippl，2014）。制度也会影响企业家在不同社会结构中的流动，影响企业家在社会网络中的位置和作用（Grillitsch，2019）。

关键行为者的特征与区域环境尤其是制度环境之间的相互作用引发了权力和利益的问题，即关键角色所拥有的不同权力类型与影响区域环境所采用的变化模式之间的关系。米尔纳等（Miörner et al.，2018）将区域制度和组织环境的变化分为在支持结构中创建新元素即分层以及现有支持组织与制度的适应和创新应用。制度参与者的权力形式涉及围绕特定制度变革，以某些故事情节、理念等引导理性思考的解释性权力、消除沟通和协作障碍的力量的网络性权力以及采取行动建立正式制度的制度权力（Sotarauta and Mustikkamäki，2015）。具有较高权力的角色可以引入新制度、建立新组织来参与分层过程，而缺乏这种权力的角色只能依靠适应改变现有制度环境，或者通过战略性和创造性地利用资源而使用现有政策工具。对制度环境的更深刻认识可以为演化经济地理学对区域产业变革提供更多层次的解释，但当前对制度变化与新路径发展这一问题仍以理论研究为主，亟须开展大规模实证研究。

第二节　关系经济地理学与演化经济地理学

同样，学者试图将关系经济地理学相关文献启示与演化经济地理学相结合，来更加系统深入地理解路径创造的过程（Boschma et al.，2017；MacKinnon et al.，2019）。关系经济地理学产生于20世纪90年代末，并在21世纪获得较大的发展。关系经济地理学强调以下特征：①以经济主体为中心，而不是空间表现；②微观层面的推理经常得到基于广泛访问的经验研究所支持；③制度在分析经济关系的稳定性方面居于核心位置；④为了能够对社会和经济过程进行更深层次的理解，有明显超越空间描述的趋势；⑤对全球化对经济组织的影响以及随后发生的全球-地方张力给予关注；⑥基于行动者网络视角进行区域政策分析。相比于区域科学，关系经济地理学将空间作为视角而非客体，同时注重情景下的空间关系而非行动结果的空间表达，研究基于空间视角的社会-经济交换规则（表9-1）。

表 9-1　经济地理学区域研究的转变

研究维度	区域科学	关系经济地理学
空间概念	空间作为客体	空间作为视角
知识	行动结果的空间表达	情境下的空间关系
行动	原子的：方法论上的个人主义	关系的：网络理论/根植的视角
研究目标	经济行为的空间法则	基于空间视角的社会-经济交换规则

资料来源：Bathelt and Glückler（2003）。

关系经济地理学的三个基础假设是：①情境性（contextuality）。从结构的角度来看，经济主体总是处于特定的社会和制度背景中，并在难以与其分离的特定制度和文化环境中活动，因而，关系经济地理学把经济行为看作根植于特殊社会背景，它不能通过普遍的空间法则的应用来解释。②路径依赖性（path-dependence）。从动态的角度来看，情境化导致路径依赖的产生，因为昨天的经济决策、经济行为以及它们的相互关系能够约束今天行为的情境。它们也在某种程度上直接引致将来的情境和行为。③权变性（contingency）。由于行动主体的策略和行为可能背离现存的发展路径，经济过程存在权变性。经济行为在开放系统中是不能完全被决定的，也不能通过普遍空间法则来预测。尽管路径依赖提供了特殊的历史，但是经济行为是开放的，易受不可预测的变化所支配。新产业路径创造是一个涉及多种行为主体、多尺度多层级网络系统、多维度制度演化的复杂过程。社会学研究关注各类行为主体的互动及社会资本、社会网络关系，这对演化经济地理学研究产生了启发，强调制度在路径创造中的作用，包括正式制度与非正式制度。新产业路径创造涉及制度的调整与改变，尤其是有兴趣并有能力协调调动资源、能力、权利改造现有制度或创建新制度的行为主体（Bathelt and Glückler，2005，2018；Sotarauta and Pulkkinen，2011）。

一、空间尺度与非本地资源

关系经济地理学能够更好地解释不同尺度上制度、权力及其社会关系，探索区域中参与者如何在各种空间尺度上动员资源发展路径的过程，估计非本地来源和影响。越来越多的学者呼吁关注区域外资源在区域产业路径发展中的作用（Binz *et al.*，2016；贺灿飞等，2016；Trippl *et al.*，2018；刘志高、张薇，2018；Hassink *et al.*，2019；王文宇、贺灿飞，2022）。实际上，各地区对非本地资源的需求以及吸引和吸收其他地区知识的能力有所不同。演化经济地理学当前的研究将区域新路径的出现视为本地的自我强化发展过程，该概念方法所描述的理想条件主要存在于拥有大量创新企业与企业家以及知识溢出的核心地区，而边缘地区缺乏这样的前提条件，因此，需要将新产业发展的外源性以及关键参与者（包括政策参与者）采取的跨尺度的积极行动纳入研究框架（Isaksen and Trippl，2017）。

区域内的参与者不限于仅在区域这一尺度范围内使用可用资源，他们采取包括外商直接投资（FDI）、劳动力流动、知识流动、联合研究与开发（R&D）项目以及外来政策的影响等在内的不同形式，将新的思想、技术、知识和创业资本从区域外引入（Dawley，2014），并且可能通过持续的知识吸收过程逐渐转变为内生资源。目前已有部分学者尝试对不发达地区新产业路径的兴起进行研究，证明了外来资源与外部联系通常对于外围和后发地区起着特别重要的作用，有可能通过创造更多技术先进的增长路径使它们跃升（Zhu *et al.*，2017），例如，创新企业从外部涌入以及其他形式的外部知识和资源流入（Isaksen and Trippl，2017）。

区域是政策实施和试验的空间，也是多层次政策、行动者和制度设置相互作用的场所。制度本质上是多尺度的，国家政策在塑造不同行业的转型战略和监管框架方面发挥重要作用，同时，地方和区域政府共同承担着区域发展的责任，地方、区域和国家多尺度的制度相互作用、不断协调，以有效地参与区域发展战略。马蒂等（Matti *et al.*，2017）对西班牙风能的多层次政策组合研究显示，虽然欧洲和国家层面在目标与财政支持方面提供了动态的长期前景，但区域政府面临着通过确定区域优先事项和制定跨部门战略来执行当地政策的挑战，其风能行业的加速发展是由不同领域的政策工具（能源、工业和创新）在区域、国家和欧洲层面相互作用而产生的多个途径的结果。

二、关键角色作用未来展望

关键角色如何在各种空间尺度上寻找并调动资源以引发区域环境的变化是未来应引起更多关注的关键问题。第一，充分认识在不同类型的地区（例如大都市、周边地区和旧工业区）以及不同行业间的新路径开发中，非本地资源和关系的重要性与区别是什么以及如何变化。非本地联系何时能促进新路径的发展？在什么条件下它们会成为新区域路径发展的障碍？参与者和资产的流入及流出如何影响新路径的发展？目前尚不清楚为什么某些路径创建过程会更多地受益于甚至依赖于国内创新系统配置和市场机会，而其他新部门却是通过国际网络兴起的。第二，来自不同地理尺度的资源、资本、知识与制度的互动关系对区域产业演化产生影响。但目前尚不清楚区域内部资源与外部力量是如何相互作用的。第三，多尺度制度环境和政策行动如何影响新路径发展的概念与实证研究很少。非本地制度环境和政策行动以什么方式塑造新的增长路径需要更多的分析，以了解哪些国家与区域制度环境促进或阻碍了新经济活动的出现和增长（Hassink *et al.*，2019）。例如，因为欧盟政府机构有权向区域组织分配资源，它们可以强烈影响区域创新战略中优先事项的选择（Moodysson *et al.*，2017）。因此，为新的增长路径制定共同的议程不仅取决于动员利益相关者，而且取决于其他地理级别的利益、机会和权力关系。第四，充分理解跨区域组织发挥的作用，例如，跨国公司在多个地理范围内运作，并充当区域和非区域参与者及层次之间的桥梁。近些年大量关于生产和创新全球化、非空间性的重要性和临时性地理邻近以及非本地知识流动的性质等的研究已经出现。国际创新网络、国家机构、全球政府机构以及国家和国际行业组织中的合作伙伴可能发挥重要作用，为地区参与者创造或限制了可能性。

第三节　地理政治经济学与演化经济地理学

地理政治经济学反对将区域产业演化视作区域拜物主义（regional fetishism）下微观经济主体行为群体涌现的空间后果，而提倡审视区域所处的更广阔劳动地域分工格局中的位置及其演化，指出区域产业演化是宏观层面资本空间积累和区域非均衡发展的产物（MacKinnon *et al.*，2019）。地理政治经济学根植于马克思主义经济思想体系，起源于20世纪70年代以马克思主义地理学为代表的激进人文地理学。其反对新古典经济理论，也不赞同市场或新自由主义的政治经济学，并受到其他"异端"经济理论的影响，包括女权主义、后现代主义、后结构主义、后殖民主义和后人文主义等的哲学思想。经历了一系列发展后，当前地理政治经济学的研究者主要进行空间不平等及空间环境变化的政治经济学分析。资本主义的地理或空间经济活动是一个富有多样性和差异性的系统，关注如何将空间、地方、尺度和生物物理过程统一到经济与社会过程之中。地理政治经济学研究的核心问题是空间生产，生产是研究的基础（Goodwin，2004；Essletzbichler，2009；Pike *et al.*，2009）。

　　地理政治经济学研究的基础是资本家将货币资本转化为生产资本之后进行商品生产的过程，而不是如主流经济地理学那样将商品交换作为研究的基础。商品生产需要将自然资源，即具有社会结构的生产要素，转换成其他物质和非物质的对象，其目的是获取利润。生产的商品化往往具有剥削性，也是一个高度政治化和阶级化的过程，在这个过程中预先存在不同地理尺度的权利不平等，处于支配地位的集团获得超额利益（Robbins，2004）。同时，地理政治经济学研究将地理因素和社会因素纳入考虑，导致商品生产和利润实现的过程变得更加复杂。地理为生产要素的配置和生产过程提供了载体，对劳动力和商品的流动产生影响（Christopherson，2002）。不能将劳动力的投入过程简单归结为劳动力市场或劳动供求双方的公平交换，这种是不合理的简化（Peck，1989）。离开流通领域或商品交换领域，进入生产内部后，社会关系就发生了改变。生产内部利益集团存在复杂性，阶级之间的共同演化以及社会阶级的地理状况极大地复杂化了马克思所谓的"工人与资本家的斗争"（马克思、恩格斯，1972；Sadler，2000；Dowell and David，2011）。地理政治经济学的基本理论观点是：资本主义经济充满矛盾和不确定，经济的社会-空间不平等，市场调节无法解决经济危机问题。其研究方法是定性的案例研究方法和社会-空间辩证分析方法（Hudson，2007；Jones，2008）。

　　地理政治经济学视角下区域产业演化动力主要源自：①资本积累和劳资冲突，关注资本逐利和寻求剩余价值所产生的空间修复过程，劳动力不再仅作为被动客体的生产要素，而是能够积极发挥能动性的行为主体，劳资冲突、对抗和妥协影响区域产业演化（MacKinnon *et al.*，2009；黄耿志等，2017）；②权力、政治与制度环境，强调国家自上而下战略性制度安排对区域产业演化的影响，揭示谁在主导区域产业演化、区域产业为了谁的利益演化以及国家和区域制度环境差异造成区域产业演化路径的多样性等（Steen and Hansen，2018；Zhu *et al.*，2019；贺灿飞等，2019；贺灿飞等，2020）。宏观资本空间积累和中观制度环境的融入丰富了微观视角下区域产业演化的理论解释，一方面更加关注企业惯例的政治维度，包括管治组织内部利益冲突、劳资冲突和权力关系的决策方式，如何通过组织政治惯例的生成、遗传和扩散影响区域产业演化（Boschma and Frenken，2011）；另一方面，将国家政治经济环境（例如多样化资本主义）和区域制度安排（例如政府服务质量、财政和产业政策）以及社会资本等非正式制度环境纳入区域产业演化的分析框架（Boschma and Capone，2015；Cortinovis *et al.*，2017；De Vaan *et al.*，2019；He *et al.*，2019；黄志基等，2022）。

总体而言，地理政治经济学与演化经济学视角的结合主要从宏观资本空间积累、中观制度环境、微观组织惯例三个层级展开：

（1）宏观资本空间累积方面，空间结构塑造了空间的相互依赖性，但反过来又被这些相互依赖性所塑造。人类的能动性塑造了结构，但更广泛的结构变化可能会破坏能动性的功效。个人在阶级和空间上进行利益分配可能导致集体行动与社会冲突（Searle，1995；Sayer，2000）。市场不能自动仲裁这些，基于市场的结果也不一定对社会有益。空间经济可能是一个复杂的非线性系统；在这个空间中，空间不再是牛顿的，时间是一种涌现属性（Plummer and Sheppard，2006）。社会空间本身就具有不平等性，不同种类和程度的权力塑造了经济地理的演变过程。制度化的劳资关系和资本主义背景下的代理关系导致的空间不均衡通过多种方式展现出来（Pike and Neale，2006；Essletzbichler，2009）。

（2）中观制度环境方面，生产的地理转移研究需要运用区域和市场共同作用的复杂方法。集群的存在也依赖于当地政治和文化的培育。本地企业家精神影响区域对投资的吸引力。本地的政治和文化因素可以产生协同作用，但也受到具有新技术和能够提升利润率的新政治结构的其他区域的威胁，即所谓的"空间修复"（Sayer，1992）。在更广泛的空间范围内，企业布局战略受到国家治理结构的影响。虽然地理政治经济学家认为资本主义不能自我调节，但国家调控经济却又在相互冲突的目标之间徘徊，在不同的条件下，则出现了国家调控经济和资本主义自我调节经济之间的不同解决方案。地理政治经济学已经开始关注资本主义的不同时间-空间和社会-空间交互形态：从福特主义的民族国家主导的需求理念到新自由主义全球化的供应理念，地理尺度内的差异，意识形态和区域政策塑造区域多样性的作用，不同制度下不同经济活动主题的形成，特定治理模式的争论、危机和转变等（Peck and Theodore，2007）。

（3）微观组织惯例方面，资本主义企业在竞争压力的推动下，面对差异的信息空间分布，为了最大限度地提高利润率，趋向于运用新技术和新产品战略以及区位战略。在生产的起始阶段，不同的资本家处于不平等的空间竞争位置，包括区位、经济和政治力量、战略敏锐性、知识技术水平。企业之间相互依存，每个企业的竞争力也取决于它的供应商和客户的行为。如演化经济地理学所研究的，企业的空间位置、劳动力和技术战略是密切相关的，这些战略相互作用从而促进创造新的地理状况并影响到企业未来的战略选择（Boschma and Martin，2007；Boschma and Wenting，2007）。在这个过程中，企业与地方经济共同发展，嵌入在多种地理尺度的合作和管理中，企业通过多级网络，即社会空间辩证法来拓展自己与外部的联系。快速互连的信息技术的出现拉伸了空间，使资本主义企业的盈利能力空前增强，导致了不同层次的空间、劳动和技术的复合。

第四节　区域经济韧性与演化经济地理学

全球金融危机后，区域经济韧性受到经济地理学的广泛关注，其与演化经济地理学的理论互动也日渐深入（Boschma，2015；Boschma and Capone，2015；Martin and Sunley，2015；关皓明等，2018）。一方面，演化经济地理学丰富了区域经济韧性的内涵，从静态、均衡的工程韧性和生态韧性走向动态、非均衡的演化韧性和适应韧性，关注区域经济韧性的长期适应过程，强调区域经济系统可以通过结构重组、突破原有路径而形成新发展路径（Simmie and Martin，2010）；基于演化思想构建了区域经济韧性的适应性循环模型，包括重组、开发、维持和释放等不同阶段，各阶段特征取决于资源积累的权力及其内部的连通性

（Cowell，2013；李连刚等，2019），并从产业结构多样性、外部连接度和网络拓扑结构等多维度指标测度区域经济韧性水平，提升了区域韧性及其演化的时空敏感性（Crespo *et al.*，2014；谭俊涛等，2020）。另一方面，区域经济韧性拓展了演化经济地理学的理论框架，提出了区域经济应对外部冲击等环境变化的适应和适应力概念：适应强调区域的路径依赖和锁定，关注区域经济系统受冲击后恢复至原来状态的抗性和维系能力，适应力则强调路径突破和创造，聚焦区域脱离原有产业及制度结构约束而实现重新定位和自我更新的求变力（Hu *et al.*，2019；杜志威等，2019；俞国军等，2020）。当前增强区域经济韧性已经成为演化经济地理学的重要研究内容（Hassink，2010；贺灿飞等，2016；胡晓辉等，2021）。

"韧性"在力学中的含义是物体受到压力后恢复到初始状态的能力。在后续的研究中，韧性逐渐转化成一种隐喻，开始在生态学、经济学、经济地理学、城市规划等领域的研究中出现（Simmie，2012；彭翀等，2015；苏杭，2015）。经济韧性是依托韧性的思想与框架，描述不同经济主体在经济周期、外部冲击影响下抵御冲击和恢复重生能力的差异。区域经济韧性则是具有空间尺度特征的经济韧性，其研究对象是多尺度空间经济系统应对外部冲击的能力（Modica and Reggiani，2015；Modica，2015）。经过长时间发展，在工程力学、生态学、演化经济地理、复杂系统理论、战略耦合等基础上，区域经济韧性研究越来越关注韧性形成的动态性视角、多主体互动视角，并逐步尝试在多空间尺度、宏观-微观尺度进一步识别区域经济韧性的表征和机制（图 9–5）。

区域经济韧性可以分为工程韧性、生态韧性和适应韧性（Hassink，2010；Pike *et al.*，2010；Boschma and Capone，2015）。工程韧性指系统在受到暂时干扰或破坏后恢复到原有状态的能力。生态韧性指系统在不改变结构、特性和功能的情况下吸收冲击的能力。同时，生态韧性假定存在多重均衡状态，冲击后系统可能恢复或改善长期均衡增长路径，而缺乏韧性的地区可能进入一种低于冲击前发展水平的长期增长路径中，甚至会陷入经济衰退。适应韧性指区域经济通过调整或重新配置企业、产业、技术和制度结构等要素从而保持长期适应性发展的能力，并认为这种能力取决于该地区原有的经济性质（Martin，2012）。演化理论强调适应韧性，认为地区要主动变革，不断进行适应性调整（Dawley *et al.*，2010；Pike *et al.*，2010），其实质就是通过调整产业结构、发展新产业、淘

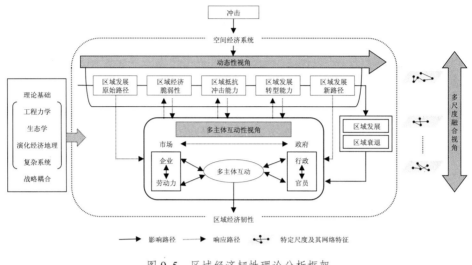

图 9-5　区域经济韧性理论分析框架

资料来源：贺灿飞、盛涵天（2023）。

汰落后产业以实现地区经济更新的过程。在发展新产业与淘汰落后产业过程中，企业、政府和各类机构要发挥集体能动性，对地区企业组织、集群网络、政企关系、制度与规制体系等做系统性变革，单兵突进无法取得较好效果（Hu and Yang，2019）。

区域经济韧性受到区域过去历史与惯例的影响，存在显著的路径依赖特性（Tsiapa *et al.*，2018）。第一，历史经验是区域经济韧性形成的重要推动力量，即区域经济系统中的经济主体可以通过过去的经验学习如何适应类似的经济冲击。第二，历史偶然性可能会给区域经济系统带来高昂的路径转换成本，从而进一步锁定区域经济发展路径，形成强大的区域经济韧性。路径依赖效应令区域倾向于维持原有的经济结构，从而对外部冲击具有较高的抵御能力，形成强大的区域经济韧性（韩增林等，2021）。然而路径依赖同样有可能导致区域经济结构僵化，使其缺乏对外部冲击的适应能力。区域经济系统由于规模报酬递增出现自强化的现象，从而将发展模式锁定在一个特定路径上（Hassink，2010）。路径锁定增强了区域韧性，但同时也增加了区域因制度僵化或产业路径僵化而进入衰败的风险。因此，对区域韧性的研究需要从动态性、阶段性视角进行分析，正确认知区域经济系统的复杂适应过程。区域经济韧性的演化过程可以分为重组、开发、维持和释放四个阶段，每个阶段均可以通过潜力、关联度和韧性来进行表征（Simmie and Martin，2010）。系统面对急性的外部冲击或者慢性的经济波动，会表现出不断改变、适应、转型的能力和过程（孙久文、孙翔宇，2017）。之后，众多学者从演化视角对区域经济韧性展开研究（Bristow，2010；胡晓辉，2012）。

当前对路径依赖、路径突破与区域经济韧性的认知存在多种分析机制。一部分学者认为路径依赖有助于提高区域经济韧性。新产业与新技术依赖于区域原有的资源、技术、人才等，产业之间的相关性与依赖性可以促进产业之间的联系，提高知识溢出效率，提高区域创新能力，从而有助于区域经济韧性的提高（Gainelli and Ganau，2019）。另一部分学者认为，路径依赖对区域经济韧性展现出更大的消极影响。产业之间过于紧密的联系会导致区域经济结构僵化，限制多样化过程，削弱区域适应能力，陷入"锁定"。危机更容易在关联度更高的产业之间传递。产业之间致密的关联可能加速危机、风险在区域经济系统中的传递，使得外部冲击对本地网络产生不可逆转的传染效应，对网络节点产生多米诺骨牌崩塌式影响，从而降低区域经济韧性（He et al.，2021；Tóth et al.，2022）。同时，还有一部分学者从路径突破的视角切入，认为产业路径突破有助于提高区域经济韧性。区域在本地创新、行为主体和外部链接的作用下出现路径突破，产生新的产业与新的技术。而这些新产业和新技术与区域原有产业和技术的关联度很低，有助于区域打破"路径锁定"，实现"路径解锁"（Xiao et al.，2018）。具备这种路径突破能力的区域在遭受冲击或扰动时通常能够表现出更强的适应能力，因此，区域路径突破能力在一定程度上反映了区域经济韧性的高低（陈梦远，2017；胡晓辉，2021）。

小　　结

过去演化经济地理学的研究处于相对独立的状态，与其他地理学分支，如制度经济地理学、关系经济地理学和地理政治经济学等存在明显的割裂。然而，随着时代的发展，许多学者认为应该将演化经济地理学与这些领域进行融合发展，可以更好地研究区域经济景观的演化过程和机制，从而强化对真实世界中区域产业演化的解释力。这种融合发展的趋势在近年来愈发明显，尤其是在面临全球政治经济局势和生态环境快速变化的背景下。制度经济地理学的研究可以帮助学者更加详细地讨论制度与新路径发展之间的关系。路径创造相关行为主体均嵌入在多尺度的制度环境之中，从而实现并限制他们的行动和决策。而新的产业发展路径的成长也通常需要对区域组织和制度环境进行重大重组。

关系经济地理学能够帮助更好地理解不同尺度上制度、权力和社会关系，探索路径创造相关行为主体如何在空间尺度上动员不同层次的资源发展新路径。同时，关系经济地理学的引入能够帮助演化经济地理学者更好地理解区域外资源在区域产业路径发展中的作用，将跨尺度的积极行动纳入研究框架之中，通过外商直接投资、劳动力流动、知识流动等方式持续引入区域外资源，并将其转变吸收为内生资源。

地理政治经济学将资本积累和劳资冲突以及权力、政治与制度环境引入演化经济地理学。在地理政治经济学视角下，劳动力成为能够积极发挥能动性的行为主体，通过劳资冲突、对抗和妥协的过程影响区域产业演化。同时，地理政治经济学强调国家自上而下战略性制度安排对区域产业演化的影响，并将组织政治惯例、政治经济环境纳入考虑，探讨其对区域产业演化的影响。

区域经济韧性概念与演化经济地理学的理论互动也逐渐增加。演化经济地理学丰富了区域经济韧性的内涵与研究方法，而区域经济韧性拓展了演化经济地理学的理论框架，提出了区域经济应对外部冲击等环境变化的适应和适应力的概念。可以说增强区域经济韧性已经成为演化经济地理学研究的重点内容。

总的来说，演化经济地理学与其他学科的融合发展已经成为一种新的趋势，可以帮助我们更好地理解和解释真实世界中区域产业演化的过程和机制。通过将演化经济地理学与制度经济地理学、关系经济地理学、地理政治经济学以及区域经济韧性等其他分支领域进行融合发展，可以更全面地了解区域经济景观的演化，从而为政策制定和企业战略决策提供有价值的参考。未来演化经济地理学与其他领域学者仍需要不断地学习和掌握新的理论及方法，以更好地应对全球经济和环境的快速变化。

参 考 文 献

[1] Aghion, P., C. Antonin, S. Bunel, 2021. *The Power of Creative Destruction*. Harvard University Press.

[2] Bathelt, H., J. Glückler, 2003. Plädoyer Für Eine Relationale Wirtschaftsgeographie. *Geographische Revue: Zeitschrift für Literatur und Diskussion*, Vol. 5, No. 2, pp. 66-71.

[3] Bathelt, H., J. Glückler, 2005. Resources in Economic Geography: From Substantive Concepts Towards a Relational Perspective. *Environment and Planning A*, Vol. 37, No. 9, pp. 1545-1563.

[4] Bathelt, H., J. Glückler, 2014. Institutional Change in Economic Geography. *Progress in Human Geography*, Vol. 38, No. 3, pp. 340-363.

[5] Bathelt, H., J. Glückler, 2018. Relational Research Design in Economic Geography. *The New Oxford Handbook of Economic Geography*, pp. 179-195.

[6] Bathelt, H., P.-F. Li, 2014. Global Cluster Networks — Foreign Direct Investment Flows from Canada to China. *Journal of Economic Geography*, Vol. 14, No. 1, pp. 45-71.

[7] Battilana, J., 2006. Agency and Institutions: The Enabling Role of Individuals' Social Position. *Organization*, Vol. 13, No. 5, pp. 653-676.

[8] Battilana, J., B. Leca, E. Boxenbaum, 2009. How Actors Change Institutions: Towards a Theory of Institutional Entrepreneurship. *The Academy of Management Annals*, Vol. 3, No. 1, pp. 65-107.

[9] Belussi, F., A. Sammarra, 2005. *Industrial Districts, Relocation, and the Governance of the Global Value Chain*. Cleup.

[10] Binz, C., H. Gong, 2022. Legitimation Dynamics in Industrial Path Development: New-to-the-World Versus New-to-the-Region Industries. *Regional Studies*, Vol. 56, No. 4, pp. 605-618.

[11] Binz, C., B. Truffer, L. Coenen, 2016. Path Creation as a Process of Resource Alignment and Anchoring: Industry Formation for On-Site Water Recycling in Beijing. *Economic Geography*, Vol. 92, No. 2, pp. 172-200.

[12] Binz, C., B. Truffer, L. Li *et al.*, 2012. Conceptualizing Leapfrogging with Spatially Coupled Innovation Systems: The Case of Onsite Wastewater Treatment in China. *Technological Forecasting and Social Change*, Vol. 79, No. 1, pp. 155-171.

[13] Boschma, R., 2015. Do Spinoff Dynamics or Agglomeration Externalities Drive Industry Clustering? A Reappraisal of Steven Klepper's Work. *Industrial and Corporate Change*, Vol. 24, No. 4, pp. 859-873.

[14] Boschma, R., 2022. Global Value Chains from an Evolutionary Economic Geography Perspective: A Research Agenda. *Area Development and Policy*, Vol. 7, No. 2, pp. 123-146.

[15] Boschma, R., G. Capone, 2015. Institutions and Diversification: Related Versus Unrelated Diversification in a Varieties of Capitalism Framework. *Research Policy*, Vol. 44, No. 10, pp. 1902-1914.

[16] Boschma, R., L. Coenen, K. Frenken *et al.*, 2017. Towards a Theory of Regional Diversification: Combining Insights from Evolutionary Economic Geography and Transition Studies. *Regional Studies*, Vol. 51, No. 1, pp. 31-45.

[17] Boschma, R., K. Frenken, 2011. The Emerging Empirics of Evolutionary Economic Geography. *Journal of Economic Geography*, Vol. 11, No. 2, pp. 295-307.

[18] Boschma, R., R. Martin, 2007. Constructing an Evolutionary Economic Geography. *Journal of Economic Geography*, Vol. 7, No. 5, pp. 537-548.

[19] Boschma, R. A., R. Wenting, 2007. The Spatial Evolution of the British Automobile Industry: Does Location Matter? *Industrial and Corporate Change*, Vol. 16, No. 2, pp. 213-238.

[20] Bristow, G., 2010. Resilient Regions: Re-"Place"ing Regional Competitiveness. *Cambridge Journal of Regions, Economy and Society*, Vol. 3, No. 1, pp. 153-167.

[21] Cainelli, G., R. Ganau, 2019. Related Variety and Firm Heterogeneity. What Really Matters for Short-Run Firm Growth? *Entrepreneurship & Regional Development*, Vol. 31, No. 9-10, pp. 768-784.

[22] Castaldi, C., K. Frenken, B. Los, 2015. Related Variety, Unrelated Variety and Technological Breakthroughs: An Analysis of US State-Level Patenting. *Regional Studies*, Vol. 49, No. 5, pp. 767-781.

[23] Christopherson, S., 2002. Why Do National Labor Market Practices Continue to Diverge in the Global Economy? The "Missing Link" of Investment Rules. *Economic Geography*, Vol. 78, No. 1, pp. 1-20.

[24] Coenen, L., B. Asheim, M. M. Bugge *et al.*, 2017. Advancing Regional Innovation Systems: What Does Evolutionary Economic Geography Bring to the Policy Table? *Environment and Planning C: Politics and Space*, Vol. 35, No. 4, pp. 600-620.

[25] Cortinovis, N., J. Xiao, R. Boschma *et al.*, 2017. Quality of Government and Social Capital as Drivers of Regional Diversification in Europe. *Journal of Economic Geography*, Vol. 17, No. 6, pp. 1179-1208.

[26] Cowell, M. M., 2013. Bounce Back or Move On: Regional Resilience and Economic Development Planning. *Cities*, Vol. 30, No. 1, pp. 212-222.

[27] Crespo, J., R. Suire, J. Vicente, 2014. Lock-In or Lock-Out? How Structural Properties of Knowledge Networks Affect Regional Resilience. *Journal of Economic Geography*, Vol. 14, No. 1, pp. 199-219.

[28] Dawley, S., 2014. Creating New Paths? Offshore Wind, Policy Activism, and Peripheral Region Development. *Economic Geography*, Vol. 90, No. 1, pp. 91-112.

[29] Dawley, S., A. Pike, J. Tomaney, 2010. Towards the Resilient Region? *Local Economy*, Vol. 25, No. 8, pp. 650-667.

[30] De Vaan, M., K. Frenken, R. Boschma, 2019. The Downside of Social Capital in New Industry Creation. *Economic Geography*, Vol. 95, No. 4, pp. 315-340.

[31] Dowell, G., R. J. David, 2011. Effects of Ancestral Populations on Entrepreneurial Founding and Failure: Private Liquor Stores in Alberta, 1994-2003. *Industrial and Corporate Change*, Vol. 20, No. 3, pp. 825-853.

[32] Essletzbichler, J., 2009. Evolutionary Economic Geography, Institutions, and Political Economy. *Economic Geography*, Vol. 85, No. 2, pp. 159-165.

[33] Freeman, C., 2019. History, Co-Evolution and Economic Growth. *Industrial and Corporate Change*, Vol. 28, No. 1, pp. 1-44.

[34] Gamson, W. A., A. Modigliani, 1989. Media Discourse and Public Opinion on Nuclear Power: A Constructionist Approach. *American Journal of Sociology*, Vol. 95, No. 1, pp. 1-37.

[35] Garud, R., C. Hardy, S. Maguire, 2007. Institutional Entrepreneurship as Embedded Agency: An Introduction to the Special Issue. *Organization Studies*, Vol. 28, No. 7, pp. 957-969.

[36] Gertler, M. S., 2010. Rules of the Game: The Place of Institutions in Regional Economic Change. *Regional Studies*, Vol. 44, No. 1, pp. 1-15.

[37] Goodwin, J., 2004. A Comparison of Internal Audit in the Private and Public Sectors. *Managerial Auditing Journal*, Vol. 19, No. 5, pp. 640-650.

[38] Grillitsch, M., 2019. Following or Breaking Regional Development Paths: On the Role and Capability of the Innovative Entrepreneur. *Regional Studies*, Vol. 53, No. 5, pp. 681-691.

[39] Grillitsch, M., B. Asheim, M. Trippl, 2018. Unrelated Knowledge Combinations: The Unexplored Potential for Regional Industrial Path Development. *Cambridge Journal of Regions, Economy and Society*, Vol. 11, No. 2, pp. 257-274.

[40] Guiso, L., P. Sapienza, L. Zingales, 2006. Does Culture Affect Economic Outcomes? *Journal of Economic Perspectives*, Vol. 20, No. 2, pp. 23-48.

[41] Hassink, R., 2010. Regional Resilience: A Promising Concept to Explain Differences in Regional Economic Adaptability? *Cambridge Journal of Regions, Economy and Society*, Vol. 3, No. 1, pp. 45-58.

[42] Hassink, R., H. Gong, A. M. Orum, 2019. New Economic Geography. *Encyclopedia of Urban and Regional Studies*. The Wiley Blackwell.

[43] Hassink, R., A. Isaksen, M. Trippl, 2019. Towards a Comprehensive Understanding of New Regional Industrial Path Development. *Regional Studies*, Vol. 53, No. 11, pp. 1636-1645.

[44] Hassink, R., C. Klaerding, P. Marques, 2014. Advancing Evolutionary Economic Geography by Engaged Pluralism. *Regional Studies*, Vol. 48, No. 7, pp. 1295-1307.

[45] He, C., T. Chen, S. Zhu, 2021. Do Not Put Eggs in One Basket: Related Variety and Export Resilience in the Post-Crisis Era. *Industrial and Corporate Change*, Vol. 30, No. 6, pp. 1655-1676.

[46] He, C., Q. Guo, S. Zhu, 2016. The Development of Entrepreneurship in China: A Geographical and Institutional Perspective. *Geographies of Entrepreneurship*. Routledge, pp. 84-100.

[47] He, C., J. Lu, H. Qian, 2019. Entrepreneurship in China. *Small Business Economics*, Vol. 52, No. 3, pp. 563-572.

[48] He, C., S. Zhu, X. Hu *et al.*, 2019. Proximity Matters: Inter-Regional Knowledge Spillovers and Regional Industrial Diversification in China. *Tijdschrift voor Economische en Sociale*

Geografie, Vol. 110, No. 2, pp. 173-190.

[49] Holland, D. S., A. W. Kitts, P. P. Da Silva *et al.*, 2013. Social Capital and the Success of Harvest Cooperatives in the New England Groundfish Fishery. *Marine Resource Economics*, Vol. 28, No. 2, pp. 133-153.

[50] Hu, X., C. Yang, 2019. Institutional Change and Divergent Economic Resilience: Path Development of Two Resource-Depleted Cities in China. *Urban Studies*, Vol. 56, No. 16, pp. 3466-3485.

[51] Hu, Y., F. B. Hu, J. E. Manson, 2019. Marine Omega-3 Supplementation and Cardiovascular Disease: An Updated Meta-Analysis of 13 Randomized Controlled Trials Involving 127 477 Participants. *Journal of the American Heart Association*, Vol. 8, No. 19, pp. 1-33.

[52] Hudson, R., 2007. Regions and Regional Uneven Development Forever? Some Reflective Comments upon Theory and Practice. *Regional Studies*, Vol. 41, No. 9, pp. 1149-1160.

[53] Humphreys, A., 2010. Megamarketing: The Creation of Markets as a Social Process. *Journal of Marketing*, Vol. 74, No. 2, pp. 1-19.

[54] Isaksen, A., S.-E. Jakobsen, R. Njøs *et al.*, 2019. Regional Industrial Restructuring Resulting from Individual and System Agency. *Innovation: The European Journal of Social Science Research*, Vol. 32, No. 1, pp. 48-65.

[55] Isaksen, A., M. Trippl, 2014. New Path Development in the Periphery. *Papers in Innovation Studies*, Lund University, Centre for Innovation Research.

[56] Isaksen, A., M. Trippl, 2017. Exogenously Led and Policy-Supported New Path Development in Peripheral Regions: Analytical and Synthetic Routes. *Economic Geography*, Vol. 93, No. 5, pp. 436-457.

[57] Johnson, A., 2006. The Effects of FDI Inflows on Host Country Economic Growth. The Royal Institute of Technology. Centre of Excellence for Studies in Science and Innovation. p. 5.

[58] Johnson, C., T. J. Dowd, C. L. Ridgeway, 2006. Legitimacy as a Social Process. *Annual Review of Sociology*, Vol. 32, No. 1, pp. 53-78.

[59] Jolly, S., M. Grillitsch, T. Hansen, 2019. *Agency in Regional Path Development: Towards a Bio-Economy in Värmland, Sweden*. Centre for Innovation, Research and Competence in the Learning Economy (CIRCLE).

[60] Jolly, S., T. Hansen, 2022. Industry Legitimacy: Bright and Dark Phases in Regional Industry Path Development. *Regional Studies*, Vol. 56, No. 4, pp. 630-643.

[61] Jones, B. G., 2008. The Global Political Economy of Social Crisis: Towards a Critique of the "Failed State" Ideology. *Review of International Political Economy*, Vol. 15, No. 2, pp. 180-205.

[62] Kotler, P., 1986. Global Standardization — Courting Danger. *Journal of Consumer Marketing*, Vol. 3, No. 2, pp. 13-15.

[63] Lebel, L., A. Salamanca, C. Kallayanamitra, 2017. The Governance of Adaptation Financing:

Pursuing Legitimacy at Multiple Levels. *International Journal of Global Warming*, Vol. 11, No. 2, pp. 226-245.

[64] MacKinnon, D., 2012. Beyond Strategic Coupling: Reassessing the Firm-Region Nexus in Global Production Networks. *Journal of Economic Geography*, Vol. 12, No. 1, pp. 227-245.

[65] MacKinnon, D., S. Afewerki, A. Karlsen, 2022. Technology Legitimation and Strategic Coupling: A Cross-National Study of Floating Wind Power in Norway and Scotland. *Geoforum*, Vol. 135, No. 8, pp. 1-11.

[66] MacKinnon, D., A. Cumbers, A. Pike *et al.*, 2009. Evolution in Economic Geography: Institutions, Political Economy, and Adaptation. *Economic Geography*, Vol. 85, No. 2, pp. 129-150.

[67] MacKinnon, D., S. Dawley, A. Pike *et al.*, 2019. Rethinking Path Creation: A Geographical Political Economy Approach. *Economic Geography*, Vol. 95, No. 2, pp. 113-135.

[68] MacKinnon, D., A. Karlsen, S. Dawley *et al.*, 2022. Legitimation, Institutions and Regional Path Creation: A Cross-National Study of Offshore Wind. *Regional Studies*, Vol. 56, No. 4, pp. 644-655.

[69] Malecki, E. J., 2012. Regional Social Capital: Why It Matters. *Regional Studies*, Vol. 46, No. 8, pp. 1023-1039.

[70] Malmberg, A., P. Maskell, 2010. An Evolutionary Approach to Localized Learning and Spatial Clustering. *The Handbook of Evolutionary Economic Geography*, p. 391.

[71] Markard, J., S. Wirth, B. Truffer, 2016. Institutional Dynamics and Technology Legitimacy: A Framework and a Case Study on Biogas Technology. *Research Policy*, Vol. 45, No. 1, pp. 330-344.

[72] Martin, R., 2010. Roepke Lecture in Economic Geography — Rethinking Regional Path Dependence: Beyond Lock-In to Evolution. *Economic Geography*, Vol. 86, No. 1, pp. 1-27.

[73] Martin, R., 2012. (Re) Placing Path Dependence: A Response to the Debate. *International Journal of Urban and Regional Research*, Vol. 36, No. 1, pp. 179-192.

[74] Martin, R., 2012. Regional Economic Resilience, Hysteresis and Recessionary Shocks. *Journal of Economic Geography*, Vol. 12, No. 1, pp. 1-32.

[75] Martin, R., P. Sunley, 2015. Towards a Developmental Turn in Evolutionary Economic Geography? *Regional Studies*, Vol. 49, No. 5, pp. 712-732.

[76] Martin, R., P. Sunley, 2020. Regional Economic Resilience: Evolution and Evaluation. *Handbook on Regional Economic Resilience*, pp. 10-35.

[77] Maskell, P., A. Malmberg, 2007. Myopia, Knowledge Development and Cluster Evolution. *Journal of Economic Geography*, Vol. 7, No. 5, pp. 603-618.

[78] Matti, C., D. Consoli, E. Uyarra, 2017. Multi Level Policy Mixes and Industry Emergence: The Case of Wind Energy in Spain. *Environment and Planning C: Politics and Space*, Vol. 35, No. 4, pp. 661-683.

[79] Miörner, J., E. Zukauskaite, M. Trippl *et al.*, 2018. Creating Institutional Preconditions for

Knowledge Flows in Cross-Border Regions. *Environment and Planning C: Politics and Space*, Vol. 36, No. 2, pp. 201-218.

[80] Modica, M., A. Reggiani, 2015. Spatial Economic Resilience: Overview and Perspectives. *Networks and Spatial Economics*, Vol. 15, No. 2, pp. 211-233.

[81] Modica, P., 2015. *Sustainable Tourism Management and Monitoring: Destination, Business and Stakeholder Perspectives*. Franco Angeli.

[82] Moodysson, J., M. Trippl, E. Zukauskaite, 2017. Policy Learning and Smart Specialization: Balancing Policy Change and Continuity for New Regional Industrial Paths. *Science and Public Policy*, Vol. 44, No. 3, pp. 382-391.

[83] Murmann, J. P., 2003. *Knowledge and Competitive Advantage: The Coevolution of Firms, Technology, and National Institutions*. Cambridge University Press.

[84] Nelson, R. R., 1994. The Co-Evolution of Technology, Industrial Structure, and Supporting Institutions. *Industrial and Corporate Change*, Vol. 3, No. 1, pp. 47-63.

[85] Njøs, R., S. G. Sjøtun, S.-E. Jakobsen *et al.*, 2020. Expanding Analyses of Path Creation: Interconnections Between Territory and Technology. *Economic Geography*, Vol. 96, No. 3, pp. 266-288.

[86] Peck, J., N. Theodore, 2007. Flexible Recession: The Temporary Staffing Industry and Mediated Work in the United States. *Cambridge Journal of Economics*, Vol. 31, No. 2, pp. 171-192.

[87] Peck, J. A., 1989. Reconceptualizing the Local Labour Market: Space, Segmentation and the State. *Progress in Human Geography*, Vol. 13, No. 1, pp. 42-61.

[88] Pike, A., K. Birch, A. Cumbers *et al.*, 2009. A Geographical Political Economy of Evolution in Economic Geography. *Economic Geography*, Vol. 85, No. 2, pp. 175-182.

[89] Pike, A., S. Dawley, J. Tomaney, 2010. Resilience, Adaptation and Adaptability. *Cambridge Journal of Regions, Economy and Society*, Vol. 3, No. 1, pp. 59-70.

[90] Pike, R., B. Neale, 2006. *Corporate Finance and Investment: Decisions & Strategies*. Pearson Education.

[91] Plummer, P., E. Sheppard, 2006. Geography Matters: Agency, Structures and Dynamics at the Intersection of Economics and Geography. *Journal of Economic Geography*, Vol. 6, No. 5, pp. 619-637.

[92] Rigby, D. L., C. Roesler, D. Kogler *et al.*, 2022. Do EU Regions Benefit from Smart Specialisation Principles? *Regional Studies*, Vol. 56, No. 12, pp. 2058-2073.

[93] Robbins, J., 2004. The Globalization of Pentecostal and Charismatic Christianity. *Annual Review of Anthropology*, Vol. 33, No. 1, pp. 117-143.

[94] Rosa, P., M. Scott, 1999. Entrepreneurial Diversification, Business-Cluster Formation, and Growth. *Environment and Planning C: Government and Policy*, Vol. 17, No. 5, pp. 527-547.

[95] Sadler, R. J., 2000. Corporate Entrepreneurship in the Public Sector: The Dance of the Chameleon. *Australian Journal of Public Administration*, Vol. 59, No. 2, pp. 25-43.

[96] Sayer, A., 1992. Radical Geography and Marxist Political Economy: Towards a Re-Evaluation. *Progress in Human Geography*, Vol. 16, No. 3, pp. 343-360.

[97] Sayer, A., 2000. Moral Economy and Political Economy. *Studies in Political Economy*, Vol. 61, No. 1, pp. 79-103.

[98] Schamp, E. W., 2010. On the Notion of Co-Evolution in Economic Geography. *The Handbook of Evolutionary Economic Geography*, p. 432.

[99] Schneiberg, M., T. Bartley, 2001. Regulating American Industries: Markets, Politics, and the Institutional Determinants of Fire Insurance Regulation. *American Journal of Sociology*, Vol. 107, No. 1, pp. 101-146.

[100] Scott, K., 1995. *Handbook of Industrial Membranes*. Elsevier.

[101] Searle, J. R., 1995. *The Construction of Social Reality*. Simon and Schuster.

[102] Simmie, J., 2012. Path Dependence and New Technological Path Creation in the Danish Wind Power Industry. *European Planning Studies*, Vol. 20, No. 5, pp. 753-772.

[103] Simmie, J., R. Martin, 2010. The Economic Resilience of Regions: Towards an Evolutionary Approach. *Cambridge Journal of Regions, Economy and Society*, Vol. 3, No. 1, pp. 27-43.

[104] Sotarauta, M., N. Mustikkamäki, 2015. Institutional Entrepreneurship, Power, and Knowledge in Innovation Systems: Institutionalization of Regenerative Medicine in Tampere, Finland. *Environment and Planning C: Government and Policy*, Vol. 33, No. 2, pp. 342-357.

[105] Sotarauta, M., R. Pulkkinen, 2011. Institutional Entrepreneurship for Knowledge Regions: In Search of a Fresh Set of Questions for Regional Innovation Studies. *Environment and Planning C: Government and Policy*, Vol. 29, No. 1, pp. 96-112.

[106] Steen, M., G. H. Hansen, 2018. Barriers to Path Creation: The Case of Offshore Wind Power in Norway. *Economic Geography*, Vol. 94, No. 2, pp. 188-210.

[107] Suchman, M. C., 1995. Managing Legitimacy: Strategic and Institutional Approaches. *Academy of Management Review*, Vol. 20, No. 3, pp. 571-610.

[108] Tóth, G., Z. Elekes, A. Whittle *et al.*, 2022. Technology Network Structure Conditions the Economic Resilience of Regions. *Economic Geography*, Vol. 98, No. 4, pp. 355-378.

[109] Trippl, M., M. Grillitsch, A. Isaksen, 2018. Exogenous Sources of Regional Industrial Change: Attraction and Absorption of Non-Local Knowledge for New Path Development. *Progress in Human Geography*, Vol. 42, No. 5, pp. 687-705.

[110] Tsiapa, M., D. Kallioras, N. G. Tzeremes, 2018. The Role of Path-Dependence in the Resilience of EU Regions. *European Planning Studies*, Vol. 26, No. 6, pp. 1099-1120.

[111] Weber, K., K. L. Heinze, M. DeSoucey, 2008. Forage for Thought: Mobilizing Codes in the Movement for Grass-Fed Meat and Dairy Products. *Administrative Science Quarterly*, Vol. 53, No. 3, pp. 529-567.

[112] Wenting, R., O. Atzema, K. Frenken, 2011. Urban Amenities and Agglomeration

Economies? The Locational Behaviour and Economic Success of Dutch Fashion Design Entrepreneurs. *Urban Studies*, Vol. 48, No. 7, pp. 1333-1352.

[113] Westlund, H., K. Kobayashi, 2013. *Social Capital and Rural Development in the Knowledge Society*. Edward Elgar Publishing.

[114] Xiao, J., R. Boschma, M. Andersson, 2018. Resilience in the European Union: The Effect of the 2008 Crisis on the Ability of Regions in Europe to Develop New Industrial Specializations. *Industrial and Corporate Change*, Vol. 27, No. 1, pp. 15-47.

[115] Yeung, H. W.-C., 2021. Regional Worlds: From Related Variety in Regional Diversification to Strategic Coupling in Global Production Networks. *Regional Studies*, Vol. 55, No. 6, pp. 989-1010.

[116] Yeung, H. W.-C., 2005. Rethinking Relational Economic Geography. *Transactions of the Institute of British Geographers*, Vol. 30, No. 1, pp. 37-51.

[117] Zhu, S., C. He, Y. Zhou, 2017. How to Jump Further and Catch Up? Path-Breaking in an Uneven Industry Space. *Journal of Economic Geography*, Vol. 17, No. 3, pp. 521-545.

[118] Zhu, S., W. Jin, C. He, 2019. On Evolutionary Economic Geography: A Literature Review Using Bibliometric Analysis. *European Planning Studies*, Vol. 27, No. 4, pp. 639-660.

[119] 陈梦远："国际区域经济韧性研究进展——基于演化论的理论分析框架介绍",《地理科学进展》,2017 年第 11 期,第 1435—1444 页。

[120] 杜志威、金利霞、刘秋华："产业多样化、创新与经济韧性——基于后危机时期珠三角的实证",《热带地理》,2019 年第 2 期,第 170—179 页。

[121] 关皓明、张平宇、刘文新等:"基于演化弹性理论的中国老工业城市经济转型过程比较",《地理学报》,2018 年第 4 期,第 771—783 页。

[122] 韩增林、朱文超、李博:"区域弹性研究热点与前沿的可视化",《热带地理》,2021 年第 1 期,第 206—215 页。

[123] 贺灿飞:"区域产业发展演化:路径依赖还是路径创造?"《地理研究》,2018 年第 7 期,第 1253—1267 页。

[124] 贺灿飞、董瑶、周沂:"中国对外贸易产品空间路径演化",《地理学报》,2016 年第 6 期,第 970—983 页。

[125] 贺灿飞、郭琪、马妍等:"西方经济地理学研究进展",《地理学报》,2014 年第 8 期,第 1207—1223 页。

[126] 贺灿飞、李伟:"演化经济地理学与区域发展",《区域经济评论》,2020 年第 1 期,第 39—54 页。

[127] 贺灿飞、李振发、陈航航:"区域一体化与制度距离作用下的中国企业跨境并购",《地理科学进展》,2019 年第 10 期,第 1501—1513 页。

[128] 贺灿飞、任永欢、李蕴雄:"产品结构演化的跨界效应研究——基于中国地级市出口产品的实证分析",《地理科学》,2016 年第 11 期,第 1605—1613 页。

[129] 贺灿飞、盛涵天:"区域经济韧性:研究综述与展望",《人文地理》,2023 年第 1 期,第 1—10 页。

[130] 贺灿飞、余昌达、金璐璐：“贸易保护、出口溢出效应与中国出口市场拓展”，《地理学报》，2020 年第 4 期，第 665—680 页。

[131] 胡晓辉：“区域经济弹性研究述评及未来展望”，《外国经济与管理》，2012 年第 8 期，第 64—72 页。

[132] 胡晓辉、董柯、杨宇：“战略耦合演化视角下的区域经济韧性分析框架”，《地理研究》，2021 年第 12 期，第 3272—3286 页。

[133] 胡晓辉、张文忠：“制度演化与区域经济弹性——两个资源枯竭型城市的比较”，《地理研究》，2018 年第 7 期，第 1308—1319 页。

[134] 黄耿志、张虹鸥、王洋等：“西方劳工地理学研究进展及对中国的启示”，《地理科学进展》，2017 年第 10 期，第 1185—1195 页。

[135] 黄志基、朱晟君、石涛：“工业用地出让、技术关联与产业进入动态”，《经济地理》，2022 年第 5 期，第 144—155 页。

[136] 李连刚、张平宇、谭俊涛等：“区域经济弹性视角下辽宁老工业基地经济振兴过程分析”，《地理科学》，2019 年第 1 期，第 116—124 页。

[137] 刘志高、张薇：“中国大都市区高新技术产业分叉过程及动力机制——以武汉生物产业为例”，《地理研究》，2018 年第 7 期，第 1349—1363 页。

[138] 马光荣、杨恩艳：“社会网络、非正规金融与创业”，《经济研究》，2011 年第 3 期，第 83—94 页。

[139] 〔德〕马克思、〔德〕恩格斯著：《马克思恩格斯全集 第二十六卷 第二册》，人民出版社，1972 年。

[140] 毛蕴诗、姜岳新、莫伟杰：“制度环境、企业能力与 OEM 企业升级战略——东菱凯琴与佳士科技的比较案例研究”，《管理世界》，2009 年第 6 期，第 135—145+157 页。

[141] 彭翀、袁敏航、顾朝林等：“区域弹性的理论与实践研究进展”，《城市规划学刊》，2015 年第 1 期，第 84—92 页。

[142] 苏杭：“经济韧性问题研究进展”，《经济学动态》，2015 年第 8 期，第 144—151 页。

[143] 孙久文、孙翔宇：“区域经济韧性研究进展和在中国应用的探索”，《经济地理》，2017 年第 10 期，第 1—9 页。

[144] 谭俊涛、赵宏波、刘文新等：“中国区域经济韧性特征与影响因素分析”，《地理科学》，2020 年第 2 期，第 173—181 页。

[145] 王文宇、贺灿飞：“关系经济地理学与贸易网络研究进展”，《地理科学进展》，2022 年第 3 期，第 461—476 页。

[146] 俞国军、贺灿飞、朱晟君：“产业集群韧性：技术创新、关系治理与市场多元化”，《地理研究》，2020 年第 6 期，第 1343—1356 页。

[147] 张三保、张志学：“区域制度差异、CEO 管理自主权与企业风险承担——中国 30 省高技术产业的证据”，《管理世界》，2012 年第 4 期，第 101—114+188 页。

第十章　演化经济地理学在中国

　　中国现代化发展的内涵之一就体现在区域尺度产业高质量发展方面，其既有各国共同的特征，也有基于中国国情的中国特色。基于大量且系统性的中国区域产业动态演化理论和实证研究，学者们总结发展了中国特色的演化经济地理学理论与实证分析，关注中国区域产业演化发展与空间布局动态。在研究过程中既强调关联法则、路径依赖在中国区域产业演化过程中的基础性作用，也强调外部链接、多重行为主体在路径创造方面的积极影响。在中国经济转型发展过程中，不同空间尺度、不同时间阶段展现出了不同的区域产业发展路径。

　　改革开放以来中国采取了渐进式的经济转型模式，逐步实现市场化、全球化和区域分权化。中国经济逐渐从计划经济迈向市场经济，从封闭经济走向开放经济。经济决策权从政府交还给了企业和市场，经济管理权从中央政府下放给了企业和地方，激励了市场竞争和地方竞争，构成了中国经济快速增长的制度基础。向经济建设为中心的经济转型令地方官员有强烈的动机支持区域经济发展，而市场化与开放化经济引入了全球力量和外部联系，强化了市场力量的作用，区域分权转型则将权力下放，充分激发了地区促进产业发展的动力。中国经济转型改变了区域经济发展的微观决策主体和决策机制，也改变了中国区域产业的演化路径。

　　一方面，中国区域产业演化呈现路径依赖特征。在多维关联的影响下，区域不断进行相关多样化式的演化（贺灿飞、朱晟君，2020）。区域现有知识与技术积累为未来新产业发展提供了基础，更倾向于发展与原有产业关联性较强的产业（Neffke *et al.*，2011；Boschma *et al.*，2013）。另一方面，中国区域产业演化同样存在路径突破特征。在某些欠发达行业及某些欠发达地区并不具备内生产业分化的能力，但是在特定条件下仍然实现了区域产业突破式发展，产生了新的与区域现有产业关联性并不强的新产业。同时，在发达地区同样会出现不相关知识重组产生的新产业。区域产业突破式发展往往源于重大技术突破或科学发现、区域外生力量、区域内多元主体参与、非知识过程、制度变迁和国家调节等。中国财政分权的特殊制度背景，改革开放后以经济建设为中心的方针政策，"走出去"与"引进来"政策，以及共建"一带一路"倡议等，为区域产业路径突破创造了外部环境，促进了中国区域多类型产业发展路径的出现。因此，中国区域产业演化路径既符合各国一般化特征，又有基于中国国情的中国式规律。

第一节　中国经济转型过程

一、经济转型概念

经济转型是指一个经济体的结构和发展随时间推移而发生根本性变化，主要表现为劳动力、土地、资金、技术等资源从低效率的部门转向高效率的部门，或部门内部的生产效率得到提升。这种转变包括农业和制造业等传统部门的重要性下降，而服务业、知识型产业和技术驱动型部门的重要性上升。这一过程通常由世界秩序重构、技术革命、全球化和市场需求等因素驱动。

二、中国经济转型的重要内容

改革开放 40 余年，中国处于渐进式的经济转型过程中。相比于西方资本主义下的市场经济驱动，中国区域产业演化的过程具有强烈的政治色彩。计划经济时代基本上是由国家统一分配一切物资，改革开放后市场经济才逐步繁荣起来。但市场化改革并非一步到位，而是贯穿整个经济转型的过程，在中央和地方政府的干预以及外资和贸易的催化下不断改善。中央政府是这场改革的核心力量，分权化赋予地方政府干预产业发展的权力，而开放政策引入外资和国际贸易，推动市场化、工业化和全球化进程。

中国的市场化改革，是以建立现代企业制度为目标而展开的。早期处于亏损状态的国有企业在政府主导下强制性合并、出售或关闭。企业所有制改革一方面造成当时大面积的失业，另一方面也激励了多种所有制企业的发展。市场化过程中，中央及地方政府通过激励多种所有制企业发展，开放要素市场和产品市场，改善营商环境，制定完备的制度以保障市场竞争的公平和效率，进而激活市场力量，在资本追逐利润的驱动下，推动企业的进入和退出从而影响城市产业演化。需要说明的是，改革开放后，区域分权和对外开放都在一定程度上推动了市场化改革。

中国的对外开放政策，包括开放区域和开放制度两个方面。①开放区域的扩大。1979 年决定对外开放后，当时与香港接壤的广东省和海峡对面的福建省首先获得中央批准的灵活性优惠政策。随后一年，中央宣布成立四个经济特区，包括深圳、珠海、汕头和厦门，并允许海南岛特区同样享有吸引外资的特殊权利。1982 年 2 月，长三角、珠三角以及福建、辽宁、山东等地区正式开放。1984 年 5 月开放了 14 个沿海城市。20 世纪 90 年代，以上海浦东开放为标志，开始了新一轮的改革开放。1991 年开放了位于中俄边境的四座城市，1992 年 8 月又进一步开放了内陆的 15 个城市。自此，中国形成了沿海-沿边-沿江-内陆省会、多层次全方位开放的大好局面。②开放制度的放宽。国家将有关进出口贸易的权利下放到地方政府，过程中用关税、许可证等制度替代之前的进出口行政限制。例如，通过引入市场机制放松对外汇的管制以及国外信息流动的控制，通过对外贸公司实行公司制、削减负面清单等方式降低非关税壁垒，通过出口退税制度鼓励发展贸易等。另外，1979 年颁布的《合资企业法》鼓励外商在沿海城市和经济特区投资，在磋商过程中不断完善投资贸易相关的法律和监管体系。2001 年中国加入世界贸易组织（WTO）后，关税、贸易壁垒和外商在华投资通道都得到进一步的改善。总之，中央政府在保持对外国借贷的控制下，鼓励出口贸易和外商在华投资。

中国的分权化改革，包括行政管理体制和财政管理体制两个方面的内容。①行政管理体制的分权化过程包括属地管理和行政发包（周黎安，2014）。两者都是强调中央政府采用委托-代理的方式，赋予地方政府行使相关职能权限的能力，而不直接干预地方的职能履行。②财政管理体制的分权化过程包括分成、财政包干制和分税制改革。1978 年后，中央政府通过局部试点，开始调整中央和地方的权益分配。1988 年，国务院出台《国务院关于地方实行财政包干办法的决定》，核心思想是：除去上交中央财政的部分，地方拥有自行支配结余收入的权力,强调地方财政自求收支平衡。值得注意的是,不同省份可能采用不同形式的包干办法,例如,北京、河北、辽宁等十个省份实施"收入递增包干"办法,而天津、山西、安徽这三个省份主要采用"总额分成"的办法等。1994年后,中国开始实施分税制财政管理体制,将税种划分为国家税、地方税和中央与地方共享税,设立国税和地税两大征税机构。多年来政府进行了一系列的税费改革,对税种和税率都有调整。基金管理制度和转移支付制度都在过程中逐步规范。另外,两种体制存在互相强化的关系。地方政府接受新的税收体制需要中央赋予更大的管理权,从而进一步推动行政分权的制度安排(郁建兴、高翔,2012)。

三、中国经济转型与产业结构变化

中国经济转型过程可以分解成市场化、全球化和分权化三部分,这些过程创造市场力量、激活地方力量、引入全球力量,共同推动了中国产业结构重组(He and Wang,2012;He *et al.*,2016;贺灿飞,2017;贺灿飞、胡绪千,2019)。首先,市场机制的逐步引入使得企业转变成为市场主体,在这种市场环境下,企业面临激烈的市场竞争,成本与收益成为企业决策需要考虑的主要因素。企业被赋予区位选择权,从而可以通过布局在具有比较优势的区域提升生产效率,而产业地理聚集则能够降低成本(Brulhart,1998)。因此,市场化过程改变了中国经济地理格局的微观主体及其决策行为,但更重要的是,为企业和产业发展创造了市场制度环境(贺灿飞等,2007)。各种市场的发展确保了企业市场交易行为的可能性,市场化制度更保证了企业市场交易行为的合法性,企业营商环境改善,带来可观的外部经济效应和规模效应。因此,市场化程度较高的区域是产业聚集的地区,而市场化程度较高的产业也可能是空间比较集聚的产业。实际上,随着经济转型,中国大量产业逐步向沿海省份聚集,暗示了市场力量对企业区位的引导作用在逐步强化(贺灿飞、胡绪千,2019)。

其次,投资和贸易自由化政策将中国经济融入全球经济。经济全球化是世界经济活动跨越国界,通过国际贸易、资本流动、技术知识转移、劳动力流动等形成相互依存、相互联系的世界经济体系的过程。贸易和外资为中国带来资本、技术与市场渠道,成为重塑经济地理格局的重要外部力量。因此,经济市场化与经济全球化使得市场化程度较高、参与经济全球化程度较高的产业越来越集中到沿海省份，以充分发挥比较优势和充分利用集聚经济，提升中国产业竞争力与生产效率（贺灿飞、胡绪千，2019）。基于多维邻近性，对外贸易产生了同行业溢出、地理溢出、上下游产业溢出等正外部性。在这种激励之下，为了获取低成本竞争优势，企业在空间上聚集，甚至形成产业集群（贺灿飞、谢秀珍，2006）。同时，中国经济转型伴随区域分权过程，经济决策权逐步下放到地方。财政分权使得地方财政收入变得非常重要，从而导致了激烈的区域竞争。这种竞争一方面造成了严重的地方保护主义，另一方面也激发了区域之间在产业发展方面的相互模仿。分权导致的地方保护主义和区域间的理性模仿行为可能使得产业区位偏离比较优势与集聚经济的空间模式，不利于产业的地理集中（贺灿飞、胡绪千，2019）。

第二节　中国产业路径依赖

一、中国区域产业动态

中国产业演化是产业迁移的直接结果，也是产业集聚的动态表现。新产业的不断进入和已有产业的衰落与退出构成了区域产业演化的基本环节，也构成了地区产业地理动态。中国工业总体上经历了从内陆扩散到沿海地区集聚，再向内陆转移的过程，但不同类型产业地理格局及变化受制于不同力量，显现出一定的行业差异性（贺灿飞、胡绪千，2019）。在中国分权化背景下，地方政府面临分税制和官员锦标赛带来的财政与政治双重激励，工业在区域内迁移也并不少见。吴爱芝等（2013）发现，2001—2009年，纺织服装业从长三角核心区迁移至长三角外围地区，从胶东半岛迁移到鲁西地区。在产业迁移政策的激励下，广东省内的工业园区从珠三角核心区向粤西、粤北和粤东地区迁移（杨佳意、朱晟君，2017）。

全球化和市场化力量同样塑造了产业在城市尺度上的迁移特征。2004—2013年，技术密集型制造业从北京中心区域向外迁移，同时从外围郊县向内收缩，并逐渐形成新的集聚区（孙瑞东、江曼琦，2018）。类似的"产业郊区化"

特征，同样发生在上海（王方兵、吴瑞君，2015）。中国近年的产业迁移也体现出多层次跨尺度的特征。由于经济活动在沿海地区高度集聚引致环境污染、资源短缺、劳动力成本上升等问题，一些劳动密集型产业率先向中西部地区以及东南亚国家和地区进行跨省与跨国迁移（He and Pan，2010）。总的来看，中国工业在经历了 20 世纪 90 年代向东部地区集聚的过程后，在全球化、市场化和分权化进程的共同影响下，正在进行新一轮的产业迁移，整体呈现出从东部发达地区向中西部地区逐步分散的态势。在产业迁移的过程中，不同类型的产业在迁移时间和路径上表现出差异性，同时也表现出多层次跨尺度的迁移特征。

二、中国区域产业演化

区域产业演化除了表现为地理空间动态，还表现为产业空间变化（Hidalgo *et al.*，2007；Guo and He，2017）。贺灿飞等（2016）最早使用海关贸易数据构建了中国出口产品空间，在此基础上，郭琪、贺灿飞（2017）使用中国工业企业数据库（ASIF）描述了中国产业空间及其演化，将其中一个节点表示为一个四位数产业，节点间的联线表示两个产业间存在的技术关联。中国产业空间有两个核心，一个核心主要包含食品饮料与烟草、非金属矿物制品等劳动或资源密集型产业，另一个核心主要包含电子及通信设备相关的技术密集型产业。除以上两个核心外，剩余产业大多分布在产业空间的"边缘"地带，主要为金属制品、通用与专用设备、石油化工与化学品制造等产业，它们与两个核心均有联系，且随着时间推移，联系更趋紧密。研究发现近期新发展出的优势产品往往出现在在位优势产品附近，因此，中国产业演化总体遵循路径依赖特征。伴随着区域产业分工的不断深化，不同产业间的共聚现象日益凸显（贺灿飞等，2023）。如果对比沿海区域和内陆区域则可以发现，沿海地区路径依赖特征更为明显，即新的具有比较优势的产业同已有产业联系更强。相似的结果也出现在周沂和贺灿飞（2019）、李诗韵等（2023）的研究中。因此，依据潜在新产业的复杂度和关联度区域发展路径有四种可能形式，而不同区域可能有不同的起始点和发展轨迹（李伟、贺灿飞，2021）。

以上研究仅将区域产品结构认为是"点"和"对"的集合，但关系理论的价值不仅体现在两两产品的相关或不相关属性上，还集中表现在整个产品空间的拓扑特征及其意义中。李诗韵等（2023）通过 Bootstrap 识别各省的优势产品，以时空共现的动态吸收算法重新构建中国出口产品空间，并基于静态和动态维度构建网络指标体系，对中国省级产品空间结构的演化格局进行系统分析。研究发现，首先，发达、发展中和欠发达省份的优势产品在产品空间中的位置逐次外移。核心产品并非一定具有更高的复杂性，在核心地带的高复杂品上拓展较多的省份多为发展中区域，而在外围地带的高复杂品上占据优势地位的多为发达省份。低复杂品在产品空间中不均匀分布，欠发达省份初期占有较多外围的低复杂品，其后致力于拓展核心区的低复杂品。产品空间发展路径存在相关和不相关两种方式，不相关产品主要集中在发展中省份。其次，发达省份以相关多元化方式拓展高复杂品，发展中省份以不相关多元化方式拓展高复杂品，欠发达省份难以"孤岛"式地发展出优势产品，整体倾向于路径依赖，但此种方式拓展的产品多为低复杂品。最后，相关多样化的发展路径可进一步细分为组团式集聚和链条式延伸两种进入模式，组团式拓展强调新产品进入带来的技术凝聚力，链条式延伸强调新产品进入带来的技术延展性。发达省份更倾向于链条式拓展新产品，而欠发达省份更可能组团式发展新产品，发展中省份则相对比较平均。链条式产品的复杂度普遍高于组团式产品，主要体现在发达和发展中省份。两种类型新产品的存活率因地而异，对于发达和发展中省份而言，组团式产品的存活率更高，而欠发达省份链条式产品存活率更高。总之，中国区域产业演化表现出明显的路径依赖特征，各省份拓展新产品往往基于本地既有优势，但具体的发展模式因地区能力而异。

第三节　中国产业路径创造

　　尽管中国区域产业发展呈现出一定的路径依赖特性，但研究发现，中国区域同样有很多机会发展不相关产业，在一定程度上实现突破式发展，打破路径锁定的困境（Guo *et al.*，2016；Guo and He，2017；Zhu *et al.*，2017）。从地理空间上来看，中国路径突破型新产业占各城市新产业比重较高的城市主要集中于长三角、珠三角、京津冀地区以及山东、四川、重庆等极少数核心城市，之后逐渐拓展到长三角、珠三角的外围城市，而中西部地区路径突破型新产业占比较少。从城市产品空间来看，产业基础好、政府财政能力强的北京市和市场条件较好、政府财政能力中等的南昌市更多地表现出路径依赖的态势，进入产业大多集中在以纺织服装、电子制造、医药制造、装备制造等为主的核心区域；而经济发展条件、政府财政能力均较弱的自贡市进入产业在产品空间中较为分散，退出产业更邻近产业空间的核心区，整体呈现出趋于路径突破式的发展。区域要实现不相关多样化，突破关联法则突破路径锁定，实现路径创造，完成跨越式发展，需要付出关联性以外的努力，包括发挥相关主体的主观能动性，导入外部资源，政府介入发挥政策引导作用，组合不同知识基础增强区域创新能力等（Zhu *et al.*，2017；Trippl *et al.*，2018；贺灿飞，2018；贺灿飞、李伟，2022）。这点在中国的研究中也有所体现，可以说中国的区域产业路径创造极大地体现了相关主体及外部资源的重要作用，为其他欠发达国家和地区突破路径锁定，实现区域产业路径创造式发展提供了可行的参考与经验借鉴。

一、外部链接与中国区域路径创造

外部链接，包括国际贸易、跨国专利合作、外商直接投资、国际移民等，可以为本地输入外部资源，促进区域路径创造（Martin and Sunley，2006；Dawley *et al.*，2015；Binz *et al.*，2016；Grillitsch and Trippl，2016；Zhu *et al.*，2017）。企业会从区域外探索不相关知识，来促进本地新产品的发展。中国在过去几十年间充分融入全球市场，其贸易影响范围不断拓展，从围绕中国周围的市场向外扩张。

中国区域产业路径创造同样从外部链接获得了知识、技术、资本、人才的流入，极大地促进了本地的产业发展（毛熙彦、贺灿飞，2019；贺灿飞、李伟，2022）。改革开放以来，中国以开放的态度面对世界，通过"引进来"与"走出去"战略不断引入外资，加入并融入世界贸易体系，对外投资建设，与世界各国建立了密集深度的外部链接，为输入外部知识、技能、人才、资金夯实了基础（Liu，2008；Zhu *et al.*，2017；王文宇等，2021）。同时，通过共建"一带一路"倡议，中国与共建国家建立了深度链接，在新时代与各地区建立了深度的经济合作关系，形成了高质量的合作平台。贺灿飞等（He *et al.*，2016；He and Yang，2016）发现，在模型中控制了产业技术关联后，外商直接投资和出口贸易能够吸引新产业进入。外商投资企业更多地依赖母公司的知识和技术而不依赖本地技术资源，能够打破区域现有的产业发展路径（Iammarino and McCann，2013）。

从企业所有制方面，中国外资企业、国有企业和民营企业在知识与非知识特征方面存在显著差异，外资企业带来了外部技术与知识，有助于推动区域产业发展的路径突破（李伟、贺灿飞，2021）。实证分析也证明了这点，外资企业工业产值占比与路径突破型新产业数量占比呈正相关关系，而民营企业则与之呈负相关关系，国有企业线性拟合的斜率相对较小。

二、政府政策与中国区域路径创造

政府政策介入可以为区域产业发展提供相关税收、贷款、土地出让、优惠优先权等福利政策，扶持并促进非相关产业的发展，而过去对于政策支持下的路径创造的研究较少（Morgan，2013）。尤其在欠发达地区，通过政府力量引入外部资源是促进区域路径创造的重要方式（Sánchez，1992）。政府力量在中国区域产业发展中发挥了尤为重要的作用。改革开放以来，虽然中国开启了市场化进程，但政府仍然在区域经济发展中扮演了重要角色。产业补贴、税收优惠政策、土地低价供应、产业园区建设、贷款优先资格等是常见的政策工具（He and Wang，2012；Isaksen and Trippl，2014；金璐璐等，2017；徐梦冉等，2020）。权威政府的参与也提高了集体预期，令群体对新产品未来的愿景更为积极，促进资源的投入和正当化过程（Steen，2016）。但同时，未能实现的预期也会成为对新兴产业的极大打击（Borup et al.，2006）。产业发展并不仅仅需要企业的参与，同样需要相关政策的更新，及时协同演化的政策对于产业发展来说同样至关重要（Hassink et al.，2019；He et al.，2019）。

中国区域产业发展极大地受到政府政策的影响，中央和地方政策可以对区域产业演化路径起到显著的干预作用，促进产业路径创造（李伟、贺灿飞，2021）。自新中国成立以来，中央政府一直通过宏观区域发展政策对区域经济实施干预。而随着分权化的推进，各级地方政府逐渐拥有了更多的自治权，对区域产业演化路径产生了深远影响（金璐璐等，2017；贺灿飞、胡绪千，2019）。自20世纪80年代以来，中国定期推行产业政策，从"九五"到"十三五"，形成了包括产业结构调整政策、针对外商直接投资的产业政策、重点产业政策、地区导向型产业政策、绿色发展转型引领政策以及抑制产能过剩的产业政策组成的产业政策体系，指导区域产业发展（贺灿飞等，2021）。地方政府为了增长而竞争形成的官员锦标赛的晋升机制令地方政府有极强的动力推动区域经济发展。地方政府掌握着大量的生产要素资源分配权力和政策供给能力，极大地干预了区域产业的演化路径（Zhu et al.，2017；贺灿飞，2018，2022；周黎安，2018）。政府利用补贴可以引导不同特征产业进入和退出，为地区创造新路径，实现路径突破（Zhu et al.，2017；金璐璐等，2017）。同时，中国在开发区上的探索与实践也成为宝贵的"中国经验"，为其他发展中国家提供了参考。经济开发区是政府主导塑造的增长极，可以在短期内集聚产业发展所需的生产要素，促进区域产业实现路径创造。同样，中国与其他国家的贸易协定会降低贸易成本和不确定性，削弱贸易经验对贸易扩张的作用，降低厂商的经验约束，打破原有出口惯性导致的路径锁定现象（徐梦冉等，2020；王文宇等，2021）。

第四节　中国区域产业演化影响因素

地理学关注空间维度的地方特性。对区域发展而言，本地交互联系和区域间交互联系均会对区域产业发展产生显著影响（Blažek et al.，2020）。针对尺度与边界，全球化与地方化已有众多研究（贺灿飞、毛熙彦，2015），新产业空间的萌芽发展需要空间作为承载，本地的产业萌芽受到本地因素及非本地因素的共同作用，行为主体的活动在承载空间上进行，制度环境的影响以空间为载体，弥漫于空间中产生作用。过去演化经济地理学更加关注本地空间的影响，但最新的研究开始强调与非本地空间的链接同样重要。因此，空间是演化经济地理学讨论的另一个大的框架背景。本节首先基于空间上本地与非本地对产业萌芽的影响因素进行讨论；其次，行为主体是发挥本地非本地因素的关键行动者，通常包括企业、企业家、大学、研究机构和政府等。

一、本地因素

演化经济地理学将区域发展视为内生发展过程，强调区域产业发展的路径依赖性。齐放、贺灿飞（2022）研究发现，企业本地根植对城市出口产品结构动态存在显著的正向影响。总体上，本地市场地位越高、存续年限越短的企业越有可能为城市引入新产品。其中，私营企业是中国城市新产品演化的主要引导者；国有企业为城市引入新产品的平均数量最多，是其他类型企业的两倍。本地根植性越强意味着利用本地资源的能力越强。

常见的本地资源包括以下三方面：①自然资源，如煤炭、石油和金属。这些资源的可用性和丰富程度推动了本地资源密集型产业的发展。例如，山西和内蒙古等煤炭储量丰富的省份，煤炭开采及相关产业得到了发展。②人力资本。劳动力受教育程度高、重视技能发展的地区能够吸引高科技产业和知识型行业。例如，北京、上海、深圳等城市由于集中了高技能专业人才和研究机构，已成为全国创新中心。③基础设施。发达的基础设施有利于货物流动，降低交易成本，加强互联互通，促进本地产业发展。除此之外，还有一些历史因素也在发挥作用，包括文化遗产等。例如，广东、浙江等沿海地区有着悠久的创业历史，企业家活跃于各行各业，促进了本地产业的发展。总之，这些内生的影响因素使得中国区域产业发展具有明显的路径依赖特征。

贺灿飞、朱晟君（2020）从认知邻近视角系统分析了中国区域产业发展与布局动态演化规律，总结出中国产业发展与布局的"关联法则"，即一个企业或区域进入（或退出）某项经济活动的概率是该企业或地区拥有的基于相关知识基础的经济活动的函数。经济地理学家将这些要素背后的关联性内涵概括为五类，即技术邻近、认知邻近、资本邻近、文化邻近和制度邻近。①大量文献证实，多维邻近性可以为中国区域引入新产业，促进产业集聚和新产业发展，是影响

---

① 多维邻近性概念内涵广泛，演化经济地理学中博什马（Boschma，2005）首先将其概括为认知、组织、社会、制度、地理五个维度的邻近性（第六章基于此定义展开了讨论），后续学者在此基础上不断对多维邻近性内涵进行了拓展延伸，从不同角度展开分析，本章在文献基础上按照技术邻近、认知邻近、资本邻近、文化邻近、制度邻近五个角度进行探讨。

中国区域产业演化的重要因素。相关实证研究从不同的因变量（新产品、产业、技术），相关性衡量方法（制度关联、产品关联、技术关联、技能关联、投入产出关联），不同的空间单元（国家、区域、城市、劳动力市场空间）进行了验证分析（贺灿飞、朱晟君，2017；黎明等，2018；郭琪等，2020；蒋晟、贺灿飞，2022）。另一些研究证实了中国部分区域或时期的产业动态特征具有特殊性，可以进一步拓展和补充关联法则（Zhu *et al.*，2021）。

单独针对资本邻近、文化邻近和制度邻近的中国研究较少。关于制度邻近，贺灿飞等（2019）将国家间的制度距离划分为正式和非正式，研究发现，正式制度距离较远的国家间企业完成跨境并购的可能性更高，而非正式制度距离的作用恰恰相反。徐青文、贺灿飞（2023）对产业间的制度邻近进行了探讨，发现城市倾向发展与现有产业基础存在较强制度关联的产品。关于文化邻近，贺灿飞、吴婉金（2021）指出，华人网络与文化距离对中国食品行业贸易地理网络的形成与演化具有显著影响。也有研究仅讨论文化邻近中的一部分内容，例如，李振发等（2020）关注城市的金融包容度。关于资本邻近，叶雅玲等（2020）利用企业间跨城市投融资关系建立城市联系并探究其驱动机制，但该研究并未讨论城市间资本关联对本地区域路径演化的影响。

二、非本地因素

关联法则主要基于内生的区域产业基础，忽视了区域外要素以及区域内多元主体的作用。在中国，改革开放政策使其与外部区域形成联系并面临外部多样化的冲击，不完全的市场经济体制增强了地方政府对区域发展的影响。一方面，由于劳动力价格和资源条件等比较优势，一些全球性产业将生产地转移至中国，形成了中国与其他国家之间资源要素和知识技术的传递渠道。全球贸易、对外投资等手段是引入非本地因素促进区域路径演化的重要手段。另一方面，世界秩序重构、技术革命驱动、新冠疫情冲击等都是刺激中国区域产业演化的重要外生因素。

贸易所附加的外部知识与本地产业的认知邻近性可能影响区域产业演化方向（贺灿飞等，2023）。从进口贸易来看，郭佳宏等（2022）研究发现，中间产品进口具有本地与跨区域知识溢出效应，其影响渠道包括直接效应与间接效应。

直接效应通过进口替代直接使用进口中间产品提高生产率，提升地方出口竞争力；间接效应则通过中间产品内含的研发成果实现技术溢出，这一渠道可能存在陷入全球化低端锁定的风险。从出口贸易来看，吴婉金、贺灿飞（2022）以纺织业为例分析了订单出口和信息溢出对中国纺织业出口贸易网络时空演化特征的影响，研究发现，信息溢出对中国纺织业出口市场拓展的作用并不显著，纺织业出口贸易增长实际由订单主导，订单出口在中国向中高收入国家的纺织业出口中起主导作用，对低收入国家的影响则有限。相似地，外商投资企业给中国带来了资金、技术和管理经验，促进了本地企业发展。反过来，中国的对外投资企业也会通过和本部企业的联系，将外部知识引入中国，最终推动区域产业路径演化。已有研究大都讨论中国对外产业联系区位选择演变的影响因素（贺灿飞、余昌达，2022；黄新飞等，2023；孙晓华、任俊林，2023），但少有文献讨论中国对外投资的反向知识溢出及其区域路径创造效应。

外部政策环境的变化也会对中国区域产业演化造成影响。对内，分权制背景下中国各级政府具有发展经济的积极性和能动性，可能为区域引入新产业，创造新的发展路径（贺灿飞，2018）；对外，作为贸易大国，中国频繁遭遇特保措施、反倾销、技术和环保等各种形式的政策限制，地缘关系在短期和长期维度上给国家出口贸易带来涉及政治、地理、制度和文化等方面的多重影响（贺灿飞等，2019）。早年，中国加入世界贸易组织，开辟了新的市场机遇，刺激了出口导向型产业的发展。近年来，区域一体化明显促进了中国企业的跨境并购交易（贺灿飞等，2019）。但由于国际贸易摩擦不断升级，贸易保护作为一种外部冲击，有效地削弱了基于本地技术知识溢出和外部市场信息溢出的路径依赖（贺灿飞等，2020）。朱向东等（2019）以光伏产业为例，发现欧美国家贸易保护政策抑制了中国光伏产业的发展，促使其进一步向长三角集聚。这些来自区域内、外的要素会严重影响区域产业动态，补充并进一步拓展关联法则对中国产业动态的解释。

最后，环境问题同样影响着中国的区域产业发展。严格的环境标准、污染控制措施和可持续发展倡议导致污染工业的关闭或搬迁。中国污染密集型产业的出口规模在时间上、空间上表现出不均衡性，中西部地区对污染密集型产业的出口依赖性相对更高。政策层面，环境规制短期内会抑制污染密集型产业出口规模，但其长期效应相对有限。企业层面，污染密集型企业出口产品与本地的技术关联越强、复杂度越高，越不容易受到地方环境规制压力的负面影响（盛涵天等，2023）。除了污染密集型产业外，还有大量研究探讨了资源依赖型城市的转型问题（宋洋等，2023）。

值得注意的是，新冠疫情深刻影响了全球-地方联系。盛涵天等（2023）研究发现，国家经济调节能力与疫情冲击程度间存在密切关联。疫情冲击具有显著负向的地理溢出效应，但在投资网络上具有正向溢出效应。疫情暴发会促进强投资关联国家的绿地投资流入。因此，疫情背景下各国绿地投资活动竞合并存。此外，朱晟君等（2021）基于新冠疫情关注城市产业转产能力，研究发现，以技术关联为核心构建的中国城市产业转产能力指标体系可以进一步优化城市产业转产能力评价结果。随着技术水平提升，区域间社交网络、子公司网络和交通网络等联系方式逐渐出现（焦敬娟等，2016）。研究发现，中国高速铁路建设可能会减少出行时间和运输成本，增强区域间经济互动，扩大本地知识库范围，突破原有的区域产业路径（Cheng et al.，2015；Zhu et al.，2019）。此外，互联网、人工智能和通信技术改变了生产流程，提高了效率，促进了产业就业（徐梦冉等，2021）。那些接受并适应技术进步的地区赢得了竞争优势。例如，深圳和杭州等城市因专注于技术驱动型产业而成为创新中心。

总之，全球-地方互动也是地理学近年来关注的重点话题，全球-地方互动可以避免路径锁定，促进产业路径转型升级，是区域创造新路径的重要方式（毛熙彦、贺灿飞，2019）。这补充了过去演化经济地理学对外部联系，尤其是全球链接研究的缺乏，为路径发展研究提供了更为广阔的非本地背景。

三、行为主体的作用

本地与非本地主体的互动会带来区域间的资源流动，打破本地的经济网络和产业发展环境体系，带来正面或负面影响（贺灿飞、陈航航，2017）。对于缺乏强有力的市场主导和完备系统的欠发达地区，其他行为主体的介入对于新产业萌芽至关重要（Boschma and Martin，2010）。中国学者主要对企业、政府、消费者、研究机构以及企业家等行为主体进行了探讨。

企业是基本的经济行为单元。不同所有制的企业会对区域发展路径产生差异化的影响。李伟、贺灿飞（2021）研究发现，外资企业推动区域产业发展的路径突破，民营企业越多的地区发展出越多路径依赖型新产业。但综合考虑技术关联性分化与技术复杂度分化后，外资企业尽管有助于推动区域产业发展的路径突破，但路径突破型新产业的技术复杂度往往低于所在城市平均水平。国有企业利用现有知识与技术发展技术复杂度更高的路径依赖型新产业，而民营企业利用现有知识与技术发展技术复杂度相对变低的路径依赖型新产业。在此基础上，有文献探讨了外资与内资企业间的相互作用（朱晟君等，2018；任卓然等，2022），研究发现，外资企业出口活动对内资企业出口决策存在显著的正向溢出效应，当出口目的地与中国存在较大的经济、地理、政治或制度距离时，外资企业对内资企业的出口溢出效应更显著（朱晟君等，2018）。除此之外，作为"中介"的企业也在最近得到关注。蒋晟、贺灿飞（2022）发现贸易中介能帮助企业与海外客户建立联系，进而促使企业学习海外产品知识，推动企业的出口产品拓展。一般型贸易中介对于企业拓展低技术复杂度产品的促进作用更强，专精型贸易中介则更有助于企业拓展高技术复杂度产品。

　　而企业发展路径选择往往由企业家决定。例如，俞国军等（2022）探究了企业家在企业直接投资区位选择中扮演的角色，发现企业家与投资地关系连通、与投资地区位耦合以及与政府博弈谈判是企业投资的重要过程。具有企业家精神的企业家通常能够给区域引入新知识，有助于区域创新（俞国军等，2020）。

　　政府在中国区域产业演化中扮演了重要角色。财政分权与央地关系变化给予了地方更多的自主权和主动权，令地方政府深度参与到了地方产业发展之中。以经济效益为主要指标的考核体系令地方官员有强烈的欲望发展地方经济，促进产业演化。地方政府通过提供相关补贴，制定产业政策，建立产学研基地，增加创新投入来促进区域产业路径发展。此外，乔艺波、贺灿飞（2024）在县级尺度上发现中国的撤县设区政策对县域制造业产业升级存在明显的正效应。撤县设区以后，县域更容易进入高知识复杂度的制造业产业，同时更容易退出低知识复杂度的产业。从宏观县域层面来看，撤县设区通过提升人口集聚程度、提高经济发展水平、改善基础设施和公共服务的途径促进县域制造业产业升级；从微观企业层面来看，撤县设区通过提高产出、促进中间投入、提升利润、增强创新能力和降低税负的方式促进县域制造业产业升级。

　　消费端在区域产业演化中的重要性日益显现。产业演化研究在理论和实证上均侧重供给侧因素，长期忽略需求侧因素的影响。贺灿飞等（2020）研究发现，中国出口目的地结构在不断地向新兴市场拓展，其拓展进程呈现出典型的路径依赖特征，包括供给视角下基于本地技术知识溢出的路径依赖与需求视角下基于目的地市场信息溢出的路径依赖，其中后者被长期忽视。贺灿飞、陈韬（2021）进一步研究发现，产业比较优势演化不仅具有供给侧路径依赖特征，还存在需求侧路径依赖特征，供给侧、需求侧比较优势分别解释了中国城市出口比较优势44.66%、29.70%的方差，二者均为比较优势的重要来源。但该现象尚未受到现有研究的关注。需求侧优势产业能与相关产业共享销售渠道，为相关产业提供需求侧知识溢出。因此，市场相关多样化程度较高的城市，表现出更高的城市出口韧性，其可借助互补性的出口经验和风险分散的市场结构，减小贸易壁垒产生的直接和间接影响（王文宇等，2021）。但对需求侧的研究目前尚处于初步阶段，仍有许多需要讨论的内容。

　　大学和研究机构是中国区域创新的重要来源地，而创新是区域路径演化的关键驱动力。一方面，研究机构对外联系更为复杂，科研人员往往与全球科研机构进行合作研发，因此有更大概率且更容易吸收发达国家的先进知识，进而促进区域路径演化。贺灿飞、李文韬（2022）研究了中国国际科研合作的时空演化特征与机制，发现国家间地理距离和制度距离会阻碍跨国科研合作，而社会邻近具有积极效应，认知邻近有利于科研合作，但存在"认知锁定"现象。另一方面，研究机构能与企业合作，带给企业高质量的新知识，促进成果转化和创新。研究显示，创新成果如果难以在城市群内部转化，则难以实现"创新驱动经济增长新引擎"的发展目标（贺灿飞等，2022）。因此，创新成果的转化在当今中国高质量发展过程中尤其重要。

　　总之，不同背景下本地因素的作用既可能促进路径依赖，也可能促进路径突破。因为这些本地因素与全球市场需求、贸易政策和技术进步等外生因素通过多重主体相互作用，共同影响着中国区域产业的演变。世界秩序重构、技术革命驱动、新冠疫情冲击，使经济全球化发展环境变化莫测，影响了中国原有的外向型发展模式（贺灿飞等，2021）。

第五节　中国区域经济韧性

当前，面对复杂的国际形势和不确定的未来格局，如何应对外部冲击，维持区域经济水平，促进经济恢复成为各界关注的重点。一方面，中国进入经济新常态，由高速增长阶段进入高质量增长阶段，面临更加复杂与困难的国内产业转型升级压力；另一方面，中国也面临更加复杂的国际形势，中美贸易战、俄乌冲突、加沙冲突、印巴冲突等国际摩擦不断，为国际局势稳定带来巨大挑战。新冠疫情、逆全球化趋势、金融危机也带来复杂的经济波动风险。同时，全球变暖、极端天气频发、污染恶化等环境问题同样威胁着未来的经济发展。在此背景下，系统性地对经济韧性的基本内涵、理论构建、演变过程进行探究是必要且迫切的。中国对区域经济韧性的研究起步相对较晚，但近年来发展迅速，并就中国特殊的背景进行了探究。中国幅员辽阔，不同地区经济韧性差距较大，且面临的风险和挑战不尽相同，因此，对中国区域韧性问题进行研究需要从多尺度、系统化、多主体进行（贺灿飞、盛涵天，2023）。中国具有特殊的行政架构和央地关系，特殊的政府组织体系、官员晋升制度极大地影响了中国区域经济韧性的形成和发展。

一、中国区域经济韧性动态发展

中国经济发展的不同阶段体现了不同的特性和区域基础条件，区域经济韧性呈现出动态特征。在不同危机背景及不同经济主体作用下，区域经济韧性的表征、影响因素也发生着动态变化。面对1997年亚洲金融危机，第二产业专业化程度有助于提升区域经济韧性，而2008年全球金融危机爆发的时候，第三产业专业化程度对区域经济韧性的正向影响更为显著（谭俊涛等，2020）。同时，城市群系统性低于风险的能力也在动态调整（巩灿娟等，2022）。在过去十几年间，京津冀城市群、长三角城市群对外部风险的适应能力逐年上升，而珠三角城市群的适应调整能力则波动上升。

二、多重行为主体与中国区域经济韧性

中国区域经济韧性涉及多主体互动，包括政府、政策制定者、企业等行为主体（Dzigbede *et al.*，2020；Gong *et al.*，2020；Gong *et al.*，2021）。政府治理能力显著提升了区域经济韧性，具体的政策制定也直接关系到政府与其他经济主体的互动，从而影响区域经济韧性（Ezcurra and Rios，2019；Rios and Gianmoena，2020）。中国政府主体长期为企业主体提供定制化政策服务，以提升区域经济韧性（Gong *et al.*，2021）。经受了新冠疫情的全球冲击后，中国也通过支持性政策提振复苏经济，包括刺激性财政政策和货币政策，为陷入困境的小企业提供进一步支持，维持产业链的稳定等，并将更大的自主权下放地方，让地方省份积极制定和实施货币相关政策，帮助私营中小企业度过当前的动荡，提升区域韧性（Gong *et al.*，2020）。而很多新的商业模式与技术，包括远程办公、在线教育、数字平台、线上医疗、人工智能等，在危机中获得了进一步的发展和应用，实现了路径创造（Martin and Sunley，2020）。

三、多层次区域与中国区域经济韧性

区域具有空间尺度的概念，对经济韧性展开研究也同样应该从多尺度融合视角展开。中国在城市群与城市尺度的区域经济韧性差异较为显著。在省级尺度，人力资本及核心产业对区域经济韧性有显著正向影响（Wang and Wei，2021）。黄河流域的地级市经济韧性与相关多样化、政府治理能力、第三产业比重等因素显著相关（李连刚等，2019；李连刚等，2022）。而黄河中下游地区区域经济韧性受到第三产业比重显著的负向影响，其强度自西向东递增（张跃胜等，2022）。老工业城市与资源枯竭型城市适应能力和适应模式的差异造成了长期以来不平衡的区域经济韧性水平，其在面对危机时表现出不同的反应（Hu and Hassink，2017；Tan，2021；李连刚等，2021）。探讨特定地区的经济恢复策略、创新能力能够更加全面地了解城市转型升级过程中面临的瓶颈与障碍（李连刚等，2019）。

四、网络韧性与中国区域经济韧性

随着网络研究的发展与大数据的普及，现有研究也开始从网络韧性角度挖掘中国区域经济韧性的微观基础，以实现宏观-微观的统一。区域内部要素相互连接形成了网络，而重要节点在其中承担了串联全局的作用，如果抹去特定节点，区域网络则全面瓦解，从而阻碍经济表现。比如，中国高铁城市网络在遭受随意攻击的情况下仍能保持较高的网络运转效率和网络通达性，但是蓄意攻击更能迅速显著降低城市网络韧性，更早使网络趋于崩溃状态。这种模式在专利合作网络、交通网络、电力网络等对区域经济韧性影响作用的研究中有所体现（Dey *et al.*，2019；Tóth *et al.*，2022；郭卫东等，2022），并且复杂网络本身的结构也对区域经济韧性有显著影响。网络的层级性、异配性、连通性等网络特征通过影响危机风险的传递方式，对区域经济韧性的形成与维持有重要作用，如上市公司股权网络、交通与信息网络、城市经济网络等（魏石梅、潘竟虎，2021；侯兰功、孙继平，2022；李博、曹盖，2022）。

小　　结

随着演化经济地理学的发展，中国学者也关注到了经济地理学的这种转向并将演化经济地理学的理论与研究应用到了中国，研究中国区域产业演化发展过程并基于此进行了一系列的理论研究与实证分析。一方面，演化经济地理学为我们理解中国区域产业发展提供了新的视角；另一方面，中国特殊的制度背景和发展特色也为世界经济地理研究提供了补充与延展，为其他地区提供了参考与借鉴。

改革开放以来，中国经历了一系列的改革转型，经历了市场化、全球化与区域分权化历程，彻底改变了中国经济发展的微观基础，构成了中国经济快速发展的基石。中国区域产业发展过程既具有世界产业演化的共性，也具有中国发展特色。通过一系列的理论与实践研究，中国学者研究了中国区域产业演化过程中路径依赖与路径创造的特征。总体上，中国区域产业演化发展受到原有产业结构的影响，表现出路径依赖的特征，但这种路径依赖发展模式存在显著的区域差异。中国区域也有很多发展不相关产业从而打破路径锁定的案例。外部链接、多重行为主体参与、政策制度基础对区域发展不相关产业有显著作用。中国区域产业创造得益于经济融入经济全球化，开拓了国际市场，引进了先进技术和跨国直接投资，为区域带来了新知识、新技术、新产业，创造了区域新的产业路径。而中国区域经济韧性同样体现了不同阶段的动态特征，涉及多主体互动，具有多重空间尺度差异，呈现出不同于西方的中国特色。

中国演化经济地理学一方面对经典演化经济地理学的理论与研究进行了集成和发展，另一方面基于中国特色的转型发展背景、制度与案例对演化经济地理学进行了补充和拓展。当前面对新的复杂的国际形势与经济现状，演化经济地理学的应用与未来发展仍然需要进一步的拓展和完善。中国演化经济地理学研究已经逐渐发展成熟，成为构成世界演化经济地理学研究的重要组成部分。

参 考 文 献

[1] Binz, C., B. Truffer, L. Coenen, 2016. Path Creation as a Process of Resource Alignment and Anchoring: Industry Formation for On-Site Water Recycling in Beijing. *Economic Geography*, Vol. 92, No. 2, pp. 172-200.

[2] Blažek, J., V. Květoň, S. Baumgartinger-Seiringer *et al*., 2020. The Dark Side of Regional Industrial Path Development: Towards a Typology of Trajectories of Decline. *European Planning Studies*, Vol. 28, No. 8, pp. 1455-1473.

[3] Borup, M., N. Brown, K. Konrad *et al*., 2006. The Sociology of Expectations in Science and Technology. *Technology Analysis & Strategic Management*, Vol. 18, No. 3-4, pp. 285-298.

[4] Boschma, R., 2005. Proximity and Innovation: A Critical Assessment. *Regional Studies*, Vol. 39, No. 1, pp: 61-74.

[5] Boschma, R., R. Martin, 2010. *The Handbook of Evolutionary Economic Geography*. Edward Elgar Publishing.

[6] Boschma, R., A. Minondo, M. Navarro, 2013. The Emergence of New Industries at the Regional Level in Spain: A Proximity Approach Based on Product Relatedness. *Economic Geography*, Vol. 89, No. 1, pp. 29-51.

[7] Brulhart, M., 1998. Economic Geography, Industry Location and Trade: The Evidence. *The World Economy*, Vol. 21, No. 6, pp. 775-801.

[8] Cheng, Y. -S., B. P. Y. Loo, R. Vickerman, 2015. High-Speed Rail Networks, Economic Integration and Regional Specialisation in China and Europe. *Travel Behaviour and Society*,

Vol. 2, No. 1, pp. 1-14.

[9] Dawley, S., D. MacKinnon, A. Cumbers *et al.*, 2015. Policy Activism and Regional Path Creation: The Promotion of Offshore Wind in North East England and Scotland. *Cambridge Journal of Regions, Economy and Society*, Vol. 8, No. 2, pp. 257-272.

[10] Dey, A. K., Y. R. Gel, H. V. Poor, 2019. What Network Motifs Tell US About Resilience and Reliability of Complex Networks. *Proceedings of the National Academy of Sciences*, Vol. 116, No. 39, pp. 19368-19373.

[11] Dzigbede, K. D., S. B. Gehl, K. Willoughby, 2020. Disaster Resiliency of US Local Governments: Insights to Strengthen Local Response and Recovery from the Covid-19 Pandemic. *Public Administration Review*, Vol. 80, No. 4, pp. 634-643.

[12] Ezcurra, R., V. Rios, 2019. Quality of Government and Regional Resilience in the European Union. Evidence from the Great Recession. *Papers in Regional Science*, Vol. 98, No. 3, pp. 1267-1290.

[13] Gong, H., R. Hassink, J. Tan *et al.*, 2020. Regional Resilience in Times of a Pandemic Crisis: The Case of Covid-19 in China. *Tijdschrift voor Economische en Sociale Geografie*, Vol. 111, No. 3, pp. 497-512.

[14] Gong, H., R. Hassink, C. Wang, 2021. Strategic Coupling and Regional Resilience in Times of Uncertainty: The Industrial Chain Chief Model in Zhejiang, China. PEGIS. No. geo-disc-2021_06. Institute for Economic Geography and GIScience, Department of Socioeconomics, Vienna University of Economics and Business.

[15] Grillitsch, M., M. Trippl, 2016. Innovation Policies and New Regional Growth Paths: A Place-Based System Failure Framework. *Papers in Innovation Studies*, Lund University, Centre for Innovation Research.

[16] Guo, Q., C. He, 2017. Production Space and Regional Industrial Evolution in China. *GeoJournal*, Vol. 82, No. 2, pp. 379-396.

[17] Guo, Q., C. He, D. Li, 2016. Entrepreneurship in China: The Role of Localisation and Urbanisation Economies. *Urban Studies*, Vol. 53, No. 12, pp. 2584-2606.

[18] Hassink, R., A. Isaksen, M. Trippl, 2019. Towards a Comprehensive Understanding of New Regional Industrial Path Development. *Regional Studies*, Vol. 53, No. 11, pp. 1636-1645.

[19] He, C., T. Chen, X. Mao *et al.*, 2016. Economic Transition, Urbanization and Population Redistribution in China. *Habitat International*, Vol. 51, No. 1, pp. 39-47.

[20] He, C., Q. Guo, S. Zhu, 2016. The Development of Entrepreneurship in China: A Geographical and Institutional Perspective. *Geographies of Entrepreneurship*. Routledge, pp. 84-100.

[21] He, C., S. He, E. Mu *et al.*, 2022. Environmental Economic Geography: Recent Advances and Innovative Development. *Geography and Sustainability*, Vol. 3, No. 2, pp. 152-163.

[22] He, C., F. Pan, 2010. Economic Transition, Dynamic Externalities and City-Industry Growth in China. *Urban Studies*, Vol. 47, No. 1, pp. 121-144.

[23] He, C., J. Wang, 2012. Regional and Sectoral Differences in the Spatial Restructuring of Chinese Manufacturing Industries During the Post-WTO Period. *GeoJournal*, Vol. 77, No. 3, pp. 361-381.

[24] He, C., R. Yang, 2016. Determinants of Firm Failure: Empirical Evidence from China. *Growth and Change*, Vol. 47, No. 1, pp. 72-92.

[25] He, C., S. Zhu, X. Hu *et al.*, 2019. Proximity Matters: Inter-Regional Knowledge Spillovers and Regional Industrial Diversification in China. *Tijdschrift voor Economische en Sociale Geografie*, Vol. 110, No. 2, pp. 173-190.

[26] Hidalgo, C. A., B. Klinger, A.-L. Barabási *et al.*, 2007. The Product Space Conditions the Development of Nations. *Science*, Vol. 317, No. 5837, pp. 482-487.

[27] Hu, X., R. Hassink, 2017. Exploring Adaptation and Adaptability in Uneven Economic Resilience: A Tale of Two Chinese Mining Regions. *Cambridge Journal of Regions, Economy and Society*, Vol. 10, No. 3, pp. 527-541.

[28] Iammarino, S., P. McCann, 2013. *Multinationals and Economic Geography: Location, Technology and Innovation*. Edward Elgar Publishing.

[29] Isaksen, A., 2014. Industrial Development in Thin Regions: Trapped in Path Extension? *Journal of Economic Geography*, Vol. 15, No. 3, pp. 585-600.

[30] Isaksen, A., M. Trippl, 2014. New Path Development and Combinatorial Knowledge Bases in the Periphery. Workshop "Combinatorial Knowledge Bases, Regional Innovation and Development Dynamics", Circle, Lund University.

[31] Liu, Z., 2008. Foreign Direct Investment and Technology Spillovers: Theory and Evidence. *Journal of Development Economics*, Vol. 85, No. 1-2, pp. 176-193.

[32] Martin, R., P. Sunley, 2006. Path Dependence and Regional Economic Evolution. *Journal of Economic Geography*, Vol. 6, No. 4, pp. 395-437.

[33] Martin, R., Sunley, P., 2020. Regional Economic Resilience: Evolution and Evaluation. *Handbook on Regional Economic Resilience*. Edward Elgar Publishing, pp. 10-35.

[34] Morgan, K., 2013. Path Dependence and the State: The Politics of Novelty in Old Industrial Regions. *Re-Framing Regional Development*. Routledge, pp. 336-358.

[35] Neffke, F., M. Hartog, R. Boschma *et al.*, 2018. Agents of Structural Change: The Role of Firms and Entrepreneurs in Regional Diversification. *Economic Geography*, Vol. 94, No. 1, pp. 23-48.

[36] Neffke, F., M. Henning, 2013. Skill Relatedness and Firm Diversification. *Strategic Management Journal*, Vol. 34, No. 3, pp. 297-316.

[37] Neffke, F., M. Henning, R. Boschma, 2011. How Do Regions Diversify over Time? Industry Relatedness and the Development of New Growth Paths in Regions. *Economic Geography*, Vol. 87, No. 3, pp. 237-265.

[38] Rios, V., L. Gianmoena, 2020. The Link Between Quality of Government and Regional Resilience in Europe. *Journal of Policy Modeling*, Vol. 42, No. 5, pp. 1064-1084.

[39]　Sánchez, J.-E., 1992. *Geografía Política*. Síntesis Madrid.

[40]　Steen, M., 2016. Reconsidering Path Creation in Economic Geography: Aspects of Agency, Temporality and Methods. *European Planning Studies*, Vol. 24, No. 9, pp. 1605-1622.

[41]　Tan, J., 2021. Regional Economic Resilience of Resource-Based Cities and Influential Factors During Economic Crises in China. *Economic Resilience in Regions and Organisations*. Springer, pp. 91-115.

[42]　Tóth, G., Z. Elekes, A. Whittle *et al.*, 2022. Technology Network Structure Conditions the Economic Resilience of Regions. *Economic Geography*, Vol. 98, No. 4, pp. 355-378.

[43]　Trippl, M., M. Grillitsch, A. Isaksen, 2018. Exogenous Sources of Regional Industrial Change: Attraction and Absorption of Non-Local Knowledge for New Path Development. *Progress in Human Geography*, Vol. 42, No. 5, pp. 687-705.

[44]　Wang, Z., W. Wei, 2021. Regional Economic Resilience in China: Measurement and Determinants. *Regional Studies*, Vol. 55, No. 7, pp. 1228-1239.

[45]　Zhu, S., Q. Guo, C. He, 2021. Strong Links and Weak Links: How Do Unrelated Industries Survive in an Unfriendly Environment? *Economic Geography*, Vol. 97, No. 1, pp. 66-88.

[46]　Zhu, S., C. He, Y. Zhou, 2017. How to Jump Further and Catch Up? Path-Breaking in an Uneven Industry Space. *Journal of Economic Geography*, Vol. 17, No. 3, pp. 521-545.

[47]　Zhu, S., C. Wang, C. He, 2019. High-Speed Rail Network and Changing Industrial Dynamics in Chinese Regions. *International Regional Science Review*, Vol. 42, No. 5-6, pp. 495-518.

[48]　巩灿娟、张晓青、徐成龙：“中国三大城市群经济韧性的时空演变及协同提升研究”，《软科学》，2022 年第 5 期，第 38—46 页。

[49]　郭佳宏、马佳卉、贺灿飞：“中间产品进口时空格局演化及其知识溢出效应”，《地理科学》，2022 年第 12 期，第 2085—2096 页。

[50]　郭琪、贺灿飞：“演化经济地理视角下的技术关联研究进展”，《地理科学进展》，2018 年第 2 期，第 229—238 页。

[51]　郭琪、周沂、贺灿飞：“出口集聚、企业相关生产能力与企业出口扩展”，《中国工业经济》，2020 年第 5 期，第 137—155 页。

[52]　郭卫东、钟业喜、冯兴华：“基于脆弱性视角的中国高铁城市网络韧性研究”，《地理研究》，2022 年第 5 期，第 1371—1387 页。

[53]　贺灿飞：《转型经济地理研究》，经济科学出版社，2017 年。

[54]　贺灿飞：“区域产业发展演化：路径依赖还是路径创造？”，《地理研究》，2018 年第 7 期，第 1253—1267 页。

[55]　贺灿飞：“基于演化视角的区域高质量发展及其对新时代首都的启示”，《科技智囊》，2022 年第 9 期，第 4—6 页。

[56]　贺灿飞、陈航航：“参与全球生产网络与中国出口产品升级”，《地理学报》，2017 年第 8 期，第 1331—1346 页。

[57]　贺灿飞、陈韬：“供给侧路径、需求侧路径与出口比较优势提升”，《中国工业经济》，

2021 年第 10 期，第 98—116 页。

[58] 贺灿飞、郭佳宏、谢玉欢："基于认知邻近性的进口溢出效应对区域出口产业重构的影响"，《地理学报》，2023 年第 6 期，第 1323—1338 页。

[59] 贺灿飞、胡绪千："1978 年改革开放以来中国工业地理格局演变"，《地理学报》，2019 年第 10 期，第 1962—1979 页。

[60] 贺灿飞、胡绪千、杨文韬："地缘关系对中国出口增长的影响"，《世界地理研究》，2019 年第 6 期，第 1—10 页。

[61] 贺灿飞、李伟："区域高质量发展：演化经济地理学视角"，《区域经济评论》，2022 年第 2 期，第 33—42 页。

[62] 贺灿飞、李文韬："中国国际科研合作网络的时空演化特征与驱动力"，《中国软科学》，2022 年第 7 期，第 70—81 页。

[63] 贺灿飞、李振发、陈航航："区域一体化与制度距离作用下的中国企业跨境并购"，《地理科学进展》，2019 年第 10 期，第 1501—1513 页。

[64] 贺灿飞、毛熙彦："尺度重构视角下的经济全球化研究"，《地理科学进展》，2015 年第 9 期，第 1073—1083 页。

[65] 贺灿飞、潘峰华、孙蕾："中国制造业的地理集聚与形成机制"，《地理学报》，2007 年第 12 期，第 1253—1264 页。

[66] 贺灿飞、任永欢、李蕴雄："产品结构演化的跨界效应研究——基于中国地级市出口产品的实证分析"，《地理科学》，2016 年第 11 期，第 1605—1613 页。

[67] 贺灿飞、任卓然、王文宇："'双循环'新格局与京津冀高质量协同发展——基于价值链分工和要素流动视角"，《地理学报》，2022 年第 6 期，第 1339—1358 页。

[68] 贺灿飞、任卓然、吴婉金："产品动态技术关联与中国出口产业地理共聚"，《地理研究》，2023 年第 9 期，第 2283—2301 页。

[69] 贺灿飞、任卓然、叶雅玲："中国产业地理集聚与区域出口经济复杂度"，《地理研究》，2021 年第 8 期，第 2119—2140 页。

[70] 贺灿飞、盛涵天："区域经济韧性：研究综述与展望"，《人文地理》，2023 年第 1 期，第 1—10 页。

[71] 贺灿飞、王文宇、朱晟君："'双循环'新发展格局下中国产业空间布局优化"，《区域经济评论》，2021 年第 4 期，第 54—63 页。

[72] 贺灿飞、吴婉金："中国食品出口贸易地理网络演化"，《人文地理》，2021 年第 3 期，第 24—36 页。

[73] 贺灿飞、谢秀珍："中国制造业地理集中与省区专业化"，《地理学报》，2006 年第 2 期，第 212—222 页。

[74] 贺灿飞、余昌达："多维邻近性、贸易壁垒与中国——世界市场的产业联系动态演化"，《地理学报》，2022 年第 2 期，第 275—294 页。

[75] 贺灿飞、余昌达、金璐璐："贸易保护、出口溢出效应与中国出口市场拓展"，《地理学报》，2020 年第 4 期，第 665—680 页。

[76] 贺灿飞、朱晟君："集聚经济：从地理邻近到认知邻近"，《热带地理》，2017 年第 5

期，第 631—632 页。

[77] 贺灿飞、朱晟君：“中国产业发展与布局的关联法则”，《地理学报》，2020 年第 12 期，第 2684—2698 页。

[78] 侯兰功、孙继平：“复杂网络视角下的成渝城市群网络结构韧性演变”，《世界地理研究》，2022 年第 3 期，第 561—571 页。

[79] 黄新飞、徐宇、方菲菲：“价值链位置与企业对外直接投资决策——基于中国上市公司数据的实证分析”，《管理科学学报》，2023 年第 6 期，第 57—80 页。

[80] 蒋晟、贺灿飞：“贸易中介对于企业出口产品多样化的影响”，《经济地理》，2022 年第 6 期，第 92—102 页。

[81] 蒋晟、贺灿飞：“区域产业相关多样化和非相关多样化对中国出口市场多样化的影响”，《地理科学进展》，2022 年第 5 期，第 770—784 页。

[82] 焦敬娟、王姣娥、金凤君等：“高速铁路对城市网络结构的影响研究——基于铁路客运班列分析”，《地理学报》，2016 年第 2 期，第 265—280 页。

[83] 金璐璐、贺灿飞、周沂等：“中国区域产业结构演化的路径突破”，《地理科学进展》，2017 年第 8 期，第 974—985 页。

[84] 黎明、郭琪、贺灿飞：“邻近性与中国企业出口市场的地理扩张”，《世界地理研究》，2018 年第 1 期，第 1—11 页。

[85] 李博、曹盖：“基于涉海 A 股上市公司的中国沿海地区海洋经济网络结构韧性演化研究”，《地理科学进展》，2022 年第 6 期，第 945—955 页。

[86] 李连刚、张平宇、程钰等：“黄河流域经济韧性时空演变与影响因素研究”，《地理科学》，2022 年第 4 期，第 557—567 页。

[87] 李连刚、张平宇、谭俊涛等：“区域经济弹性视角下辽宁老工业基地经济振兴过程分析”，《地理科学》，2019 年第 1 期，第 116—124 页。

[88] 李连刚、张平宇、王成新等：“区域经济韧性视角下老工业基地经济转型过程——以辽宁省为例”，《地理科学》，2021 年第 10 期，第 1742—1750 页。

[89] 李诗韵、李文韬、贺灿飞：“中国省区出口产品空间网络结构演化”，《地理研究》，2023 年第 4 期，第 977—992 页。

[90] 李伟、贺灿飞：“企业所有制结构与中国区域产业演化路径”，《地理研究》，2021 年第 5 期，第 1295—1319 页。

[91] 李伟、贺灿飞：“中国区域产业演化路径——基于技术关联性与技术复杂性的研究”，《地理科学进展》，2021 年第 4 期，第 620—634 页。

[92] 李振发、林文盛、叶雅玲等：“中国金融包容区域差异：地理包容能否带动业务包容？”《热带地理》，2020 年第 4 期，第 709—720 页。

[93] 毛熙彦、贺灿飞：“区域发展的‘全球-地方’互动机制研究”，《地理科学进展》，2019 年第 10 期，第 1449—1461 页。

[94] 齐放、贺灿飞：“企业本地根植对城市出口产品结构动态的影响研究”，《地理科学进展》，2022 年第 7 期，第 1195—1212 页。

[95] 乔艺波、贺灿飞：“撤县设区对县域制造业产业升级的影响——基于三重差分法的政

策评估",《地理学报》，2024 年第 4 期，第 909—930 页。

[96] 任卓然、徐青文、贺灿飞等："外资效应、经济复杂度与内资企业出口市场拓展",《地理研究》，2022 年第 6 期，第 1554—1576 页。

[97] 盛涵天、戴晓冕、贺灿飞："全球重大公共卫生事件对跨国绿地投资网络的影响",《经济地理》，2023 年第 2 期，第 40—51 页。

[98] 盛涵天、汤慧桢、贺灿飞："环境规制与污染密集型产业出口——基于中国地级市的实证研究",《城市问题》，2023 年第 1 期，第 69—78 页。

[99] 宋洋、贺灿飞、Y. Godfrey 等："中国资源型城市产业结构升级对土地利用效率的影响",《地理研究》，2023 年第 1 期，第 86—105 页。

[100] 孙瑞东、江曼琦："大城市技术密集型制造业空间演化特征及动因分析——以北京市电子设备制造业为例",《经济地理》，2018 年第 6 期，第 94—101 页。

[101] 孙晓华、任俊林："资源税改革推动了企业对外直接投资吗?"《世界经济研究》，2023 年第 7 期，第 47—61+134—135 页。

[102] 谭俊涛、赵宏波、刘文新等："中国区域经济韧性特征与影响因素分析",《地理科学》，2020 年第 2 期，第 173—181 页。

[103] 王方兵、吴瑞君："上海人口郊区化与产业郊区化协同发展研究",《生态经济》，2015 年第 1 期，第 85—90+96 页。

[104] 王文宇、贺灿飞、陈新明："贸易壁垒、贸易协定与中国制造业出口网络演化",《经济地理》，2021 年第 11 期，第 118—128 页。

[105] 王文宇、任卓然、李伟等："贸易壁垒、市场相关多样化与城市出口韧性",《地理研究》，2021 年第 12 期，第 3287—3301 页。

[106] 魏石梅、潘竟虎："中国地级及以上城市网络结构韧性测度",《地理学报》，2021 年第 6 期，第 1394—1407 页。

[107] 吴爱芝、孙铁山、李国平："中国纺织服装产业的空间集聚与区域转移",《地理学报》，2013 年第 6 期，第 775—790 页。

[108] 吴婉金、贺灿飞："中国纺织业出口贸易网络扩张",《世界地理研究》，2022 年第 1 期，第 12—28 页。

[109] 徐梦冉、贺灿飞、李伟："中国开发区政策对制造业产品出口的效应研究",《区域经济评论》，2020 年第 4 期，第 89—99 页。

[110] 徐梦冉、李振发、贺灿飞等："'互联网+'对中国制造业就业的影响",《世界地理研究》，2021 年第 3 期，第 577—588 页。

[111] 徐青文、贺灿飞："产品关联、区域制度邻近与中国城市产业路径创造",《地理研究》，2023 年第 3 期，第 636—659 页。

[112] 杨佳意、朱晟君："产业转移政策对地区产品结构演化的影响——基于广东省'双转移'政策的实证分析",《热带地理》，2017 年第 4 期，第 452—461 页。

[113] 叶雅玲、林文盛、李振发等："中国城市间投融资网络结构及其影响因素",《世界地理研究》，2020 年第 2 期，第 307—316 页。

[114] 俞国军、贺灿飞、朱华友："基于关系视角的企业直接投资区位选择——过程与机

理",《人文地理》,2022 年第 2 期,第 150—157 页。

[115] 俞国军、贺灿飞、朱晟君:"企业家精神与南昌众创空间涌现——基于演化经济地理学视角",《经济地理》,2020 年第 3 期,第 141—151+159 页。

[116] 郁建兴、高翔:"地方发展型政府的行为逻辑及制度基础",《中国社会科学》,2012年第 5 期,第 95—112+206—207 页。

[117] 张跃胜、邓帅艳、张寅雪:"城市经济韧性研究:理论进展与未来方向",《管理学刊》,2022 年第 2 期,第 54—67 页。

[118] 周黎安:"行政发包制",《社会》,2014 年第 6 期,第 1—38 页。

[119] 周黎安:"'官场+市场'与中国增长故事",《社会》,2018 年第 2 期,第 1—45 页。

[120] 周沂、贺灿飞:"中国城市出口产品演化",《地理学报》,2019 年第 6 期,第 1097—1111 页。

[121] 朱晟君、胡绪千、贺灿飞:"外资企业出口溢出与内资企业的出口市场开拓",《地理研究》,2018 年第 1 期,第 1391—1405 页。

[122] 朱晟君、殷子涵、杨博飞等:"从生产能力到转产能力——基于对疫情期间中国转产情况的思考",《地理研究》,2021 年第 2 期,第 293—309 页。

[123] 朱向东、贺灿飞、朱晟君:"贸易保护如何改变中国光伏出口目的国格局?"《地理研究》,2019 年第 11 期,第 2565—2577 页。